王开忠作品选与写作谈

第十四卷·难忘的地方（游记）

王开忠◎著

学习出版社

图书在版编目（CIP）数据

王开忠作品选与写作谈. 第十四卷，难忘的地方：游记 / 王开忠著
. -- 北京：学习出版社，2021.9
ISBN 978-7-5147-1069-4

Ⅰ. ①王… Ⅱ. ①王… Ⅲ. ①王开忠—文集②游记—作品集—
中国—当代 Ⅳ. ① C53 ② I267.4

中国版本图书馆 CIP 数据核字（2021）第 155309 号

王开忠作品选与写作谈
WANGKAIZHONG ZUOPINXUAN YU XIEZUOTAN
——第十四卷　难忘的地方（游记）

王开忠　著

特约编辑：王　雄
责任编辑：张　俊
技术编辑：刘　硕
封面设计：杨　洪

出版发行：学习出版社
　　　　　北京市崇外大街11号新成文化大厦B座11层（100062）
　　　　　010-66063020　010-66061634　010-66061646
网　　址：http://www.xuexiph.cn
经　　销：新华书店
印　　刷：北京市密东印刷有限公司

开　　本：787毫米×1092毫米　1/16
印　　张：26.25
字　　数：294千字
版次印次：2021年9月第1版　2021年9月第1次印刷

书　　号：ISBN 978-7-5147-1069-4
定　　价：98.00元

如有印装错误请与本社联系调换，电话：010-67081356

出版说明

　　我参加工作以来，除了参与起草《中共中央关于加强和改进思想政治工作的若干意见》《中共中央、国务院关于进一步做好下岗失业人员再就业工作的通知》《关于加强和改进企业思想政治工作的若干意见》《爱国主义教育实施纲要》《公民道德建设实施纲要》等中央和部委近百份文件，参与起草中央和国家以及部委领导人100多篇讲话，参与起草向中央上报关于党的十六大以来宣传文化工作情况、公民道德建设情况、贯彻《纲要》情况等多项报告，还发表了不少消息、通讯、论文、言论、散文、报告文学、调查报告、网络阅评报告、建议书、游记等各类体裁的作品。

　　这些作品，50多篇被各种书籍收入，20多篇获奖，10多篇在中央人民广播电台《新闻和报纸摘要》节目中介绍和被《新华文摘》、中国人民大学《复印报刊资料》转载，多篇调查报告被中央主要领导同志批示，一些新闻和文学作品在全国产生较大反响。我曾将部分作品整理成书陆续出版，近几年又发表不少新作，现将其集纳、连同专著、汇集成卷，一并出版。

我发表的作品有1500多篇，入集的只有500多篇，其余因内容相似、作品散落、不合时宜等原因没有收入，所以叫"作品选"。但它又不同于一般的"作品选"，很多作品都有写作感想、采写札记（叙写稿件背后的故事或采写经过、构思过程、刊播反响），还有各种体会文章100多篇，因而取名为"作品选与写作谈"。

这套书共十四卷，2013年5月出版第一至第十卷，2015年11月出版第十一卷，2016年6月出版第十二卷，2021年9月出版第十三卷、第十四卷。第一卷《通讯员之路》，专著；第二卷《现实与祈盼》，专著；第三卷、第四卷《风尘墨迹》，消息；第五卷《壮志撼山岳》，通讯；第六卷、第七卷《学习与思考》，论文和言论；第八卷、第九卷《调查与研究》，调查报告；第十卷《心中的旗帜》，散文和报告文学；第十一卷《网评一年间》，网络阅评报告；第十二卷《建言四十载》，建议书；第十三卷《无尽的思念》，散文和报告文学；第十四卷《难忘的地方》，游记。

作品选自各种出版物，其中绝大多数发表在报纸上，成集后如同摆放在书架上的一摞报纸，编辑打破常规，按照发表时间倒序排列，让其保持原生态。

我在铁道部、中宣部工作期间，参与思想教育、爱国主义教育和红色旅游、"百城万店无假货"活动等具体工作，部里经常组织宣传这些工作的做法与经验。由于熟悉情况，这方面的新闻稿常由我们工作人员起草，请新闻媒体处理，发表时有的不署名，有的署他名。这些，即便由我单独起草发表时未作改动，也几乎都未收入书中（包括单独起草被《人民日报》、新华社刊播的多篇部领导"答记者问"）。同时借此机会，向多年来对我们工作给予大力支持的新闻单位及有关编辑、记者表示衷心感谢。

由于水平有限，疏漏在所难免，恳请读者谅解。

衷心感谢学习出版社出版发行这套体例特别的书，并愿读者能够喜爱。

作者

2021 年 9 月

（说明：此文对 2016 年 5 月出版的《王开忠作品选与写作谈》的"出版说明"个别文字作了修改）

作者作品概略

本书作者除了参与起草中央和部委近百份文件、起草或参与起草中央和国家以及部委领导人100多篇讲话之外，还在中央和省市级报刊上发表1500多篇作品:

900多篇消息，20多篇刊登在《人民日报》《光明日报》《经济日报》《工人日报》一、二版头条，其中《原铁道兵"兵改工"做出贡献》等10多篇刊登在《人民日报》头版;

100多篇通讯，10多篇刊登在《人民日报》《光明日报》《中国青年报》头版和其他要闻版头条，其中《痴心赤胆》等5篇刊登在《人民日报》头版和其他要闻版;

50多篇论文，其中《大力发扬思想政治工作优势》等6篇刊登在《人民日报》要闻版和理论版头条;

90多篇言论，其中《让讲诚信的人受益》等10多篇刊登在《人民日报》"人民论坛"和《光明日报》"光明论坛"两个名专栏;

60多篇调查报告，其中《爱国主义教育示范基地"一号工程"情况的调查报告》等3篇被胡锦涛、李长春、刘云山等时任中央主要领导同志批示；

150多篇散文和报告文学，其中《难忘铁道兵精神》等10多篇刊登在《人民日报》，《时代之爱》等数十篇刊登在《光明日报》和《中国报告文学》等其他全国性报刊上；

70多篇网络阅评报告，多篇被高层领导同志批示；

50多篇建议书（多数涉及民生），有的被中央领导同志批转有关部门调查处理，有的被领导机关转发，有的被地方政府采纳。

以上作品，50多篇被各种书籍收入，20多篇获奖，7篇被中央人民广播电台《新闻和报纸摘要》节目摘播，8篇被《新华文摘》、中国人民大学《复印报刊资料》转载。作者根据写作经验撰成多部专著，刘云山、王晨、何鲁丽3位在任或时任党和国家领导人以及徐光春、米博华、何东平、艾丰、刘汉俊、罗开富等10多位部级领导和权威专家不同时期为各卷写序，很多单位将其作为培训记者、通讯员、网络评论员和工作人员教材，有关部委和地方将其作为优秀读物配发到基层书屋，一些高校将其作为教学辅导材料。

全 书 要 目

序　言

用力多者功自远

（全书序言）

米博华

王开忠同志的人生经历和新闻写作实践很有传奇色彩。

开忠的新闻作品常见诸《人民日报》和其他报刊，时有拜读；但结识他却是在中宣部经常召开的会议上。直到这次开忠来访并嘱我为之写点介绍的文字，我才知道，彼王开忠就是此王开忠，不由得惊讶不已。在我的印象中，领导机关工作人员与媒体从业人员即使从事相同的工作，也扮演着不同角色，前者的职责侧重指导，后者的任务应是落实。像开忠这样，在领导机关工作却对新闻采编评业务如此娴熟且成绩卓著，极少。

开忠说:"多年以来，我是一个报纸的通讯员。"大家知道，通讯员的称谓是相对于职业记者而言的，是指那些为媒体提供稿件的撰述者，通常不是第一职业，写作多为业余。然而从开忠同志的创作经历来看，十多卷本的作品及写作谈、数百万字创作数量，已令大多数职业新闻人不能望其项背。这样的写家，已然应与大记者同列。浏览十多卷本选集，不禁想到一句古话："焚膏油以继晷，恒兀兀以穷年。"以这样的态度对待学习和工作，成功是必然的。

说开忠同志很有些传奇色彩，可述者三：

其一，一个人对新闻写作有浓厚兴趣不算稀罕，但大半辈子甚至一辈子都钟情于新闻写作，足以让人称奇。开忠采写新闻报道始于20世纪70年代初期，到如今依然笔耕不辍，时间长达40多年。这真是一场追求事业的"马拉松"。其间，有的记者一夜成名而后销声匿迹；有的记者受不了辛苦而改行转业；更有许多人因漫长岁月的消磨而失却了创作的动力。尤其在这个选择多元而有些浮躁的年代，没有多少人能够耐得住青灯一盏的寂寞，神情专注地"爬格子"。开忠对新闻写作甘之如饴，乐在其中，40多年不改初衷，这是许多人做不到的。

其二，一个人对某一新闻文体的掌握达到较高水平已属不易，但同时在消息、通讯、评论、散文诸领域均有建树，实在难乎其难。对开忠而言，钻研是爱好，思考是兴趣，写作是快乐，只要工作需要，各种式样的文体他都认真地尝试，并努力写得更好。新闻报道和评论理论原是思维的两途，形象思维和逻辑思维时有对冲，正如讲述者和评论者原本就有明确分工。"一招鲜"已经够了，但在开忠的创作中，讲话文件、理论研究、新闻报道、文学作品、随笔杂感，他都广泛涉猎，而且写得都好；仿佛是在行楷草篆之间可以自如转换。可以想见，他在写作方面一定是比别人多下了几倍的功夫。

其三，一个人完成既定的课业学习并非难事，但像开忠这样持续而广泛地学习乃至把它当作人生的目标，如今已是不多。开忠出身于农家，很小年纪就参加工作，似乎没有什么完整的教育经历。他完全凭借着超强的学习自觉和能力完成了知识积累和更新。他的创作谈，其实比许多大学里本科生或研究生的讲义写得更好。乐于实践，更擅长总结，是他的过人之处。

由此，得到两点重要启示：勤奋，表现为一种发愤学习的坚韧，却未必是刻意为之的苦行追求，正如开忠所反复说的，那是一种热爱。热爱有时没有任何理由，因而也就没有任何功利目的，那是一种欢喜的心境，更是一种信念的坚持。才能，表现为人们对某一方面专能的掌握和运用。所谓才能，不外是一日复一日、一年复一年的实战演练。

开忠十多卷本文集的出版，不仅为新闻工作者留下宝贵的学习和创作经验，更是自己人生追求的总结与前行驿站。虽然新闻报道是"易碎品"，许多作品所提出的问题已经与日俱灭，但不论时代怎样变化，乐于吃苦、求知若渴、永不自满的精神永远不会过时。

用力多者功自远。开忠同志的传奇故事也许应促使更多人深入思考：一个普通的人在现今的社会里怎样生活才能走向成功，在短暂的一生中如何度过才会更有意义。

（说明：作者为复旦大学新闻学院院长、十二届全国人大代表、时任人民日报副总编辑；此文对 2016 年 5 月出版的《王开忠作品选与写作谈》全书序言的个别文字作了修改）

开 卷 有 感

（全书代序）

何东平

王开忠同志长期在机关从事宣传教育工作。几十年来，他结合工作实际坚持业余写稿，发表了很多作品，不少在社会上产生较大反响；他还撰写了多部著作（有的收入了本套书），党和国家领导同志以及多位著名专家曾为其作序。现在，他又出版了《作品选与写作谈》。看了这套书稿，我想到这样一个问题：机关干部坚持业余写稿，对于"走基层、转作风、改文风"很有好处。

第一，机关干部坚持业余写稿，可以促进作者走基层。写稿必须有题目，题目从哪里来？只靠在办公室里拍脑袋出不来，只能从基层中来，从现实生活中来，从基层和现实生活中出现的新情况、新经验、新问题中来，如果脱离了基层，脱离了现实生活，就成了无源之水和无本之木；写稿必须占有素材和信息，即便是理论文章，也需要有扎实的、有说服力的素材和信息，素材和信息从哪里来？可以从报刊、书本中来，也可以从网上来，但不论报刊、书本和网上的素材多么生动、多么丰富，都不是第一手的，都不是鲜活的，都代替不了亲身感受的直接体验。那么，第一手素材和信息在哪里？在基层。只有到了基层，才能闻到大地的泥土味，才能听到百姓的心里话，才能获得带着露珠、散发着泥土芬芳的素材和信息。因此，机关干部坚持业余写稿，要想获得题目、获得写稿的素材和信息，就逼着自己常下基层，逼着自己挤时间以及利用调研等机会多到基层走一走。

第二，机关干部坚持业余写稿，可以促进作者转作风。首先，密切联系群众，是我们党的一个优良作风。党报党刊既是党的喉舌，也是人民的喉舌。机关干部坚持业余写稿，往往很多题材和内容都是反映人民群众利益、替人民群众立言的。长期坚持业余写稿，就会不忘人民群众，牢记人民重托；就会逐步培养起对人民群众的真挚感情，与广大群众同呼吸共命运，倾听他们心声、反映他们意愿，想他们所想、写他们所急；就会在本职工作中关心群众疾苦，诚心诚意为群众办事。其次，勤于学习、勤于动脑、勤于动笔，也是我们党的一个优良作风，更是机关干部的一个优良作风。可是一个时期以来，这个优良作风在我们少数干部的身上失传了，一些同志作风漂浮，懒于学习、懒于动脑、懒于动笔，分析问题的能力逐渐减弱，本职工作的质量随之下降。而坚持业余写稿，能够逼着我们去学习、去动脑、去动笔，去提高分析问题的能力。从某种意义上讲，新闻报道是一个思想水平、逻辑思维能力和文字表达能力的综合反映。我们在工作和生活中，往往有时对一些问题若明若暗，停留于一般认识。但不论对哪个问题，只要一落笔写成文字就大不相同了，它需要我们去深入思考，看对这些问题怎样认识才能符合马克思主义的观点、符合党和政府的政策。这样思考多了，我们分析问题的能力和工作水平也就提高了。再次，机关干部坚持业余写稿，有利于改进机关的风气。写稿，需要理论功底，需要"吃透"党和政府的有关精神，这就需要学习、研究。业余时间写点稿子，能够增强我们钻研业务、研究问题的浓厚兴趣。如果一个机关业余写稿的人多了，还可以把大家在业余时间的精力吸引到学习和研究问题上来，形成刻苦钻研业务、勇于研究问题的良好风气。

第三，机关干部坚持业余写稿，可以促进作者改文风。我们业余写稿，如果缺乏很好的文字表达能力，不能用准确、简洁、鲜活、生动的文字把要报道的事实表达出来，把要讲的问题写出来，就达不到好的效果，媒体就不会采用。这样，它就要逼着我们在语言文字方面下功夫，去磨炼文字，提高文字表达的能力。当前，在一些党政机关文件、领导干部讲话等方面的文风上存在的问题仍然比较突出：一是长，二是空，三是假，大话、套话、官话泛滥。文风不正，不仅损害讲话者、为文者自身形象，也损及党的威信，导致干部脱离群众、群众疏远干部，使党的执政主张在群众中失去吸引力、感召力和亲和力。而我们坚持业余写稿，锻炼了文笔、磨炼了文字，就会改变那种冗长空洞、言之无物的状况，逐渐形成清新朴实、生动鲜活、人民群众喜闻乐见的文风。

开忠同志在宣传工作岗位上坚持业余写稿并取得丰硕的成果，这种精神和做法无疑是值得提倡的。希望有更多的机关干部结合工作写点稿件，更好地促进"走转改"，不断提高服务大局、服务人民的能力和水平。

（说明：作者为中国共产党十八大代表、时任光明日报总编辑）

目 录

第三辑　谈游记写作

第四辑　作者编著书籍及获奖作品等目录

第一辑

江山多娇

中华大地幅员辽阔、风光旖旎，千姿百态的奇观胜景，组成了璀璨绚丽的万里江山画卷。徜徉于长城内外、大江南北的城市乡村，无时无刻不在感受着祖国山河的妖娆与壮丽。

名园之首拙政园

——最忆是苏州之一

"江南好，风景旧曾谙。日出江花红胜火，春来江水绿如蓝。能不忆江南？……"

白居易的这首《忆江南》，时常把我带回美丽的江南。他最忆的是杭州，而我最忆的却是苏州。20世纪80年代我在那里上大学，一辈子也忘不了。

曾是东吴，曾是平江，曾是姑苏，流转几千年的时光，未变的山清水秀如今被温柔地唤作苏州。

人都说"上有天堂，下有苏杭"。苏州，在白居易眼中是"黄鹂巷口莺欲语，乌鹊河头冰欲销。绿浪东西南北水，红栏三百九十桥"；在范成大眼中是"南浦春来绿一川，石桥朱塔两依然。年年送客横塘路，细雨垂杨系画船"；在意大利旅行家马可·波罗眼中是"东方威尼斯"；在法国启蒙思想家孟德斯鸠眼中是"鬼斧神工"。

苏州，有历史人物的风流，有江枫渔火的哀愁；苏州，有看不完的风景名胜，也有说不尽的吴侬软语，还有数不清的小桥流水。我对苏州怀念的东西太多，最难忘的是一园（拙政园）、一寺（寒山寺）、一山（虎丘山）、一湖（金鸡湖）了。

拙政园是江南古典园林的代表作，与北京颐和园、承德避暑山庄、苏州留园一起被誉为中国四大名园，并被排在首位。

占地 70 多亩的拙政园位于苏州城东北，是苏州最大的园林，传说是唐代诗人陆龟蒙的故宅旧址。元代这里建有大弘寺，明朝因官场失意而还乡的御史王献臣，以大弘寺址拓建为园，并取晋代潘安《闲居赋》中"灌园鬻蔬，以供朝夕之膳……此亦拙者之为政也"之意，自我解嘲取名为"拙政园"。

苏州的园林以山水为主，拙政园也不例外，以水为中心，山水萦绕，花木繁茂，楼阁亭轩，交相掩映，具有浓郁的江南水乡特色。

拙政园

　　踏着春天的脚步走进拙政园，只见全园分为东、中、西 3 个部分——

　　先看东园。东园面积约 31 亩，是明代刑部侍郎王心一的"归田园居"旧址。因归园早已荒芜，全部为新建。南部有一座三开间的堂屋，名为"兰雪堂"，"兰雪"两字出自李白"春风洒兰雪"之句，象征着主人潇洒如春风、洁净如兰雪的高尚情操，其他建筑还有天泉亭、芙蓉榭、缀云峰等。东园布局以平冈远山、松林草坪、竹坞曲水为主，辅以池岸亭榭，仍保持疏朗明快风格，似乎在表现主人当年远尘嚣、修自性、从朝堂归隐山林的决心。

　　再看中园。中园面积约 18 亩，是拙政园的核心和精华。其总体布局以水池为中心，亭台楼榭皆临水而建，高低错落，形态万千，池广树茂，主次分明。远香堂是拙政园中部的主体建筑，濒临荷塘，夏天满塘荷叶，幽静艳丽，清香远送，堂名因荷而得。可惜我们早来两三个月，没有看到塘中荷叶，更没有闻到荷香，不过春天风景很好，并不遗憾。只见亭上有一副对联，横联是"荷风四面"，左右两条是"半潭秋水一房山""四壁荷花三面柳"。远香堂位于水池南岸，隔池与东西两座小山岛相望，两山溪谷间架有小桥，名曰"小飞虹"。山岛上各有一亭，西为"雪香云蔚亭"，东为"待霜亭"，四季景色各异。远香堂之西的"倚玉轩"与两层楼舱的"香洲"遥遥相对，两者与其北面的"荷风四面亭"成三足鼎立之势，都可随势赏荷。桥南有三间水阁，名曰"小沧浪"，小沧浪与小飞虹充满水乡风味，水院清幽，八面玲珑。此处南窗北槛，两面临水，东西两侧亭廊围绕，构成独立水院，环境幽静，凭栏北望，远楼近阁，景色尽收眼底。

　　最后来到西园。西园面积约 12 亩，原为清末张氏"补园"，布局紧凑，依山傍水建以亭阁。其主要建筑是卅六鸳鸯馆和十八曼陀罗花馆，这是古建筑中的一种鸳鸯厅形式，北厅名为"卅六鸳鸯馆"，南厅名为"十八曼陀罗花馆"。北厅因临池曾养 36 对鸳鸯而得名。卅六鸳鸯馆内顶棚采用拱形状，既弯曲美观，遮掩顶上梁架，又利用这弧形屋顶来反射声音，增强音响效果，使得余音袅袅，绕梁萦回。馆西北有留听阁，体型轻巧，四周开窗，是赏荷听雨的绝佳处。馆南边有塔影亭，此亭宛如宝塔，端庄怡然，不失为西部花园中一个别致的景观。塔影亭旁边是"与谁同坐轩"，轩名取之于苏东坡"与谁同坐？明月、清风、我"一词。此轩依势而筑、依水而建，平面形状为扇形，轩内门、窗、桌、凳均成扇状，故又称作"扇亭"。坐在此轩，观赏园中美景，别有一番意趣。

拙政园画栋雕梁、山水明秀，如你读过《红楼梦》或者看过《红楼梦》电影、电视，倘若要领略"大观园"的风光与情境，不妨来此一游，也许可以获得身临其境之感。

1986 年 4 月

姑苏城外寒山寺

——最忆是苏州之二

"月落乌啼霜满天，江枫渔火对愁眠。姑苏城外寒山寺，夜半钟声到客船。"

唐代大诗人张继这首脍炙人口的《枫桥夜泊》，吸引了多少中外游人前来寒山寺！

走到位于苏州市枫桥镇的寒山寺门口，那黄墙绿树、碧瓦绀宇，一派古色古香的气象映入眼帘。墙上"寒山寺" 3 个碧绿色大字，颇有简洁静心的韵味。进入寺内，讲解员的讲述把我们带进了寒山寺那饱经沧桑的历史长河。

寒山寺始建于六朝时期的梁代天监年间（502—519年），占地面积约 1.3 万平方米，原名"妙利普明塔院"。到了唐代贞观年间，传说当时的名僧寒山、拾得由天台山来此住持，寺院因此改名寒山寺。历史上寒山寺屡遭火毁、兵毁，百姓无不惋惜。清朝光绪、宣统年间两次

寒山寺

修缮，一时又成为吴中名刹。可惜旧中国内乱外祸、政治腐败，又受到严重破坏。新中国成立后，寒山寺得到很好维护。1978年国家专门拨款进行大规模整修，寒山寺又恢复了昔日的容貌。

寒山寺现存殿宇和古迹大多为清代建筑，主要有大雄宝殿、藏经楼、碑廊、钟楼、霜钟楼、枫江楼等。寒山寺的建筑布局没有严格的中轴线。黄墙内古典楼阁飞檐翘角，右为枫江楼，左为霜钟楼，都源于枫桥夜泊诗。

大雄宝殿内佛龛背后一尊威风凛凛的将军像，面朝里，对着大雄宝殿，手拿降魔杵，那是韦驮，位居四大天王手下的32神将之首。讲解员介绍说，区分寺院规模大小的一个办法，就是看韦驮手中降魔杵的拿法，如果扛在肩上，说明这是一个大寺院，可以招待游僧免费吃住3天；如果拿在手中，说明这是一个中等寺院，可以招待游僧免费吃住 1 天；如果杵在地上，说明这是一个小寺院，不能招待游僧吃住。寒山寺的韦驮将降魔杵立在地上，表示这是一个小寺院。

寒山、拾得雕像在大殿右面偏殿内。这是寒山寺与别的寺庙不同之处，一般寺庙的主殿都是供奉着南海观音。跨上偏殿台阶，抬头便见在一座巨大的莲花座盘上，有两个袒胸露腹、蓬头赤足的胖子，一个手捧净瓶，一个手握莲花，那副眉开眼笑的样子，好像在跟游人逗乐。相传唐太宗贞观年间有两个年轻人，一个叫寒山，一个叫拾得，他们从小是一对非常好的朋友。寒山长大后，父母为他与一位家住青山湾的姑娘定了亲。然而，姑娘却早与拾得互生爱意。后来，寒山知道了事情的真相，心里十分难受。他左右为难，经过反复而痛苦的思考，决定成全拾得的婚事，自己则离开家乡到苏州出家修行了。过了一段时间，拾得一直没有看到寒山，心里非常纳闷，有一天忍不住来到寒山家中，只见门上插着一封留给他的信，拆开一看，原来是寒山劝他尽早与姑娘结婚，并衷心祝福他俩美满幸福。拾得这才恍然大悟，知道了寒山出走的原因，心中又感动又难受，觉得对不起寒山，思前想后，决定离开姑娘，去苏州寻觅寒山，皈依佛门。时值夏天，他在途中看到路边荷塘里盛开着一片美丽的荷花，顿觉心情舒畅，顺手采摘了一枝带在身边，以图吉利。不久，拾得在苏州城外找到了他日思夜想的好朋友寒山，而手中的那枝荷花依然鲜艳芬芳。寒山见到拾得高兴极了，用双手捧着盛有素斋的箪盒迎接拾得，俩人会心地相视而笑。殿里石刻画像的图案，就是这两位好朋友久别重逢时的情景。

拾得后来还远渡重洋，到一衣带水的东邻日本传道，在日本建立了"拾得寺"。民间还流传寒山和拾得一问一答的名句："寒山问拾得，世间有谤我，欺我，辱我，笑我，轻我，贱我，恶我，骗我，如何处治乎？拾得曰，忍他，让他，由他，避他，敬他，不要理他，过十年后，你且看他！"

出大雄宝殿，向左走可去普明宝塔和方丈室；向前走是藏经楼，屋顶上可见唐僧、孙悟空等西天取经塑像群，楼上秘藏珍贵佛经，楼下是寒拾殿，寒拾殿后墙的背面立有一块大碑，碑上雕刻着千手千眼观音、韦驮和关公等人物；向右走可去"夜半钟声"的钟楼。

游览寒山寺，人们往往关心张继诗中提到的那只大钟和钟楼。传说唐、宋时期苏州寺院内有半夜打钟习俗，张继题诗后，月夕霜晨，犹有余韵，可惜由于寒山寺历经沧桑，那只半夜钟早已失传。如今的大钟为清光绪三十二年（1906年）江苏巡抚陈夔龙督造，有1人多高，外围需3人合抱，重达两吨，并建造一座钟楼，将大钟悬挂其间，钟声宏亮悠扬，可达数里之外。现在寒山寺钟楼上悬挂的仿唐式古铜钟，堪为"华夏第一法钟"，重108吨，高8米多，钟底裙边直径5米多，钟面铭文是一卷7万多字的《大乘妙法莲华经》，已获得上海大世界吉尼斯纪录。

大雄宝殿的右侧悬挂着一口日本友人于清末送来的铜钟。钟面上镌有记述铸钟缘由的铭文。此钟一式共两口，一口挂在日本馆山寺，一口送来寒山寺。

寒山寺每年12月31日都要举行隆重的跨年敲钟仪式，敲钟108下。主要有两种含义。一是说每年有12个月、24节气、72候（5天为一候），相加正好是108，敲钟108下，表示一年的终结，有除旧迎新的意思。二是依照佛教说法，凡人在一年中有108种烦恼，钟响 108 次，人的所有烦恼便可消除。这时候，中外游人云集寒山寺，聆听钟楼中发出的 108 响钟声，在悠扬的钟声中辞旧迎新，祈祷平安。光临的外国友人中，当数日本人最多。

穿过大雄宝殿东首的月洞门，来到一处幽静的小院，便看到了

枫桥

碑廊。廊内集中陈列着各种碑刻，可谓琳琅满目。有的嵌在墙里，有的立在地上，有的字迹秀丽潇洒，有的字迹古朴风雅，其中最著名的就是《枫桥夜泊》诗碑了。此碑高约 3.5 米、宽约 1 米，由清末著名学者俞樾书写。张继的《枫桥夜泊》问世后，历代文人墨客为寒山寺刻石刻碑者不乏其人。据《寒山寺志》载，《枫桥夜泊》诗的第一块诗碑为宋代王珪所书。此碑因屡经战乱、寒山寺多次被焚而不存。明代重修寒山寺时，画家文徵明重写了《枫桥夜泊》诗，刻于石上，这是第二块《枫桥夜泊》诗碑。此后，寒山寺又数遇大火，文徵明手书的这块诗碑遭受破坏，仅存"霜、

啼、姑、苏"等字，嵌于寒山寺碑廊壁间的文徵明所书残碑上。我们面前的第三块《枫桥夜泊》诗碑，是清末光绪年间江苏巡抚陈夔龙重修寒山寺时请俞樾手书的。寒山寺还有第四块《枫桥夜泊》诗碑，是一位与唐代张继同名同姓的书法家所书。这位现代张继是应著名画家吴湖帆之约而书古代张继《枫桥夜泊》诗的，由刻碑名手黄怀觉刻石，立于寒山寺内。据说黄怀觉在书写《枫桥夜泊》的第二天便与世长辞了，真是不幸。是用心过度，还是旧病复发？人们不得而知。

站立小院，凝望碑廊，看着一块块饱经沧桑的诗碑，我脑海中不断地重构寒山寺 1500 年来穿行过的落寞与辉煌，想象着岁月的巨轮碾碎的那些历史尘烟。

游览寒山寺，不能不看枫桥。从寒山寺向北大约 200 米，一座横跨于古运河上的单孔石拱桥呈现在眼前，这就是闻名遐迩的

枫桥夜泊

枫桥了。时移世易，张继的愁思依旧缭绕身旁。

有人说，此桥原叫"封桥"，因当年漕运时，夜间禁止船只通行而得名，后讹称"枫桥"。也有人说，原名枫桥，一度讹称封桥，后唐朝张继《枫桥夜泊》诗以正视听。枫桥以其优美古朴的造型、独特的地理位置在苏州众多的古桥中独树一帜。明代高启曾有诗云："画桥三百映江城，诗里枫桥独有名。"枫桥的始建年代已无法考证，现存枫桥重建于清同治六年（1867 年），桥长39.6 米，宽 5.27 米，跨度 10 米，与寒山寺前的江村桥遥相呼应。枫桥因当年张继的《枫桥夜泊》而闻名天下。

今天的枫桥，带给人们的不仅是行走的方便，更带给人们的是美好的回忆。千百年来，凡是来寒山寺的人，都要领略一下枫桥的诗情画意，感受其中的文化氛围，寻找一下当年张继在《枫桥夜泊》所感受的那一份寂寥与惆怅。我又何尝不是如此？

1986 年 4 月

不留遗憾游虎丘

——最忆是苏州之三

宋代大文豪苏轼曾说，"到苏州不游虎丘，乃憾事也"。可见虎丘的景致之美非同一般。古人都留话了，为不留遗憾，还是决定游一次虎丘。

披着细雨，走向虎丘。

雨幕之中，游人如织。朵朵雨伞开向虎丘，在无声中诉说着对虎丘的向往。

虎丘有多个山门。"头山门"是第一景，坐北朝南，门殿黄墙黛瓦，为元代建筑，殿额悬"古吴览胜"匾，大殿中门两旁嵌隶书门联："水绕山塘笑旧日莺苍笙歌何处；塔浮海涌看新开图画风月无边。"文字漂亮，字意更好。

站在头山门前，一眼看到隔河照墙上嵌有"海涌流辉"4个大字，它让我想起虎丘悠久的历史。虎丘原名海涌山，据说在远古时期这里是一片汪洋大海，点点绿岛矗立，其中虎丘山最为矮小，每当潮起潮落，虎丘也就时而涌现，时而隐没，远远看去，若沉若浮，若有若无，所以称为"海涌山"。风平浪静时，大海与蓝天连在一起，虎丘山像一颗灿烂的明珠，镶嵌在浩渺无际的碧波之上。那么，为什么"海涌山"后来又改称为"虎丘"呢？相传在 2400 年前的春秋时期，吴王阖闾在与越国的槜李大战中不慎受伤，不久死去，他儿子将他葬于虎丘，葬后三日有一只白虎一直蹲在山上，所以改名为虎丘山。

虎丘

进入殿内，只见"虎阜禅寺" 4 个红底金字高悬，正楷字体，很有骨力，颇见书者的功力。原来此为康熙御笔，字框镶有金色龙纹花边，帝王气派不同凡响。

走进虎丘景区，顿觉肺腑生香，道路两边摆满簇簇花丛，沿着石阶一路朝上开放。虎丘山树也多，有的冠盖如云，有的笔直参天，有的盘若苍龙，有的花朵满枝，很多树龄都在一二百年以上。行进在花木丛中，令人神清气爽。

没走不远，就见到第二景海涌桥，桥下的石头被水流冲击得非常光滑，可以想象当年海涌的磅礴气势。

第三景便是断梁殿，俗称"二山门"。此山门粗看也就是普通的山门形式，但是在门内仰头一看，发现此山门的正梁是断开的，有明显的接缝。内行人都知道，中国古代建筑的正梁最为重要，整个屋顶的负重都靠它。但是这里却是断梁。断梁不同于无梁，如南京灵谷寺的无梁殿其实是穹窿顶，原理如同石拱桥。断梁则不同，细看断梁殿，会发现从正梁之下生出 24 根"琵琶木"，把整个屋顶的重量分解到立柱和墙体上，构思极其巧妙，从中可以看出建筑师技术的高超。据说这样的建筑全国仅此一家。

向上行走几十步，便看到一口井，名叫"憨憨泉"。风雨千年，井口边缘被磨得圆润光滑，探头可见井底有水。传说梁代有个著名的高僧叫憨憨，当初患有眼疾，虎丘山方丈可怜他，收他做一个挑水和尚。挑水的路很远，有一次他挑水途经这里感到很累，就坐下休息，不知不觉睡着了，梦中见到一位高僧对他说，这里有一个泉眼可通大海。醒后他就用双手到处触摸这片土地，摸到了一些青苔，他想有青苔就说明这地下可能有水，于是他用挑水的扁担在这里挖，挖了七七四十九天，终于泉水涌了出来。憨憨很高兴，喝了一口泉水，没想到眼睛突然明亮起来。后来，人们把他挖的这口井取名为"憨憨泉"。吃水不忘挖井人，这位憨憨高僧值得人们铭记。

我们踏着青石板而上，见到路边的岩石上刻着"试剑石"三个大字。只见一块方长而椭圆的巨石从中部裂开一道六七厘米宽的缝，如剑斩一般。相传春秋时期，吴王阖闾为了争霸天下，召来当时最有名的铸剑师干将、莫邪为他铸剑。宝剑铸成那天，莫邪提着"莫邪"剑来到了虎丘山，将此剑献给了阖闾。阖闾为了试其剑的锋利，对着这块石头手起剑落，就将这块石头一劈为二。传说毕竟是传说，传说之事可能是真的，也可能是假的。我想此事一定是虚构的，再锋利的剑也不可能把这么大的一块石头一劈为二。事实上，这块石头是典型的凝灰岩，大海

试剑石

的遗留物，久经风化，裂成一条大缝，酷似剑劈。古人将其编成这么一个有趣的故事，让人去想象，倒也无可厚非。

继续前行，走到石阶尽头，看见一座墓，名叫"真娘墓"。此墓建于石上，庄重而高耸。传说真娘本名叫胡瑞真，北方人士，安史之乱时逃难到了苏州，无依无靠，被迫堕入青楼。真娘才貌出众，善歌能诗，但洁身自好，卖艺不卖身。她后来被一个财主看中，至死不从，上吊自尽。这个财主很受感动，为她修坟立碑，并立誓今生再不娶妻。

再向前走，便是一片开阔地，边上有一块巨大的岩石，叫作"千人石"，石壁左侧有一小圆门，上写"别有洞天"4字，右边陡岩峭壁，在刀削般的岩石上赫然写着"虎丘剑池"4个红色的大字。字体刚劲有力，形逸洒脱。据说这4字出自唐代大书法家颜真卿之手，后因年久，石面经风霜剥蚀，"虎丘"二字断落湮灭。明人刻石家章仲玉照原样重刻，故有"假虎丘真剑池"之说。

虎丘的剑池很有盛名。传说吴王阖闾墓葬于此。史书记载，吴王征用了上千名壮年男子为其修墓，完工之日，残忍地将千余人全部杀死灭口。当时尸横遍野，血流成河。至今细看这千人石，上面条条殷红，人说是当年血流的痕迹。

剑池不算太大，约60平方米、5米多深。剑池水清见底，有几块巨石立于中央，虽不见流水潺潺，但岸边鸟鸣声声、林木繁茂，却是修身养性好去处。

离开千人石，向西走便来到了"第三泉"。相传唐朝时，被封为"茶圣"的陆羽在贞元年间来到虎丘，挖了一口井，以这口井中的泉水作标准对比各地水质，写了我国第一部《茶经》，由于井水清冽、味甜，被陆羽命为"第三泉"。这泉四周石壁赭色，纹理天然，秀如铁花，所以取苏东坡"铁华锈崖壁"诗句，又称它为"铁华崖"。

从第三泉的石阶向上，顺路向西再向北绕道而去，便看到一座塔掩映于山影绿叶中，时隐时现。一路上，奇山怪石应接不暇，清风拂面，鸟语啾啾。走到高塔护栏外，一下子怔住了，只见塔身由青砖砌成，斑驳的塔壁，布满了岁月的沧桑。塔身向东北微微倾斜，像一位风烛残年的老人，但依然精神矍铄，昂首挺立。毫无疑问，这便是虎丘塔了。

虎丘塔又叫云岩寺塔，初为木塔，建于隋炀帝大业五年（609年），后被焚毁。五代周显德六年（959年）重建，北宋建隆二年（961年）建成，塔顶毁于雷击，遗留的塔身高 47.7 米。塔身呈现八角棱形，分为七层，每一个面上都有一扇门，可谓一步一景，八面玲珑。塔身全部由青砖砌成，有些青砖已年久破损。由于塔基的土质结构不均，从明代开始，塔身便开始向北偏东方向倾斜，塔尖倾斜 2.34 米，塔身的最大倾斜度为 3 度 59 分。据专家推测，由于塔的基岩在山的斜坡上，填土厚薄不一，故塔未建成就开始倾斜。随着时间的推移，倾斜角度缓慢增加。新中国成立后，采取了一系列措施为千年古塔固本强基，取得一定效果。

久久凝望虎丘塔，确显老态龙钟，不免让人牵肠挂肚，心中一阵暗伤：在岁月的侵蚀下，什么东西能屹立永远呢？今天的修补抢救不过是结局前的一丝短暂的残存气息罢了；世界万事万物有盛有衰、有始有终，没有永远的存在，只有永远的更替，这便是大自然的运行规律。同时，永恒的东西是不美的，因为它不存在生命轨迹，而生命的残缺正是美的体现。这样看来，虎丘塔的残砖斜体也算是美得瑰丽了。

进而，我又想到杭州的雷峰塔。这座虎丘塔曾和雷峰塔并称为"江南二古塔"，但雷峰塔早已倒塌，而这座矗立在虎丘山巅的千年古塔依然顽强地耸立在世界东方，忠实地看守着中华儿女的文化长河，其精神不值得歌颂吗？

由此，我为它而骄傲！

1986 年 4 月

活力四射金鸡湖

——最忆是苏州之四

如果说拙政园、寒山寺、虎丘是苏州古典名胜的精华，那么，金鸡湖则是现代苏州的代表。这里有苏州最高的建筑，有苏州最美的水景区，有苏州最好的观光处，更有现代苏州人时尚的生活方式。金鸡湖凝聚着滋养苏州的灵气，碧波浩荡，活力四射。

位于苏州东部工业园区的金鸡湖，水域面积 7.4 平方公里，因传说有金鸡落于湖中船上而得名，原先只是万顷太湖的一个支脉，目前是中国最大的城市湖泊公园。

来到金鸡湖，已近傍晚时分。从游客中心出来，走上李公堤，夕阳的余晖洒落在烟波浩渺的湖面上，金鸡湖显得那样的静谧和闲寂。据史书记载，李公堤于 1890—1892 年由当时的元和知县李超琼兴建，全长 1 公里多，建成后大大便利了元和县与金鸡湖东部地区的交通，湖东面的斜塘也因此逐渐繁荣，形成了集镇。同时，湖中大小船只沿着里面的堤坝航行，不再受到风浪威胁。苏州百姓把它比作杭州西湖的苏堤、白堤，感恩李超琼，称长堤为李公堤。经学大师俞樾为之题写堤名，并作《李公堤记》。

驻足栈桥上，微风拂面，暖意阵阵。极目远眺，天际玉宇琼楼，民居粉墙黛瓦，摩天轮耸立空中，桃花岛近在咫尺，月光码头沐浴在晚霞里，让人沉浸在梦幻般的意境中。

沐浴着金色霞光进入湖心亭，更觉心旷神怡：往东看，湖面波光潋滟，碧水红天；往南看，湖畔百花吐艳，流光溢彩；往西看，湖边庭院式建筑鳞次栉比，园区著名的地标性建筑东方之门清晰可见。

走出湖心亭不远，眼前便是湖滨大道。这条沿金鸡湖而建的湖景大道，充满着生机与浪漫。大道总长约2公里，犹如一条富有韵律的风景线将自然风景与城市景观串联在一起。苍翠挺拔的

金鸡湖摩天轮

香樟园，亲水宜人的木质走廊，现代时尚的娱乐空间，湖滨大道以精美的面貌展示了一个完全不同于苏州古典园林的现代而大气的时尚空间。据说湖滨大道日均人流量在 5 万左右，除了苏州本市居民外，还吸引了大量来自上海、无锡、常州等地的居民。

眺望金鸡湖对岸，高达 450 米的九龙仓苏州国际金融中心引人注目，目前它是江苏第一高楼，登上其观光平台，可俯瞰苏州城全貌。建筑物的下部已完全披上暮色，顶部还沐浴着金色的阳光。一楼两色，壮丽无比。

再看湖东的摩天轮公园，亚洲最大的水上摩天轮以高出湖面 120 米的高度威武矗立，独特的造型和奇幻的灯光效果成为当之无愧的"金鸡湖之眼"。坐上转动的摩天轮，金鸡湖沿岸无数时尚的建筑群尽收眼底，现代都市的无穷魅力一览无余。

走到金鸡湖音乐喷泉处，夜幕笼罩，音乐喷泉马上就要开始

金鸡湖畔雄伟建筑

了。金鸡湖音乐喷泉是华东地区最大的综合水景工程。整个水景以"水韵飞歌"为主题，东西长130米，南北长208米，由2008个喷头、25种水形组成，主体喷泉高度达到108米。喷泉集水幕电影、激光表演、艺术喷火、音乐、灯光为一体，生动地展现了园区的人文、科技、生态三大主题概念。对于很多苏州市民来说，音乐喷泉已经融入了生活，不仅成为放松身心、融入都市的一个公共场所，更成为宴宾会友的常设节目。

正和朋友交谈之间，"哗"的一声，音乐喷泉开始了。刹那间，激昂的水柱从湖中喷射而出，伴和着应景的音乐冲向天空。水幕中的光线随着音乐的节奏不断变幻，水柱随着光影左右舞动。尽管我们离喷泉有七八十米远，但天上的水花与水雾仍不时地漂洒在我们身上、脸上，眼前变得模糊一片，使人产生一种朦胧之感。播放音乐《亡灵序曲》时最为动人心弦，激昂的曲调在耳边回响，湖面上的水柱时而分散，时而紧密，时而冲向高空，时而水光四射，伴随着五颜六色的灯光，把整个天空打扮得绚丽多彩。奇妙的水柱随着音乐的变化在不断地跳动，把周围的一切都渲染得如诗如画，以至于喷泉结束后许多游人久久不肯离去，仍然呆呆地停留在原地，沉浸在如梦如幻的情景之中。

苏州已经建城2500多年，它似乎已经老态龙钟。但是，回望夜色中一片星海的金鸡湖园区，我由衷地感到，苏州又开始发展、开始腾飞，又变得年轻、洋溢着虎虎生气了。

苏州是永远的苏州。

2018年5月

西湖风景美如画

——忆杭州之一

"江南忆，最忆是杭州。山寺月中寻桂子，郡亭枕上看潮头。何日更重游？"

白居易在《忆江南》中最忆的是杭州。其实，我也十分喜爱杭州。苏州离杭州很近，我在苏州上学时经常去杭州游玩，所以杭州在我美好的记忆里占有仅次于苏州的地位。

杭州，这里有众多的古迹、温柔的细风、平静的湖水，处处都能让人忘记世间的烦恼，沉醉在美好的想象中。

杭州人文古迹众多、景区景点无数，这里选其一湖（西湖）、一塔（雷峰塔）、一寺（灵隐寺）、一庙（岳王庙）以记之。

"天下西湖三十六，就中最好是杭州。"杭州西湖，位于杭州市西部而得名。西湖旧称西子湖、钱塘湖，自宋代以来一直通称为西湖。西湖三面环山，一面临市，水上面积约 6.4 平方公里，东西宽约 2.8 公里，南北长约 3.2 公里，绕湖一周近 15 公里。孤山、苏堤、白堤、杨公堤将湖面分成外西湖、西里湖、北里湖、小南湖和岳湖 5 个湖区，小瀛洲、湖心亭、阮公墩 3 个人工小岛锦上添花鼎立于外西湖湖心，夕照山的雷峰塔与宝石山的保俶塔隔湖相映，由此形成了"一山、二塔、三岛、三堤、五湖"的美丽景观。

西湖的美丽不仅在于其外表的山水之胜，更在于它保存着众多的文物古迹和深厚的历史文化内涵。因此，2011 年，它被列入世界文化遗产名录。

西湖的名胜古迹很多，有 40 多处，光是重点古迹也有 30 多处。西湖大景区可分为 4 个，即西湖区、北山区、南山区和钱塘区，总面积可达 50 多平方公里。西湖风景美不胜收，最负盛名的就是"西湖十景"。西湖十景

杭州西湖

之名最早源于南宋山水画。南宋祝穆《方舆胜览》、吴自牧《梦粱录》均有记载。最初的十景是平湖秋月、苏堤春晓、断桥残雪、雷峰夕照、南屏晚钟、曲院风荷、花港观鱼、柳浪闻莺、三潭印月、两峰插云。清朝乾隆帝南巡杭州，就十景各赋诗一首，刻于碑上，使西湖十景广为人知。1984年《杭州日报》等5家单位发起了新西湖十景评选，云栖竹径、九溪烟树等成为新"西湖十景"。2007年杭州市政府进行"三评西湖十景"，灵隐寺、六和塔等一批景点入围，成为又一批"西湖十景"。这些景点像五颜六色的珍珠撒落在西湖内外，将其装扮得多姿多彩。

在我心中，最为留念的是西湖中间一带的白堤、断桥和苏堤。

行走在西湖，长堤似锦带，湖上卧长虹。每次游览，大多从白堤开始。白堤顾名思义，就是以白居易名字命名的堤坝。白居易与杭州的结缘始于少年时期，他父亲白季庚曾任过浙江萧山县尉，今天的萧山是杭州当时的一个区。白居易少年时来到杭州，在这里断断续续生活了7年，以后他做了杭州刺史，写了很多西湖的诗句，不过百姓朗诵最多的是那首《忆江南》。白居易还在西湖修筑了一条白公堤，不久湖面缩小而荒废，此堤无迹可寻，但人们为纪念他为杭州百姓所做的贡献，将后来的这条长堤改称为白堤。白堤全长约1公里，春日里两边桃花怒放、柳枝轻拂，一片姹紫嫣红，即便是其他季节，也都是风景如画。

走到白堤尽头，就是断桥了。断桥又名段桥，一说是元朝时附近住一个姓段大户，取谐音变为"段桥"；一说是作为白堤的终点才取此名。断桥在里西湖与外西湖的分水线上，每当瑞雪初下，桥上拱顶处的积雪开始融化，远远看去，桥好像断了一节，又像桥与堤断开，这就是"断桥残雪"。走上断桥，不由得想到

西湖断桥

白蛇传的故事，当年白娘子与许仙曾在此桥相会过，他们的爱情故事给断桥增添了浓郁的浪漫色彩。冬天的断桥是观赏西湖的最佳处，每当西湖银装素裹之时，远看桥面，断桥若隐若现，美轮美奂。漫步断桥之上，犹如置身于雪白的宫殿，四周一片寂静，只有踩雪时的沙沙声响，静谧而绵长。

　　穿过断桥，便来到苏堤。苏堤俗称苏公堤，南起南屏路，北接曲院风荷，横贯湖区南北，全长约 2.8 公里，宽 30 多米。苏堤上共有 6 座石拱桥，从南往北分别为映波桥、锁澜桥、望山桥、压堤桥、东浦桥、跨虹桥。如果初春时节漫步堤上，苏堤便犹如一位翩翩而来的报春使者，路边杨柳拂岸、桃树含苞，更有湖波如镜、映照倩影。最动人心的，莫过于晨曦初露、月沉西山之时，轻风徐徐吹来，柳丝舒卷飘忽，置身堤上，如梦如幻，因而这里被称"苏堤春晓"。讲到苏堤，不得不提苏东坡。公元 1089 年，苏东坡以龙图阁学士身份赴任杭州知府。这是他时隔 18 年之后第二次来到杭州任职。第一次来此是 1071 年，他迫于改革派的压力，主动请求出京，任职杭州通判，当时西湖淤塞面积占百分之二三十。18 年后西湖淤塞荒芜面积已占到一半。苏东坡将治理西湖计划上奏朝廷，获得批准后就带领百姓疏浚西湖，筑起这条跨越西湖南北的长堤，后人缅怀他便称此堤为"苏堤"。

我赞美西湖那"间株杨柳间株桃"的婉约景致，更赞美西湖那"松排山面千重翠"的洒脱恢宏、"疏影横斜水清浅"的雅致清艳；我喜爱诸多描写西湖的诗句，最喜爱那"欲把西湖比西子，淡妆浓抹总相宜"描写西湖的绝唱。

苏东坡把西湖比喻成西施，西施之美是沉鱼落雁，就算不施粉黛一样美若天仙。西湖就像西施一般，不管是春夏秋冬还是清晨、夜晚，也不管是雨天还是雪天，都是景色如画惹人醉。

2003 年 5 月

雷峰塔前声声唤

——忆杭州之二

穿过苏堤，再向前走，就是雷峰塔。雷峰塔又名皇妃塔、西关砖塔，位于西湖南岸的夕照山上。其初建于北宋太平兴国二年（977年），是吴越国王钱俶为祈求国泰民安而建，有传是为庆祝宠妃黄氏得子而建，所以命名为"皇妃塔"。后来，因其所在的山峰叫"雷峰"，而逐渐被人们称为"雷峰塔"。

北宋宣和二年（1120年），雷峰塔遭到战乱的严重损坏，南宋庆元年间（1195—1200年）重修，建筑和陈设重现金碧辉煌。因雷峰塔在黄昏时与落日相映生辉，景致极为壮观，被命名为"雷峰夕照"，列入西湖十景。明嘉靖年间（1522—1566年），入侵东南沿海的倭寇围困杭州城，纵火焚烧雷峰塔，灾后古塔仅剩砖砌塔身，通体赤红，一派苍凉。清朝末年到民国初期，一些游客偷挖雷峰塔上的砖头卖钱，后来又盛传塔上的砖头具有

雷峰塔

"辟邪"功能，盗挖的人更多。1924年9月25日，雷峰塔终于轰然坍塌，"雷峰夕照"胜景从此名存实亡。雷峰塔倒坍，国人一片叹息。鲁迅曾两论雷峰塔倒坍，徐志摩也曾在雷峰塔倒后感叹，"再不见雷峰，雷峰坍成了一座荒冢。再没有雷峰，雷峰从此掩埋在人们的记忆中"。好在当地政府于1999年作出重建雷峰塔、恢复"雷峰夕照"景观的决定，次年动工，2002年10月25日新塔建成。

雷峰新塔建在遗址之上，保留了旧塔被烧毁之前的楼阁式结构，完全按照南宋初年重修时的风格和大小建造。新塔通高71米多，由台基、塔身和塔刹3部分组成，其中塔身高约49米，塔刹高约18米，地平线以下的台基近10米，外观是一座八面、五层楼阁。

我们站在塔下向上看去，只见各层盖着铜瓦，转角处设有铜斗拱，飞檐翘角下挂着铜风铃，风姿优美，古色古韵。登上雷峰新塔极目四眺，碧波荡漾的西湖、绿意葱茏的湖心三岛和湖边美丽如画的景点一览无余。如果站在西湖东岸的湖滨路远眺，雷峰塔敦厚典雅，保俶塔纤细俊俏，两座塔一南一北隔湖相望，西湖山色又回到了往日的和谐与美丽。

雷峰塔之所以名扬四海，更得益于明代冯梦龙创作的短篇小说《白娘子永镇雷峰塔》，及其以后被改编成话剧、连环画等各种宣传品尤其是电影《白蛇传》、电视剧《新白娘子传奇》的影响。故事说的是南宋绍兴年间，临安府生药铺主管许仙到保俶塔追荐祖宗，回家路上遇见白娘子主仆，白娘子主动以身相许。接着，因白娘子所赠银锭、衣服和扇子皆是从官库中取得，许仙接连吃了两次官司。其间，又有南山道士、和尚法海挑拨二人关系，他们感情发生波折，然而白娘子追随许仙锲而不舍。后来，白娘子水漫金山救许仙，被法海镇压在雷峰塔之下，小青学武归来打败了法海，救出了压在雷峰塔下的白娘子，而法海则躲进蟹壳里藏身，白娘子和许仙及他们的孩子从此幸福地生活在一起。

当然，现实中的雷峰塔下是没有白娘子的，白蛇传也只是一个美丽的传说，然而千百年来这个故事却口口相传，至今魅力不减。电视剧《新白娘子传奇》及其插曲《雷峰塔前声声唤》风靡国内外。"千年等一回……"这是何等壮观的爱！只为这一回，人世间的荣华富贵、功名利禄皆为粪土，只有白素贞那超越人妖超越时空穿透古今的挚爱，才是人世间最真最善最美的化身。

如今，重建后的雷峰塔仍然屹立在西子湖畔，承载着历史的沧桑，集聚着世人的期望，成为一种深情与爱情的坚守。

2003 年 5 月

岳王庙里看忠奸

——忆杭州之三

浏览西湖，不能不看岳王庙。

岳王庙就是岳飞庙，位于西湖西北角栖霞岭南麓，北山路西段北侧。始建于南宋嘉定十四年（1221 年），初称"褒忠衍福禅寺"，明朝天顺年间改为"忠烈庙"，因岳飞追封鄂王而称岳王庙。历代迭经兴废，现存格局于清代重建后形成，分为墓园、忠烈祠、启忠祠 3 部分。墓园坐西向东，忠烈祠和启忠祠坐北朝南。岳王庙大门正对西湖五大水面之一的岳湖，墓庙与岳湖之间高耸着"碧血丹心"石坊，寄托炎黄子孙对爱国英雄的敬仰之情。

进入岳王庙，头门是一座二层重檐建筑，巍峨庄严，继而是一个天井院落，中间是一条青石铺成的甬道，两旁古木参天。大殿正中是 4.5 米高的岳飞彩色塑像，身穿盔甲，披紫蟒袍，臂露金甲，按剑而坐，显示了武将的英雄气概。岳飞生前是无资格穿蟒袍的，因后封鄂王，所以身着蟒袍。左右两边各悬一块"碧血丹心"与"浩气长存"横匾，是当年佛教协会会长赵朴初和西泠印社社长沙孟海所写。正殿后面两旁是岳母刺字等巨幅壁画，展示了岳飞保卫国家的英雄业迹。

岳王庙正殿西面有一组庭园，入口处有精忠柏亭，内有枯柏，传说这棵柏树原在大理寺风波亭旁边，岳飞遇害后就枯死了，后来移放在岳坟边上，称为精忠柏。庭园中，南北各有一条碑廊，北面碑廊陈列的是岳飞的诗词、奏折等手迹，南面碑廊是历代修庙的记录以及历代名人凭吊岳飞的诗词，中间有一石桥名精忠桥，过精忠桥便是造型古朴的墓阙。

进入岳飞墓园，墓道两侧有石马石虎石羊各一对，3 对石俑正中便是岳飞墓，墓碑上刻着"宋岳鄂王墓"，左边是岳云墓，墓碑上刻着"宋继忠侯岳云墓"。墓前一对望柱上刻有一副对联："正邪自古同冰炭，毁誉于今判伪真"。墓阙前照壁上刻着"尽忠报国" 4 字；墓阙后面跪有 4 个铁铸人像，反剪双手，是陷害岳

岳王庙

飞的秦桧、秦王氏、张俊、万俟卨向岳飞请罪。跪像背后墓阙上有字:"青山有幸埋忠骨,白铁无辜铸佞臣。"

忠烈祠西侧旧为启忠祠,祭祀岳飞父母及其5子(云、雷、霖、震、霭)、5媳及玉女银瓶,现辟为岳飞纪念馆,以实物、图片等介绍岳飞气贯日月的一生及其影响。

岳飞是南宋初抗击金兵的主要将领,不仅治军有方,而且骁勇善战、屡立战功,却被秦桧、张俊等人以"莫须有"罪名诬陷迫害致死。岳飞遇害前在供状上写下"天日昭昭,天日昭昭"8个大字。岳飞遇害后,狱卒隗顺冒着生命危险,背着岳飞遗体越过城墙,草草地葬于九曲丛祠旁。21年后宋孝宗下令给岳飞昭雪,并以五百贯高价悬赏求索岳飞遗体,用隆重的仪式迁葬于栖霞岭下,就是现在岳坟的所在地。嘉泰四年(1204年)即岳飞死后63年,朝廷追封其为鄂王。

如今,忠臣岳飞受到人们敬仰,奸臣秦桧遭到人们唾骂,这完全应该。"万古知心只老天,英雄堪恨复堪怜。如公少缓须臾死,此虏安能八十年!""中兴诸将思平敌,负国奸臣主议和……如何一别朱仙镇,不见将军奏凯歌?"千百年来,在凭吊岳王庙及岳飞墓时,文人才子纷纷吟诗,抒发对民族英雄惨遭陷害的同情与怀念,对奸佞误国、残害忠良给予谴责和唾弃,这也值得称道。为岳飞平反昭雪、修祠建馆,用英雄的事迹教育后人,这更是完全正确,应该给予充分肯定。但是,中华民族自古以来多灾多难,历代都有奸臣误国,如何避免历史悲剧和这一现象的一再重演,这才是历史留给后人最为沉重的课题,是一件需要认真讨论和深入研究的大事。

2003 年 5 月

千年古刹灵隐寺

——忆杭州之四

灵隐寺又名云林寺、云林禅寺，位于西湖西部的飞来峰旁、灵隐山麓，离西湖不远。灵隐寺始建于东晋，至今已有 1600 多年历史，是我国佛教禅宗十刹之一。当时印度僧人慧理来杭，看到这里山峰奇秀，以为是"仙

灵隐寺

灵所隐"，就在这里建寺，取名灵隐。后来济公在此出家，由于他游戏人间的故事家喻户晓，灵隐寺因此闻名遐迩。

来到灵隐寺，只见该寺在飞来峰与北高峰之间灵隐山麓中，两峰夹峙，林木耸秀，深山古寺，云烟万状，是一处古朴幽静、景色宜人的游览胜地。

灵隐寺中有一个"隐"字，是否与它的环境有关呢？灵隐寺整座寺宇都深隐在西湖旁边的群峰密林中。传说清朝康熙帝南巡时，登上寺后的北高峰顶揽胜，即兴为灵隐寺题匾，灵字繁体上面为"雨"字，中间横排 3 个"口"字，最下面一个"巫"字，他欢喜之余，把上面的雨字写得太大，正发愁时，突然想起在北高峰上时看到山下云林漠漠，整座寺宇笼罩在一片淡淡的晨雾之中，有云有林，显得十分幽静，于是灵机一动，顺势在"雨"字下加一"云"字，赐灵隐寺名为"云林禅寺"。现在天王殿前的那块"云林禅寺"4 字巨匾，就是当年康熙皇帝的"御笔"。

走进灵隐寺，给我的第一感觉就是庄严辉煌。灵隐寺分为 3 个部分，以天王殿、大雄宝殿等殿宇作为中轴线，两侧各有相应的殿堂。寺内有东西二山门与天王殿并列，天王殿背后有木雕韦驮立像，两旁分列 4 大天王像。大雄宝殿高 33.6 米，高甍飞宇，琉璃瓦顶，正中有用香樟雕塑、全身贴金的释迦牟尼像，像高 9 米，坐在莲花宝座上。寺前古林苍郁，清静幽雅，似乎可以听到岁月回声，感受到千古佛韵。

一部电视剧《活佛济公》，更让灵隐寺家喻户晓。"鞋儿破，帽儿破，身上的袈裟破……"这首歌一度风行全国。在济公殿，就供奉着一尊右手拿破扇、左手持念珠、右脚搁在酒缸上的济公像。其实，"活佛济公"不只是一个传说，在历史上确有其人。他生于 1148 年，死于 1209 年，原名李心远，浙江台州人，是当时天台临海都尉李文和的远房孙，在灵隐寺剃度出家，有了名气后，被人称为济公。相传济公是一位性格率真而又颇有才气的名僧，但他的言行与一般僧人不同，饮酒食肉，狂放不羁，以致到了监寺不能相容的地步。济公一生怡然飘逸，喜好云游，出行四方，足迹遍及浙、皖、蜀等地。他常常衣衫不整，寝食无定，为人采办药石，治病行医，解忧排难，广济民间疾苦，受到人们颂扬。

　　我看《活佛济公》这部电视剧时，对主人公崇拜得五体投地。随着年龄的增长，又因为自己不信教，对这个故事越发淡去，然而内心始终隐隐保持着对济公的一些敬畏，只是在于济公背后的一种价值观，那是惩恶扬善的精神。电视剧里有个小故事，做善事的人瘤子越来越小，直到完全消失；做坏事的人瘤子越来越大，最后用手都抱不住，这样带着玄幻色彩的传奇故事背后，蕴含的

飞来峰

还是劳动人民淳朴的信念。相传，在这部电视剧开始播出的几年里犯罪率有所下降，这大概就是济公存在于人们心中的作用。

灵隐寺之所以有名气，还在于它旁边有个飞来峰。飞来峰有一个美丽传说，有一天济公突然心血来潮，算知一座山峰从远方飞来。那时，灵隐寺前有个村庄，济公怕飞来的山峰压死人，就跑到村里劝大家赶紧离开。众人不信，眼看山峰就要飞来，济公急了，立即冲进一个正在娶亲的人家，背起新娘就跑。村民见到和尚抢走了新娘，都喊着追了出来。他们刚离开村子，就见狂风大作、天昏地暗，轰隆一声，一座山峰飞降灵隐寺前，压没了整个村庄。村民们这才明白，济公抢新娘是为了救大家，都对他感恩不尽，同时也将这座山峰称为"飞来峰"。

飞来峰正对林荫道的岩石前，有一座大肚弥勒佛石像，约两三米高，袒腹而坐，笑容可掬，游客们都喜欢在这里拍照留念。旁边有一联："泉水已渐生暖意，放笑脸相迎；峰峦或再有飞来，坐山门老等。"我想，如果人们都能有大肚弥勒佛那样"笑口常开，笑世间可笑之人，大肚能容，容天下难容之事"的豁达和坦荡，那么人间就不会有这么多的纷争了。

穿过一个又一个殿宇，流连于一尊又一尊佛像，回想着济公的故事，心境突然变得宁静起来，古刹灵气依旧在，世间却已过千年，世人为名为利所累，也只是匆匆过客而已，有什么东西不能放下的呢？

2003 年 5 月

"三山"之首数金山

——镇江"三山"耀千古之一

"京口瓜洲一水间，钟山只隔数重山"。王安石此句诗点出了古称"京口"的镇江位置。

镇江是一座安静的地方，这里没有长三角其他大城市的繁忙与拥挤，不管是游览金山、焦山、北固山组成的"三山"风景区，还是漫步于古色古香的西津渡或是历经千年的大运河畔，总会让人梦回古代，体验到数千年的历史积淀。

镇江"三山"耀千古。镇江，长留我心中的，是张祜那最爱金山"一宿金山寺，超然离世群"的超然；郑板桥那倾心于焦山"静室焦山十五家，家家有竹有篱笆"的清净；辛弃疾那独爱北固"何处望神州？满眼风光北固楼"的大气。所以我更对"三山"情有独钟，以"三山"形成或展开的波澜壮阔的三千年历史画卷，在心中的沉淀永远挥之不去。

金山、焦山、北固山，是镇江境内有名的"三山"。"三山"之首，当数金山。金山位于镇江市区西北3公里处，高约44米，长约500多米。古代金山是屹立于长江中流的一个岛屿，与瓜洲、西津渡呈掎角之势，为南北来往要道，久以"卒然天立镇中流，雄跨东南二百州"而闻名。直至清代道光年间，才开始与南岸陆地相连，于是"骑驴上金山"曾盛行一时。

据说金山的名字是这样来的：古人把扬子江比作香水海，将这座山比作《华严经》里的七金山，所以叫作金山。还有一种说法与法海有关，唐代高僧法海云游来此，一日在山里挖到黄金，地方官李奇将此事上报皇帝，皇帝敕令将黄金交法海作修复寺庙之用，并将此山赐名为"金山寺"，由法海担任主持。

前几年，地方政府为发展旅游事业，在金山脚下修建了金山公园。公园里有南宋民族英雄岳飞、北宋文豪苏轼、清帝乾隆等

金山

一批历史名人留下的传说和遗迹，有白娘子与许仙的神话故事，还有难得一见的诗书珍宝。

进入公园来到金山寺前，但见寺门朝西，依山而建，殿宇栉比，亭台相连，遍山布满金碧辉煌的建筑，在太阳的照耀下金光四射，蔚为奇观。我对金山寺的坐向感到奇怪，此前见过的寺庙都是坐北朝南，唯有这个寺庙坐东朝西。据导游介绍，原来金山寺的正门也是朝南的，金山寺在历史上多次遭受火灾，后请风水先生指点，认为起火的原因是正门有问题，因为朝南香烟缭绕，直冲南天门，而南天门是玉皇大帝的天庭所在，玉皇大帝闻到烟味就打喷嚏，一打喷嚏就发生火灾。正门自改为朝西后，迄今没有发生火灾。我对风水先生的说法，向来是不相信的。

走进天王殿大殿，正面中间供奉的是笑口常开的弥勒佛像。导游形象而风趣地介绍说，弥勒佛是佛教中的接待处长，总是笑脸相迎。大殿背面供奉的是韦驮像，韦驮是佛教中的保卫处长，如果他的宝剑扛在肩上剑头向上，说明这座寺庙对游僧免费吃住；如果宝剑拿在手中横着，说明这个寺庙只管饭不管住；如果宝剑杵在地上剑头向下，说明这个寺庙既不管饭也不管住。这个大殿韦驮的宝剑扛在肩上剑头向上，游僧可以免费吃住。

一块浮雕呈现在大雄宝殿外墙上，记载着抗金英雄岳飞在金山寺的一段往事。南宋绍兴年间，抗金名将岳飞指挥抗金战争，正在乘胜前进时，奸臣秦桧要挟高宗连发12道金牌召他回都城临安。岳飞路过镇江拜访道悦禅师时说，"昨夜曾望到两犬抱头而言，未知此行吉凶如何？"禅师大惊，说："两犬对言乃一狱字，此去恐怕有牢狱之灾，必须谨慎。"岳飞致谢登舟，道悦赠诗曰："风波亭下浪滔滔，千万留心把舵牢！谨备同舟人意歹，将身推落在波涛。"岳飞到杭州果遭秦桧陷害，他在临死前说"悔不听道悦之言"。此话传到秦桧耳中，秦桧大怒，就命何立捉拿道悦。何立到金山，道悦正在堂上说法。只见道悦整衣拈香，合掌说偈："吾年四十九，是非终日有，不为自身事，只因多开口。何立自南来，我向西方走，不是佛力大，几乎落人手。"说罢，坐在法座上怡然逝去。何立将情况回禀秦桧，并说金山有七峰，风水好，因而每代能出高僧。秦桧盛怒之下，命人到金山削平七峰。后人为了纪念岳飞和道悦和尚，便兴建了七峰阁，可惜此阁毁于太平天国时战火，后改修为七峰亭。

走到金山最高处，见一石柱凉亭，名留云亭，又名吞海亭。亭中石碑是300多年前康熙皇帝陪同母亲来金山寺游览时留下的古迹。康熙登高远眺，大江东去，水天相连，兴致顿起，遂奋笔手书"江天一览"4个大字。此亭于康熙二十四年（1685年）重修，同治十年（1871年）复建，两江总督曾国藩将康熙所写的"江天一览"4字刻在石碑上，放置亭内。传说康熙写字时，"江天一"3字一气呵成，而第四个字"览"字笔画多，一时竟想不起来，只是嘴中念着"江天一览"四字，无从落笔。周围大臣一见此情，知道皇上遇到难题，但又不敢上前提示，怕招来欺君杀头之罪。正在为难之际，有一大臣计上心来，下跪在皇帝面前说了一声"臣今见驾"。康熙何等聪明，一听"臣今见"，恍然大悟，随笔写出览字。因为"览"的繁体字正是"臣、今、见"3个单字组成，这位大臣巧妙地用拆字法提醒了皇帝。由于康熙愣了许久才写了"览"字，所以这一字与前3字不一样大，显得细小。

金山寺的名气还与《白蛇传》中"水漫金山寺"故事有关。金山公园里慈寿塔内外多处有"水漫金山寺"中人物形象，慈寿塔山下的白龙洞塑有白娘子和小青两座白石雕像，慈寿塔边悬崖上的法海洞塑有法海塑像，慈寿塔内的地面上还有许仙的遗迹。

　　慈寿塔矗立于金山西北山巅上，高约40米，共5层，砖身木檐，仿楼阁式，七级八面，每级四面开门，有楼梯盘旋而上，塔顶上的塔尖犹如一把利剑刺向天空。关于法海与白蛇之间的故事，明朝人把金山的禅话与杭州西湖白蛇的故事联系在一起，写成了著名小说《白娘子永镇雷峰塔》，后人又将其改编成各种形式的《白蛇传》。白娘子水漫金山寺触犯天条，被镇压在杭州西湖雷峰塔下。这座慈寿塔则是法海扣留许仙的地方，正是因为法海扣留了许仙，才惹恼白娘子与小青，白娘子施展法术，霎时大水滔滔，虾兵蟹将一齐上阵，法海慌忙以袈裟化为长堤拦水，水涨堤也长。白娘子不能获胜，只得与小青收兵回去修炼，等待机会报仇。塔山下那条神秘的白龙洞深不见尽头，传说通达杭州西湖，白娘子和小青水漫金山后就是从这条洞逃往杭州的。许仙被困和水漫金山故事的流传，更使金山寺名扬四海。

　　水漫金山的传说家喻户晓，白娘子忠贞不渝的爱情脍炙人口。而这次游历我才了解到，法海确有其人，是唐代高僧、金山寺的开山祖师，一生功勋卓著，他呕心沥血使这座小岛成了名扬天下的佛教名山。宋朝张商英就曾作诗赞颂他："半间石室安禅地，盖代功名不易磨。白蟒化龙归海去，岩中留下老头陀。"看来，我们应该为法海平反。

2004 年 9 月

"砥柱中流"看焦山

——镇江"三山"耀千古之二

从金山向东不远就到了焦山。

焦山位于镇江市区东北，高约 70 米，周围长约 2 公里，耸立于扬子江心，与对岸象山夹江对峙。

焦山，原来叫樵山。传说东汉末年，焦光隐居在此，汉献帝曾 3 次下诏书请他出山做官，但他不愿和腐败朝廷同流合污，拒不应召。他在山上采药炼丹治病救人，深得百姓爱戴，后人为了纪念他，将樵山改为焦山。

焦山以山水天成、古朴幽雅闻名于世。该山碧波环抱、林木苍翠，宛如碧玉浮江，是万里长江中唯一四面环水的游览岛屿，宛若人间仙岛在水中缥缈，正所谓"万川东注，一岛中立"，故有江南"水上公园"之誉。身临其境，又有"砥柱中流"之感。

来到焦山脚下，看过茗山法师纪念馆，便走进闻名遐迩的焦山碑林。据说，这里碑林墨宝之多仅次于西安碑林，气势磅礴的摩崖石刻和碑刻艺术，使焦山成为蜚声海内外的书法之山。焦山碑刻篆、隶、真、草、行诸体皆备，风格迥异，或苍古峭拔、纵逸奇深，或严整舒朗、浑然厚重，真可谓汇千年古刻之隽美，融百家书法之精神，其中旷世奇碑"瘗鹤铭"富有很高的书法艺术价值。相传《瘗鹤铭》为东晋大书法家王羲之所书，他平生极爱养鹤。他家门前有一"鹅池"，他常以池水洗笔，以鹅的优美舞姿丰富他的书法，所以他的字有"飘若浮云，矫若惊龙"之称。有一天，他带来两只仙鹤到焦山游览，它们不幸都夭折在焦山。王羲之十分悲伤，用黄绫裹着仙鹤埋在焦山的后山，遂在山岩上挥笔写下了著名的《瘗鹤铭》以示悼念。因其书法绝妙，当即被镌刻在山西岩石上。后因岩石崩裂坠入江中，到清朝康熙五十一年（1712年），镇江知府陈鹏年派人从江中捞起碎石，仅存下86个字，其中不全的有9个，但仍可见字体潇洒苍劲，别具一格，仍是稀世珍品。宋代著名书法家黄庭坚认为，大字无过《瘗鹤铭》，推此为"大字之祖"。

碑林中有一"御碑亭"十分引人注目。御碑亭是一座木结构的古式方亭，上盖琉璃瓦，亭中竖立一块石碑，上面碑文是乾隆皇帝第一次南巡时作的《游焦山歌》，背面是乾隆第三次来焦山时作的《游焦山作歌叠旧作韵》，因是皇帝手书刻碑建亭，所以称为"御碑亭"。

碑林不远处，是一座精致小巧的古雅庭院，这里便是乾隆南巡时逗留的行宫。行宫为两层建筑，当年楼阁前还未形成沙滩，楼阁外惊涛拍岸、波澜起伏，故名"观澜阁"。楼阁两层的东、南、西3面都有透明大窗，于楼上长廊观赏江景视野开阔，近看，花木扶疏、江潮汹涌；远眺，白云飘逸、群山秀丽，如同一幅绝妙的山水画图。

离开庭院，走到焦山东侧的山脚下，只见山石嶙峋，8 个用石灰土夯实的炮堡呈扇形面对长江入海口，这就是著名的焦山炮台。整个炮台是暗堡式，每个炮堡都附有一座小弹药库，另有一大弹药库在炮堡南端门外偏西处。炮堡坚固异常，唐代韩混、宋代张世杰和韩世忠等名将都在这里指挥过壮怀激烈的战斗。1842年，英军舰侵入长江，遭到焦山和金山炮台守军英勇抵抗和沉重打击。焦山炮台守军面对 70 多艘敌舰毫不示弱，猛烈炮击，但是终因寡不敌众炮台失守，守岛军民 1500 多人全部捐躯。远在大西洋彼岸的革命导师恩格斯在《英人对华新远征》一文中赞扬道："如果这些侵略者到处都遭到同样的抵抗，他们绝对到不了南京。"焦山抗英炮台是我国近代反帝斗争的重要遗址，也是镇江人民英勇抗击外国侵略者的历史见证。

焦山

焦山古炮

　　离开炮台没走几步就见到吸江楼。吸江楼位于焦山东峰绝顶，楼呈八角形，为上下两层，上层横额题有"吸江楼"3字，底层横额写有"江山胜概"4个大字。吸江楼再往上，就到了万佛塔。万佛塔矗立在焦山顶峰，七级八面，塔内设两套楼梯上下分流，外有栏杆相倚，每层回廊四通。

　　登上万佛塔俯瞰大江，只见碧波万顷，千帆竞发。远眺对岸江北，碧野辽阔，阡陌纵横；再看江南大地，青山苍翠，景色秀丽，令人赏心悦目。清代名士齐彦槐有诗赞曰："东望海漫漫，扶桑涌一丸。曾登岱岳顶，不及此楼观。水气连天白，霞光照壁丹。遥闻曙钟动，江阔万鹰盘。"

2004 年 9 月

雄踞大江北固山

——镇江"三山"耀千古之三

北固山位于镇江市区之北不远处,高约55米,长约200米,因北临长江,石壁嵯峨,形势险固而得名,并与金山、焦山呈掎角之势。远远望去,只见三山遥相对峙,各逞其雄,而北固山更如昂首、翘尾之巨龙,雄踞于扬子江滨,气势如虹,形胜无比,堪为"天下第一江山"。

北固山由前峰、中峰和后峰3部分组成。前峰原为东吴古宫殿遗址,现已辟为镇江烈士陵园;中峰上原有气象楼,现改为国画馆;后峰为主峰,北临长江,三面悬崖,地势险峻,山上到处都是树木,名胜古迹众多。

从北固山中峰南麓登山,过气象台,沿山脊北行至清晖亭,看到亭东有一座铁塔,此塔系唐卫公李德裕于宝历元年(825年)所建,故又名卫公塔。原为石塔,后遭毁坏。北宋元丰元年(1078年)改建成9级铁塔,平面、八角形。明代重修改为7级,高约13米,后经海

北固山

啸、雷击、战火等劫难，至 1949 年仅存塔座两层。现经修整为
4 层，高约 8 米，塔基及一、二层为宋代原物，三、四层为原塔
的五、六层，系明代所建。望着历经沧桑的铁塔，心中感慨万分。

　　再往北走，在甘露寺东侧山坡的墙壁上，嵌有一块条石，上
镌"天下第一江山" 6 个大字，相传为梁武帝所书。条石对面通
往甘露寺的拱门上，镌有"南徐净域"题额，东晋时镇江改为徐
州，故名"南徐"。

　　走过拱门，就到达北峰之巅甘露寺。甘露寺建于梁代，原在
山下，唐朝时改建于山上。寺内有大殿、老君殿、观音殿和江声
阁等建筑，形成了"寺冠山"的特色。明清时代甘露寺极为繁盛，
康熙、乾隆二帝曾在此建过行宫，留有御碑。

　　甘露寺后面的多景楼，是北固山风景的最佳处，为古代长江
3 大名楼之一，与黄鹤楼、岳阳楼齐名。此楼建于唐代，楼名取
自润州刺史李德裕《临江亭》"多景悬窗精"诗句。米芾所书"天

下江山第一楼"的匾额，高悬在楼额之上。多景楼为两层建筑，面对大江，回廊四通，面面皆景。登上多景楼凭栏远眺，山光水色、奇景异姿尽收眼底：东面大江奔流，一泻千里，青翠的焦山在万顷碧波之中缥缈；西边千峰万岭，山峦重叠，与碧空融为一体；近处的金山，由于背景鲜明，越发显得清丽；大江对岸，古老的扬州文峰塔隐约可见。宋元以来，历代文人名士、达官显贵在此诗酒唱和，欧阳修、苏轼、米芾、辛弃疾和陆游等都曾留下许多著名的诗作。当年陈毅元帅登临多景楼时曾感慨地说："不要看画了，这里就是万里长江画卷！"

再向东行，见到一座石柱方亭，这就是祭江亭，古称北固亭。由于此亭建造在北固山的面江石壁之巅，故又名"临江亭"。

"临江亭"有诸多典故。相传三国时孙刘联姻后，孙夫人随刘备去荆州，被孙权骗归强行留住江东。孙刘联盟破裂，彝陵大战，刘备兵败，孙夫人听到讹传刘备病死在白帝城，悲痛

铁塔

欲绝，便登上此亭，设奠望西遥祭后投江自尽，故此亭又名"祭江亭"。后南宋爱国词人辛弃疾登临此亭时触景生情，感慨系之，写下了千古名篇《南乡子·登京口北固亭有怀》："何处望神州，满眼风光北固楼。千古兴亡多少事？悠悠。不尽长江滚滚流。年少万兜鍪，坐断东南战未休。天下英雄谁敌手？曹刘。生子当如孙仲谋。"此词通过对古代英雄人物的颂扬，表达了作者渴望像古代英雄人物那样金戈铁马、收拾破碎山河为国效力的壮烈情怀，饱含着浓浓的爱国思想，但也流露出作者报国无门的无限感慨，蕴含着对苟且偷安、毫无振作的南宋朝廷的愤懑之情。

其实，辛弃疾多次登临北固亭，面对滚滚长江借古讽今，即兴抒写谴责南宋统治者昏庸无能和自己对国家前途寄予殷切希望的佳作。1205 年，他写了送给好友丘崟的另一名篇佳作《永遇乐·京口北固亭怀古》："千古江山，英雄无觅，孙仲谋处。舞榭歌台，风流总被，雨打风吹去。斜阳草树，寻常巷陌，人道寄奴曾住。想当年，金戈铁马，气吞万里如虎。元嘉草草，封狼居胥，赢得仓皇北顾。四十三年，望中犹记，烽火扬州路。可堪回首，佛狸祠下，一片神鸦社鼓。凭谁问：廉颇老矣，尚能饭否？"作者怀着深重的忧虑和一腔悲愤，赞扬在京口建立霸业的孙权和率军北伐、气吞胡虏的刘裕，表示要像他们一样金戈铁马为国立功，同时借讽刺宋文帝刘义隆表明自己坚决主张抗金但反对冒进误国的立场和态度。

辛弃疾登临北固亭的这两首千古绝唱，早在中学时代就已熟背于心，深深地嵌入我的记忆，时刻感召着我的家国情怀。

2004 年 9 月

蠡园多情趣

——无锡太湖风光美之一

"小小无锡城，盘古到如今……"这首旋律优美的江南民歌《无锡景》曾经在江苏等地广为传唱，并被写进了几代人的音乐教材中。太湖、光复门、鼋头渚、梅园、惠山、第二泉……歌中描写的这些地方，不知成了多少人的向往之处。

我老家苏北，小时候听到这首歌曲时曾想，等到长大的时候，一定要去看看无锡，看看无锡的这些地方。40多年后，当我向无锡出发时，又一首赞美太湖的歌曲《太湖美》已经传遍大江南北。

无锡太湖风光美。江南初春，风光如画。一踏上无锡的土地，一见到太湖，就感觉到了一种恍如隔世而似曾相识的亲切。

游览的第一站是闻名遐迩的蠡园。蠡园离无锡市区

10公里，坐落在蠡湖北岸的青祁村。蠡湖原名漆湖、五里湖，相传春秋时越国大夫范蠡偕美人西施远走高飞之后在此隐居，每日泛舟，因此得名"蠡湖"。"蠡园"因紧靠蠡湖而得名。蠡园濒临太湖，三面环水，面积8.2公顷，水面占3.5公顷。园以湖名，湖因园胜，曲岸枕水，秀丽明媚。

蠡园大门古朴端庄，保留了原来渔庄的风格，上面立砖刻着"蠡园"两字。我们从正门进入，经暗廊、月洞，循石弄堂前行，便见到一座"掇石耸翠"假山。这里怪石嶙峋、层峦叠嶂，岩洞幽深、峰峦突起，谷道曲折、山路迷离，常常是"山重水复疑无路"，却又"柳暗花明又一村"。假山怪石旁，林木青翠，藤蔓掩映。看到一些孩子在这迷宫般的假山里戏笑着穿来穿去，便想起郭沫若的那句"欲识蠡园趣，崖头问少年"的诗来。

蠡园

穿过假山屏障，景色豁然开朗。只见修竹土岗，自成一坞，坞中有建于1930年的"百花山房"，面阔五间，雕花门窗。房后是千步长廊，沿湖曲折逶迤而筑，廊中有跨水廊桥。长廊的粉墙上，有瓦花叠成图案的漏窗，窗内含景，景景各异。长廊东头壁上，有苏东坡、米芾、王阳明等历代名人碑刻30多方。长廊画有"范蠡与西施故事"，共有"夷光出世、溪畔浣纱、范蠡用计、勾践献美、吴王骄淫、伍员被害、越国灭吴、范蠡隐退、泛舟五湖、经商制陶"10幅画面。传说春秋末期，周敬王二十四年（公元前496年），越王允常死，勾践即位，大夫范蠡主持军事，与主持政务的文种携手辅佐勾践卧薪尝胆，振兴越国，图强雪耻。为了灭掉吴国，勾践听取了范蠡的建议使用美人计。范蠡献上了自己心爱的姑娘西施，天生丽质的浣纱女成了女间谍。吴王果然

蠡园西施雕像

为了西施荒废了国事。勾践经过 10 余年努力，越国终于转弱为强，吞并了吴国。勾践称霸后，范蠡深知勾践"可与共患难，难与同安乐"，决计激流勇退，辞官归隐。

越国灭吴后，西施的命运有了多个版本，有人说她在战争中自杀而亡；有人说她活了下来，但被越国人视为不祥之人而沉入江底；最有人情味的一个说法是上文所说的那样，范蠡偕西施归隐太湖，过起了闲游散淡的生活。当年杜牧曾写诗感慨道："惆怅无因见范蠡，参差烟树五湖东。"史书里记载"西施随范蠡驾扁舟，泛五湖，不知所终。""不知所终"，这真是一个最好的结局。

但愿西施不知所终。

2005 年 3 月

美在鼋头渚

——无锡太湖风光美之二

离开蠡园，到了不远处的鼋头渚。

太湖美，美在鼋头渚。导游介绍说，鼋头渚是太湖西北岸边的半岛，因内湖中有巨石如浮鼋头翘首得名。鼋头渚风景区始建于 20 世纪初，从 1918 年起，社会名流、达官贵人纷纷在鼋头渚附近营造私家花园和别墅，鼋头渚是其中规模最大的一个。当时这些风景都因为蠡湖的阻隔导致交通不便，因而游人不多。1934 年荣德生先生六十大寿时，他利用寿礼在蠡湖上架起了一座长达 375 米的长桥，因南端架在宝界山上而取名"宝界桥"，从此沟通了蠡湖南北两岸，把梅园、蠡园和鼋头渚等景色连成一片。同时，长桥卧波，恰将蠡湖拦腰一束，为鼋头渚平添了几分秀色。桥下的 60 个桥孔又正好象征着荣德生先生的六十大寿，提醒人们过桥不忘修桥人。

新中国成立后，当地政府将这里原有的园林、别墅收归国有，合并为"鼋头渚公园"。以后又进行了大规模扩建，面积从原来的 480 亩扩大到 1900 多亩，自此，园内有"鼋渚春涛""万浪卷雪""芦湾消夏""湖山真意""鹿顶迎晖""充山隐秀""藕花深处""十里芳径""中犊晨雾""三山映碧"十大景区，鼋渚春涛景区是整个园林的精华所在。

登临鹿顶山舒天阁，望着水光粼粼的万顷碧波，顿时心旷神怡。天空如洗，白云朵朵；湖面如镜，渔帆点点；远处水天交接，浑然一色；近处片片错杂交接的芦苇丛，虽然不算浓密茂盛，忽而有游览的小船飘过，也颇有几分当年抗日战士在白洋淀芦苇荡里矫捷骁勇的风采。微风徐来，轻柔拂面。这样的惬意场景，即使心里有众多的阴云密布、愁雾弥漫，也会瞬间被吹得烟消云散。

从鼋头渚码头登上游船，心中一直向往着的太湖水终于来到身旁。

鼋头渚

太湖

　　"太湖美呀太湖美，美就美在太湖水……"这时，一位游客
打开随身携带的收音机，播放出优美、动听的《太湖美》，大家
也都情不自禁地跟着唱了起来。歌声中，湖水像似展开笑靥，频
频地向我们送着秋波，有时还变成浪花飞扑到身上。游船出梁溪
河，经万顷堂、犊山门，驶入万顷太湖时，见到的就是那近在眼
前而又浩渺无际的水天世界。水，带着柔情，带着蜜意，缠绕在
身边，汩汩地流进心田。她洗净了耳边城市的喧闹噪音，荡涤了
旅途的风尘疲劳，我们真像一只只翅翼轻盈的沙鸥，在她博大的
襟怀中自由地飞翔……

　　看了湖中的一些景点后，恋恋不舍地从鼋头渚码头上岸。来
到"鼋头渚"石刻处，只见刻石高达 2 米，据说正面的"鼋头
渚" 3 字是光绪年间无锡举人秦敦世书写。另一面所刻"鼋渚春
涛" 4 字，是中国历史上最后一个状元刘春霖所写。刘春霖与园

主杨翰西是同科进士，他在光绪三十年（1904 年）殿试中独占鳌头，但没有想到 1905 年废除了科举制度，竟成了末科状元。"鼋渚春涛" 4 字是在 1906 年题书的，这里的 "春" 字用得最妙：一是刘春霖来锡时正是仲春时节；二是无锡地处太湖北岸，春天时多东南风，太湖无日不起浪，尤以鼋头渚一带水势最大，波涛汹涌，大风时非常壮观。鼋渚涛声是这里的一大特色。若遇风和日暖，微波涟漪，涛声则清缓而流畅，和谐而有节奏；若遇狂风怒号，浊浪滔天，涛声则轰然巨鸣，犹如万马奔腾，场面惊心动魄。

鼋头渚是纵观太湖山水最佳处。那块被神化了的伸入太湖洪涛之中的渚头巨石，像一只栩栩如生的神鼋，雄姿英发地昂首于碧波之中。登上鼋头，极目远眺，浩渺湖水，涤尽人间嚣尘。向南望，太湖有着青岛海滨的壮阔气概；向北望，太湖又有着杭州西湖的明媚风光。诗人郭沫若在此畅游之后，作出了 "太湖佳绝处，毕竟在鼋头" 的评价。鼋头渚以其 "山不高而秀雅，水不深而辽阔" 的无边风月闻名于世，以其早中晚各异的神奇变幻和春花秋月、夏荷冬雪的四时之景吸引着历代文人墨客和无数中外游人。难怪人们都说，鼋头渚是太湖最美的一角。

2005 年 3 月

梅园念母恩

——无锡太湖风光美之三

从鼋头渚出发，乘车 10 多分钟就到了梅园。

梅园位于无锡西郊的东山和浒山南坡，南临太湖，北倚龙山，距无锡市中心 7 公里。此处原是清末进士徐殿一的桃园，我国近代著名民族工商业家荣宗敬、荣德生兄弟于 1912 年购买后重新规划，植梅数千株，经过 10 多年建设，规模达到 80 多亩。1955 年，荣德生之子——红色资本家荣毅仁将此园献给政府。此后园林部门不断扩建，规模达到数百亩，变成梅园风景区，现在已成为集自然景观、人文古迹、名花异卉、园林建筑及休闲健身于一体的著名旅游胜地。

梅园大门在东山之麓。进入园门后，只见环廊满绕紫藤，旁边有一个亭子，名为"锡明亭"。导游介绍说，无锡市和日本兵库县明石市是一对友好城市，1982 年双方政府决定，由无锡市赠送给明石市一座亭子，作为两

梅园

市文化交流项目，并以此象征两市人民的友谊。1983 年，象征着无锡市与明石市永恒友谊的锡明亭和明锡亭建成，锡明亭立于梅园内，明锡亭立于日本明石市。

在导游的引领下我们拾级而上。在紫藤和古柏旁边，一块约 2 米高、17 米宽的紫褐色巨石屹立正中，上镌"梅园"两字，此字为荣德生先生在儿子荣毅仁出生的 1916 年亲笔题写。原刻石已毁，现刻石是 1980 年按旧照片描摹重镌。刻石旁的紫藤，是当年荣德生亲手所植，寓意"紫气东来"，象征吉祥富贵。

向东南没走多远，见一汪清泉。此泉建造于 1916 年，荣德生为它取名为"洗心泉"，意思是"物洗则洁，心洗则清"。洗心泉曾湮没于抗日战争后期，1983 年改建园门时发现，遂进行修复。泉边原有荣德生题写的"物洗则洁，心洗则清，吾浚此泉，即以是名"刻石，可惜题字刻石已失。后来，荣毅仁为它写了

《洗心泉记》："洗心者，用以洗心中无形之污耳，借以寓警，非真可以泉水洗人心也。"此文镌刻镶嵌于泉壁间。

沿紫藤甬道攀缘向上，再循山道而行，绕过草坪、翠柏，迎面有座六角亭，立于平台之上。台下有一太湖石，高约3米，周身有近百孔，大可容拳，小仅纳指，奇形怪状。相传宋代大书法家米芾爱石成癖，他在附近丹徒任职时，此石即为原桃园中之物，来到此处对其大加赞叹，后人称之曰"米襄阳拜石"。石后有一黄石砌成的平台，名叫"天心台"，台名出自"梅花点点皆天心"的诗句。台下，三面均有石砌小溪萦绕，溪上架一小桥，名曰"野桥"，影射古诗"骑驴过小桥，独叹梅花瘦"的踏雪寻梅意境。如今，这里不再"梅花瘦"，而是漫山花海，品种繁多，既有洁白素净的玉蝶梅、色如绿玉的绿萼梅，也有红颜淡妆的宫粉梅、胭脂浓浓的朱砂梅，还有浓妆艳抹的墨色梅……本人眼拙，不辨梅花，只能从颜色上加以分辨，只见红的、黄的、白的、绿的，好一片花团锦簇、云蒸霞蔚的花世界！

走进梅园梅林中心区，两侧有建于1916年对衬的清芬轩和揖蠡亭。东边的清芬轩，小屋三间，四面开窗，前有古槐盘曲，后临朱栏小桥。桥栏处，春赏万点梅，夏看一池莲。西边的揖蠡亭，八个角，半靠围墙，朱柱青瓦，这里可以看见太湖和蠡湖一角。这是荣德生追念范蠡泛舟去齐，以示崇敬之意。

向前没走几步，就到了念劬塔。此塔高18米，八角3层，是梅园的点睛之笔，也是梅园的标志性建筑。此塔是荣宗敬、荣德生兄弟于1930年为母亲石太夫人八十冥寿而建，以怀念母亲的养育之恩。开始拟名为"念慈塔"，恰巧荣德生朋友钱振锽来梅园赏梅，荣德生请他写塔记。钱振锽说，《诗经·小雅》中有'哀哀母心，生我劬劳'之句，以示对母亲的怀念；《诗经·凯风》中有'棘心夭夭，母氏劬劳'之句，包含纪念母亲之意，塔名可为'念劬'"。荣德生采纳了这一建议，便将此塔称为"念劬塔"。

念劬塔

登上念劬塔眺望，近处，梅园内漫山遍野五颜六色的梅花如霞似锦，犹如绚丽无比的巨幅彩绸从山顶向山下飘逸而去；远处，东边美丽的无锡城区高楼林立，小城的繁华尽在其中，南边烟波浩渺的水面波光粼粼，太湖的旖旎风光尽收眼底。1948 年 9 月 13 日，李宗仁夫妇登上念劬塔，被太湖美景所吸引。李先生说："过去一向耳闻，今日亲身经历，果然名不虚传"，李夫人称"太湖风景与西湖相比，有过之无不及"。

目光收回，落到塔上，静而沉思：此塔是荣家老兄弟感恩其母而建，孝敬之心可见一斑；我们在感怀美景之时，不可忘记感恩自己母亲的养育之恩。

2005 年 3 月

闹中取静的园林

——繁华大上海之一

不同于既是天堂又是地狱的纽约，也不同于浪漫而又时尚的巴黎，上海这座国际化大都市、东方世界璀璨而夺目的明珠，以其重要的经济地位、独特的民俗风情、优雅的城市环境、悠久的历史文化而闻名于世。开放性、创造性、包容性、多元性，形成了它的无可比拟的魅力。

繁华大上海，楼宇鳞次栉比，风景名胜无数，在古典与现代融合的街景中徜徉，它的深厚意蕴、它的色彩斑斓，便会徐徐地展现在我们的眼前……

2005年3月，我陪同全国人大常委会副委员长、中国国民党中央委员会主席何鲁丽到上海调研经济社会发展情况，周日休息时间，我独自一人来到豫园。园内绿树成荫、花团锦簇，亭宇众多、清幽秀丽，不愧是闹市中揽胜赏景、歇脚休息的好地方。

　　豫园位于上海市老城厢的东北部，北靠福佑路，东临安仁街，西南与上海老城隍庙毗邻，是著名的江南古典园林、全国重点文物保护单位。豫园原本是一个私家花园，是明嘉靖三十八年（1559年）四川布政使潘允端为给父母安度晚年而修建，说是"愉悦老亲"，因为"愉"与"豫"两字同音，故名豫园。

　　豫园新建10多年后又进行扩建，面积达到70多亩，经过数百年沧桑变迁，几废几兴，目前只有30多亩，尽管这样，也是江南园林之中的佼佼者。园内有仰山堂、萃秀堂、三穗堂、玉华堂、点春堂、万花楼、会景楼、玉玲珑、鱼乐榭等40多处胜景。

　　走进园内，一座10米多高的假山格外引人注目，这就是"玉玲珑"假山石。这座假山石很有名气，它与苏州留园的"瑞云峰"、杭州花圃的"皱云峰"并称江南园林三大奇石。此石是由名家将数千吨武康黄石加工而成，千沟万壑，怪石兀立，山峰连

豫园假山石

绵起伏，磴道迂回曲折，石面草木葱茏，石孔清流如注，令人拍案称奇。潘允端认为此假山石是宋徽宗时搜罗的花石纲遗物，对它特别珍视。明代著名文学家王世贞在其撰写的颂扬豫园的文章中指出，此石系移自乌泥泾朱尚书园，为隋唐时代之物。

假山石西边是得月楼。得月楼两面临水，建于清乾隆二十五年（1760年），取"近水楼台先得月"之意而名。该楼为两层，建筑精致，富丽堂皇。得月楼下边是绮藻堂，该堂以"水波如绮，藻彩纷披"而名，堂檐下有100个不同字体的木雕"寿"字，称为"百寿图"，富有民族特色。堂前有一天井，内有"人境壶天"匾额，左侧围墙上有清代"广寒宫"砖刻，让人浮想联翩。

对历史感兴趣的人往往都要看一下点春堂。该堂为五开间大厅，小刀会起义时，这里是起义军的城北指挥部，小刀会领袖之一、太平天国统理政教招讨左元帅陈阿林在此办公，发布政令，将此称之为"点春堂公馆"。起义失败后，点春堂遭到严重破坏，清同治七年（1868年）又集资重修。目前堂内还陈列着起义军使用的武器、自铸的钱币以及发布的文告等文物。看到这些物件，不禁对当年小刀会之举及其结局感慨万千。

豫园内树木繁茂、葱绿苍翠。全园共有各种树木670多株，其中古树名木27株，百年以上树龄的达20株。静观大厅前一株200多年树龄的白皮松、鱼乐榭南侧一株300多年树龄的老紫藤、万花楼前一株430多年树龄的银杏树，吸引着众多游人驻足观看。此外，紫薇、女贞、桂花、茶花、茶梅、香樟以及各种玉兰遍布亭、台、楼、阁、厅、堂、廊、榭周围，体现了明清两代古典园林的艺术风格。

相传，当年潘允端建造豫园时，他母亲曾说，很想看看北京

豫园

的皇宫是什么样子，于是潘允端便将豫园造得像皇宫里的御花园
一样，还筑了龙墙。这事闹大了，便有人向皇帝告发此事，潘允
端得讯后，一夜间在园内大厅里塑起城隍像，并撤去后墙与城隍
庙沟通。当朝廷派人来查询时，潘允端以庙墙为对始免于难。其
实此说并不可信，首先，潘允端的母亲曹氏在万历初年建造豫园
时已经去世；其次，龙是封建帝王的象征，民间擅自在建筑物上
装饰龙的标志是要杀头灭族的，身为布政使的潘允端不会不懂这
个道理，绝不敢去冒这个风险。现在豫园内的龙墙是清末以后建
造的，并非明代建筑。

　　无论从哪方面说，都得感谢潘允端，在上海这座繁华至极的
闹市区内，给后人留下了这么一座漂亮幽静、婉约灵秀的园林。

2005 年 3 月

中华商业第一街

——繁华大上海之二

离豫园不远，就是上海的南京路。

南京路是上海开埠后最早建立的一条商业街。它东起外滩、西至延安西路，横跨静安、黄浦两区，全长 5.5 公里，以西藏中路为界分为东西两段。1945 年，国民政府从列强手上收回所有租界后，将南京路改名南京东路、静安寺路改名南京西路。今天所说的南京路包括南京东路和南京西路，一直以来被誉为"中华商业第一街"。南京路上不仅有上海第一百货商店等不少特大商店，还有老凤祥金店、亨得利钟表店、吴良材眼镜店、张小泉剪刀店、景德镇瓷器店、宝大祥绸布店等 10 多个中华老字号旗舰店以及众多进口服装名店。平时每天接待海内外游客约 80 万人次，双休日、节假日期间每天可达 200 多万人次。

来到南京路，我就想起当年这条商业街和其他商街及商店商品打假的事。中华民族自古就有"守信义、重然诺"的传统美德，信义观念源远流长。然而，在刚刚迈向社会主义市场经济的一段时间，一些人对道德与利益关系产生了模糊认识，金钱与诚信失衡，市场假货泛滥，包括南京路上一些很有名气的商店在内的全国很多商店售卖假货，引起了群众的不满。顺应民意，1995 年年底，中宣部和原国内贸易部联合发出通知，在全国开展"百城万店无假货"活动，教育商贸企业职工讲诚信、重道德。当时，我参与了通知的起草，并参与活动的具体组织工作。通知下发后，上海第一百货商店等全国 30 家大型国有商业企业发出诚实守信、不售假货倡议。从此，"百城万店无假货"活动在广

袤的祖国大地上拉开序幕。不久，南京路（外滩至成都路）被确立为全国"百城万店无假货"活动示范街，上海市第一百货商店等100 多家商店在完善此前倡导的"三真"（卖真品、标真价、送真情）服务标准的基础上，又作出"悬赏打假，捉一奖千"的承诺。示范街"打假队"

南京路步行街

定期检查，一旦发现有问题的商家，将毫不留情地作出罚款或停业整顿、逐出南京路等处罚。聪明的上海人用自己独特的方式，对商海中的"杂质"进行着严格的过滤……"霓虹闪处无假货"，南来北往的顾客对这条示范街发出了由衷的赞誉。

近年来，南京路又进行多次改造和提升，我看到比前些年更加热闹，不仅购物、品尝美食的人多了，而且旅游观光的人也多了，可谓熙熙攘攘、人头攒动，一片繁华之景。

来到南京路，作为当过兵的人，总会想起南京路上好八连。20世纪60年代，在上海市愚园路753号这个普普通通的小院里，驻扎着一个普通的连队，它曾因一部家喻户晓的电影《霓虹灯下的哨兵》而名满大江南北，这就是被国防部特别命名、毛泽东主席写诗赞颂的"南京路上好八连"。1949年5月27日上海解放，人民解放军某部八连进驻南京路担负警卫和巡逻任务，面对花花绿绿的大世界，官兵们一直拒腐蚀、永不沾。此事几十年过去了，时代在变、环境在变、任务在变、生活条件在变，但好八连艰苦奋斗的精神从未改变，依然保持着艰苦朴素、为人民服务的传统，"三箱一包"的木工箱、补鞋箱、理发箱和针线包至今代代相传，这种精神难能可贵。

2005年3月

外滩风光惹人醉

——繁华大上海之三

从南京东路向东出口，就到了闻名遐迩的外滩了。

这就是十里洋场、百年沧桑的外滩？

站立外滩，尽情地打量着、欣赏着这座城市的地标。

上海高楼林立、商铺无数，名胜众多、繁华至极，哪一座楼宇、哪一个地方才是它的地标？这个问题众说纷纭，因为这里有太多地方可以称得上地标。但多数人认为真正称得上地标的只有外滩。外滩既有鳞次栉比的建筑，又有独具特色的景观，集时尚与复古、繁华与市井于一身，是上海风情的集大成者。

外滩位于上海市中心的黄浦江畔，即外黄浦滩。它南起延安东路，北至外白渡桥，在这段 1.5 公里长的外滩西侧，矗立着 52 幢风格迥异的古典复兴大楼，昔日曾是旧上海时期的金融中心、外贸机构的集中地，也是旧上海资本主义的真实写照，一直以来被视为上海的标志性建筑和城市历史的象征。170 多年前，列强以洋枪大炮撬开大清帝国闭关锁国的大门，看中了黄浦江的这片江滩。于是，这条曾经是船夫与苦工踏出来的纤道上，出现了这样一座接一座的洋房和一条坚实的马路，也出现了"英租界外滩"和"法兰西外滩"，中国人民失去了这里的主权。1943 年，外滩结束了长达百年的租界时期，并将这条路起名为中山一路。如今的外滩，比当年更加繁华、更加繁忙，那百年前列强掠夺的岁月、"华人与狗不得进入"的屈辱，随着滚滚不息的黄浦江水早已一去不复返，这里已成为上海最美的地方之一：白渡桥附近有"远东第一楼"美誉的和平饭店等风格迥异的"万国建筑博览群"，古朴、精致，极富高雅特色，是财富更是荣誉的象征；对岸有 468 米高的"东方明珠"和 474 米高的环球金融中心、420 米高的金茂大厦等组成的建筑群，大气、壮观，极富现代化气息，代表着今日的上海，彰显着泱泱中华的兴盛与繁荣。站立此处，只见时尚与古朴隔江相望，蓝天白云下，高楼映衬江水滔滔东流更加阔远，面对如此壮美之景，无不神清气爽、心旷神怡，万千语言无法表达内心的激越。

　　走进黄浦外滩的起点黄浦公园，人民英雄纪念塔巍然屹立、傲对碧空，3 块枪状塔体寓意鸦片战争、五四运动、解放战争以来光荣牺牲的先烈永垂不朽，内涵有深刻的概括性，给人以无限的思索。从黄浦公园门口南行数十米，就到了通往浦东陆家嘴商务旅游区的观光隧道入口处。游人在这里可乘坐观光车以"穿越地球"的高科技梦幻旅程，目睹神秘星空和浩瀚海洋，在沸腾的岩浆中驶过地幔、地核的景象，聆听与景观互动的磅礴音响。来到南京路口的陈毅广场，新中国第一任上海市市长的塑像昂首挺

立，5 米多高的青铜塑像再现了陈毅市长一路风尘和勤勤恳恳的
公仆形象。再向前走不远，一座 5 米多长、3 米多高的《外滩牛》
矗立在汉口路东端的金融广场，铜牛两眼圆睁，头部向右，牛尾
向上，呈螺旋状蜿蜒指向天空，生动地体现着上海经济蓬勃向上
的无穷活力。

上海外滩看浦东

　　夜幕降临，华灯初上，外滩的风采更加迷人。两岸灯火绚丽
多姿，黄浦江面波光粼粼，一路欢歌向东。中山一路旁边的钟楼、
工行大楼、亚细亚大楼等建筑在灯光映照下越发五彩滨纷、金碧
辉煌。对岸掩映在薄雾之中的"东方明珠"像仙女下凡楚楚动人。
整个黄浦江两岸灯火阑珊，呈现出美轮美奂的迷人风采。
　　月色之下游览黄浦江更是别有一番感受。我感到高兴的是，
何鲁丽副委员长要夜游黄浦江，因为她这次来沪是调研上海经济

社会发展情况。登船离岸，顿感水面宽广，城远波近，在岸上看似飘带一样的黄浦江变得无比宽阔，江面上波浪汹涌、浩浩荡荡，尽显雄浑壮阔。耳畔那种喧嚣的声音消失不见了，只有江水拍打船弦的哗哗声。游船如同在画中穿行，远处，水中晃动着一轮明月和满天星星，波光粼粼；近处，岸边倒映着高楼大厦的身影，流光溢彩；身旁，船只穿梭不停，或是顺流而下，或是逆江而上，或洒下一片欢声笑语，或留下一阵隆隆机声。五颜六色的灯光把横跨浦江两岸的杨浦大桥、南浦大桥和"东方明珠"打扮得美轮美奂，两座大桥像两条巨龙横卧在黄浦江上，与中间的"东方明珠"构成了一幅"二龙戏珠"的巨幅彩画。浦江西岸灯光璀璨的万国建筑群与外滩密集闪烁的霓虹灯交相辉映，编织成上海中心区色彩斑斓的美丽画卷……看到令人陶醉的黄浦江美景，何鲁丽

夜晚的黄浦江西岸万国建筑群

副委员长感慨地说："我这是第二次夜游黄浦江。第一次是 30 多年前，比起那时候，外滩和黄浦江的变化太大了，发展太快了，整个上海的发展也太快了。"

40 分钟的游览不知不觉过去了。走下游船，我频频回望那辉煌壮丽的黄浦江两岸，感受着外滩的华贵与灿烂，仿佛看到上海这个中国经济发展的龙头正在展翅腾飞。

2005 年 3 月

"十里秦淮"今胜昔

——金陵自古多繁华之一

金陵自古多繁华。南京旧称金陵，是"六朝古都""十朝都会"，古老而美丽。长江穿城而过，山水城林融为一体，江河湖泉相得益彰；新街口鳞次栉比的高楼与明城墙遗址、总统府等历史景区交相呼应，令曾经的那段历史仿佛触手可及；明孝陵、中山陵前的驻足瞻望，玄武湖畔、老东门前的昔日时光，都是岁月留给南京的鲜活记忆。

南京，有数不清的风景名胜，最使我难忘的当数秦淮河、夫子庙、乌衣巷一带的繁华地；当然，还有那警钟长鸣的"万人坑"。

一条秦淮河，半部金陵史。

秦淮河，扬子江的一条支流，古称淮水，本名"龙藏浦"。它是古城金陵的起源，又是南京文化的摇篮。这里素为"六朝烟月之区，金粉荟萃之所"，更兼十代繁华之地。

秦淮河分内河和外河，内河在南京城中，全长 9.6 华里，称为"十里秦淮"。两岸全部是古色古香的建筑群，飞檐镂窗，雕梁画栋，画舫凌波，桨声灯影，加之人文荟萃、市井繁华，构成了体现金陵古都风貌的游览胜地——秦淮风光带。

秦淮河是南京古老文明的摇篮。秦汉时代，沿岸就人烟稠密、经济发达，孕育了南京的古老文化，被称为"南京的母亲河"。东吴时期，从东水关至西水关的沿河两岸，成为繁华的商业区和居民地。六朝时候，名门望族聚居此地，文人荟萃、儒学鼎盛，两岸酒家林立、浓酒笙歌，无数商船昼夜往来河上，许多歌女寄身其中，轻歌曼舞、丝竹缥缈，文人才子流连其间，佳人故事留传千古。隋唐以后，秦淮河渐趋衰落，引来无数文人骚客来此凭吊，咏叹"旧时王谢堂前燕，飞入寻常百姓家"。到了南宋，江南贡院成为我国古代最大的科举考场，秦淮河两岸逐渐又成为江南文化中心。明清两代，十里秦淮进入鼎盛时期，金粉楼台，鳞次栉比；画舫凌波，桨声灯影构成一幅如梦如幻的美景奇观；清代江南贡院考区高中状元者达 58 名，占清代状元总数的 52%，明清两代名人吴承恩、郑板桥、唐伯虎、吴敬梓、翁同龢、张謇等均出于此。到了近代，由于战乱等原因，河水日渐污浊，两岸建筑多被毁坏，昔日繁华景象不复存在。1985 年以后，地方政府拨出巨款对这一风光带进行修复，秦淮河再度成为我国著名的游览胜地。

晚霞映红河水，感受微风拂面，河中游船如梭，画舫流光溢彩，沿河街上游人如织。撑一柄油纸伞、穿一件美旗袍的女子，是去了晚晴楼还是桃叶渡？那繁花烟柳、似水流年，恍惚又呈现在眼前。十里秦淮、六朝金粉，古今多少事，都在此河中。"灯

秦淮河

影轻薄洒、淡月映秦淮"等一首首脍炙人口的诗句、《桨声灯影
里的秦淮河》等一篇篇难以忘怀的文章、《桃花扇》《儒林外史》
等一段段感人至深的故事，犹如近在眼前。在这五彩斑斓的夜幕
中，看那清幽的河面泛着磷光，桨声灯影如梦似幻，听着那隐约
入耳的丝竹之声，一瞬间，觉得时光在倒流，仿佛越千年。

　　十里秦淮，夜色最美。坐上游船，向河中进发。欣赏过夫子
庙墙壁上"二龙戏珠"的美图，穿越过水面上的文源桥，听过白
鹭洲公园的袅袅歌声，便来到传说中的"桃叶渡"。桃叶渡的来
历要追溯到东晋时代，大书法家王献之常来这里迎接他的爱妾桃
叶渡河。那时候秦淮河水面很宽，常有风浪，稍有不慎，就会翻
船。桃叶每次坐船都很害怕，因此王献之为她写了一首《桃叶
歌》："桃叶复桃叶，渡江不用楫；但渡无所苦，我自迎接汝。"
后人为了纪念王献之和桃叶，就把这个渡口称为桃叶渡。这个象

二龙戏珠图

征着爱情的渡口，成了一段佳话，并引来众多男女青年在此谈情说爱。游船到了东水关后掉头返回，到了秦淮河上最为闻名的文德桥。这个文德桥也有故事，说每年农历十一月十五子时，天上的月亮正好全圆，此桥便将月亮一分为二，桥的两边各有一半，这就是传说的"文德分月"。秦淮河上的"文德分月"与无锡锡惠公园的"二泉映月"、杭州西湖的"三潭印月"，被称为江南三大奇观，在江南风景名胜中享有一定地位。

　　秦淮河，是南京历史和文明的象征。时空穿越，虽然同样是美丽的蓝天、醉人的夜色，秦淮河却映射着不同的时代。如今秦淮河畔唱着靡靡之音、过着醉生梦死生活的哪个阶层已经不复存在，但繁华、灯影与桨声依旧，美景、幸福与欢乐早已超越当年。

2019 年 9 月

千年学场夫子庙

——金陵自古多繁华之二

一个周日的上午，我来到秦淮区秦淮河北岸的贡院街。这里是一片规模宏大的南京夫子庙建筑群，主要由夫子庙（又名孔庙、文庙）、学宫、贡院组成。

南京夫子庙始建于东晋成帝司马衍咸康三年（337年），根据大臣王导提议"治国以培育人材为重"，立太学于秦淮河南岸。当年只有学宫，并未建孔庙。孔庙是宋仁宗景祐元年（1034年）对东晋学宫扩建而成的，是祭奉孔子的庙宇。因为祭奉的是孔夫子，故又称夫子庙。在学宫的前面建孔庙，目的是希望士子遵循先圣先贤之道，接受封建教化。六朝至明清时期，世家大族多汇聚于附近，故有"六朝金粉"之说。范蠡、李白、周瑜、王导、谢安、杜牧、吴敬梓等数百位著名的军事家、政治家、文学家在这里创造了不朽的业绩，写下了数不清的千古名篇。

夫子庙

　　夫子庙多次被毁坏又多次重建，最后一次毁坏于 1937 年侵华日军的炮火中。从 1984 年开始，南京市政府历经数年维修和复建。在东起桃叶渡、西抵中华门 1.8 公里的秦淮河两岸，一批文物古迹和旅游景点得到恢复和建设，还兴建了高低错落、富有地方传统特色的河厅河房、歌楼舞榭，以及众多的书市、茶馆、酒楼与小吃店，并在秦淮河上恢复了绝迹多年的"秦淮画舫"。

　　进入孔庙的庙门，便是正门，也叫大成门。庙院两侧是碑廊，廊里镶嵌着当代书法名家 30 多块书法碑石。沿着中间的甬道走，就来到主殿大成殿，大殿空间宏大，共有 7 间，高达 18 米，内有孔子铜像，两旁配有孔子十二弟子汉白玉像，还摆放有古代庆典时演奏的乐器。大成殿四周墙壁上悬挂着 38 幅反映孔子生平事迹的镶嵌壁画"孔子圣迹图"，据说是浙江乐清 200 多名匠师采用玉石、黄金、珠宝、翡翠等贵重材料耗时 3 年完成的。据说现在的大成殿是按清代同治八年（1869 年）的建筑为蓝本修建的，取消了原孔庙的后墙，使之与学宫融为一体。

离开孔庙，来到大成殿后街北边的学宫。学宫原有"东南第一学"门坊，包括明德堂、尊经阁、青云楼、崇圣祠等古建筑。明德堂是学宫的主体建筑，科举时代秀才每月逢朔望都到这里听训导宣讲。中国的学宫都称"明伦堂"，而夫子庙的学宫独称"明德堂"，据说是宋代文天祥题写的"明德堂"匾额之故。1986 年明德堂维修时又修复了两旁的"志道""据德""依仁""游艺"4 斋。

从学宫东行不远，就见到贡院。贡院始建于南宋乾道四年（1168 年）。它是当时建康府、县学考试的场所，范围甚小。明太祖朱元璋建都金陵后，集乡试、会试于此，考生众多，不够使用。明成祖永乐年间在此重新兴建，扩大了贡院规模。其鼎盛时

贡院

期仅考试的号舍就有 20644 间，加上官房、膳房、库房、杂役兵房等数百间，占地超过 30 万平方米，其规模之大、占地之广居全国各省贡院之冠，创造了古代科举考场之最。虽永乐十九年（1421 年）成祖迁都北京，但此地仍为江南乡试所在地，清承明制，一如其旧，道光年间曾重新修建。咸丰年间文庙、学宫俱遭兵火，贡院幸免于难。

明远楼是贡院内楼宇之一，位于贡院中间，原是用来监视应试学子行为和院落内执役员工有无传递关节的设施。"明远"是"慎终追远，明德归原"之意。楼下南面曾悬楹联，系清康熙年间名士李渔所写："矩令若霜严，看多士俯伏低徊，群器尽息；襟期同月朗，喜此地江山人物，一览无余。"从文字中也可看出明远楼设置的目的和作用。站在贡院前，只见大门上悬有横额"明远楼"3 个金字，外墙镶嵌《金陵贡院遗迹碑》，记述着贡院的兴衰历史。

南京夫子庙建筑群，已成为富有明清建筑风格的十里秦淮风光带上的一个美丽景点。

2019 年 9 月

王谢古居乌衣巷

——金陵自古多繁华之三

　　从繁华热闹的孔庙出发，穿过秦淮河上的文德桥，走过风韵诱人的媚香楼往西南数十米，便可以看到一条幽静狭小的巷子。向里望去，只见青砖铺着路面，两边是一栋栋起伏有序的仿古建筑民房，回廊挂落，浑然一体。一切似乎都很普通，普通得令许多不知情者以为它只不过是一条典型的江南小巷而已。然而它并不普通，因为它不是别的小巷，它是乌衣巷。

　　说起乌衣巷的名字，还真有点历史的韵味。它有多种说法，其中一种说法是，这里曾是东吴时期的禁卫军驻地，由于军士都穿乌衣，由此得名乌衣营，后改"乌衣巷"；另一种说法是，东晋时期王导、谢安两大望族居住于此，两族子弟都喜欢穿乌衣以彰显身份尊贵，所以得名"乌衣巷"。

　　向乌衣巷深处走去，两旁的建筑一律是白色墙壁，

配以古色古香的黛瓦屋顶、门窗檐楣，颇有古巷味道。这些都是
20 世纪 90 年代当地政府根据昔日的建筑风格新建的房屋。进了
巷口一转弯，就可以看见白墙上有"王谢古居"4 个醒目金色大
字，一栋朱门大府上高挂着"王谢古居"大匾，这便是那传说中
的王谢堂府了。

　　显然，乌衣巷的一砖一石，都同王、谢两大家族的历史紧紧
相连；而王、谢两大家族的历史又无疑同整个东晋王朝的历史，
乃至整个中国文化的历史紧紧相连。东晋建武元年（317 年），当
时的皇帝司马邺被俘，西晋灭亡。次年，司马睿被拥戴为皇帝。
司马睿之所以能够顺利重组政权，使晋王朝得以再延，很大程度
上得力于大臣王导的协助；谢安指挥淝水之战，以 8 万精兵击败
前秦苻坚 100 万大军，从而奠定南朝 300 年安定局面，可见王导、
谢安这两位名相功劳何等之大！不难想象，当时这两大豪族是

乌衣巷

怎样的荣耀，乌衣巷又是怎样的车水马龙热闹繁华！后来乌衣巷日渐凋敝，沦为废墟，中唐时期刘禹锡凭吊怀古、有感而发，写出《乌衣巷》一诗："朱雀桥边野草花，乌衣巷口夕阳斜。旧时王谢堂前燕，飞入寻常百姓家。"这是刘禹锡怀古组诗《金陵五题》中的第二首。朱雀桥边冷落荒凉，长满野草野花，乌衣巷口断壁残垣正是夕阳西斜。晋代时王导、谢安两家的堂前紫燕，而今筑巢却飞入寻常老百姓家中。诗人通过对夕阳野草、燕子易主的描述，深刻地表现了今昔沧桑的巨变、事故的变迁，隐含着对豪门大族的嘲讽和告诫。

昔日的王谢古居早已变成废墟，重建的王谢古居分为来燕堂、听筝堂和鉴晋楼。"来燕"取自当年谢安以燕传信的故事；听筝堂是当年晋孝武帝驾临谢宅听谢安弹奏古筝的地方；"鉴晋"则有

乌衣巷深处

"以史为鉴，可以知兴替"的意思。进入古居，在楼上看到秦淮历史展览室，楼下建有东晋起居室、竹林七贤图、淝水之战壁画，还有顾恺之作品《洛神赋》的复图，以及仿兰亭的曲水流觞等物件，从中可以想象到当年魏晋人物的风采。

　　离开王谢古居，仍然回到重新修建的乌衣巷那条青石小路上，我突然沉思起来：无论这巷这居是新、是旧，是兴、是衰，或者还是一堆废墟，甚至是否还有这么一条巷、这么一栋古居，都已不再重要，因为只要有它们的名字在，就会永远有人前来瞻仰怀古，永远有人抒发思古幽情感慨地写出一首又一首新作来。乌衣巷和王谢古居被刘禹锡等千古名作升华了，乌衣巷已经不再是一条普通的小巷，王谢古居也不再是一栋普通的古居，它们已经成为永恒，成为金陵兴衰的象征，更已成为古今变迁的代言。乌衣巷和王谢古居在不知不觉之间，凸显着一种岁月的沧桑和历史的深沉，它们已经深深地渗透到中华文化的肌肤里，融入中华民族的血脉中，再也不会分开。

2019 年 9 月

幸福不要忘国耻

——金陵自古多繁华之四

离开乌衣巷，我的脚步不由得迈向水西门大街418号——侵华日军南京大屠杀遇难同胞纪念馆。

因为，那是每一个中国人都应该去的地方，勿忘国耻，才能振兴中华。

更是因为，我和侵华日军南京大屠杀遇难同胞纪念馆有着特殊的情感，过去这个馆的旧馆修缮、新馆建设和陈展大纲的起草与审定以及改陈布展，因我在中宣部工作时负责爱国主义教育基地的具体工作，每一个程序我都是主要参与者或具体组织者，纪念馆向观众播放的《见证南京大屠杀》电视纪录片我又是总策划，所以每次到南京出差或游览后，只要有时间我都要去那里一趟，去再一次接受教育，不能乐以忘忧；去看看近阶段情况，我心中挂念着它。

还是那样，在南京江东门集体屠杀和"万人坑"丛葬地遗址上，由 7 处广场、23 座单体雕塑和一座大型组合雕塑、8 处各种形式的墙体、17 座各种造型的碑体等建筑群组成的侵华日军南京大屠杀遇难同胞纪念馆静静矗立，时刻警醒着世人铭记历史、珍爱和平。

　　还是那样，集会广场上用中、德、韩等 11 种文字书写的"遇难者 300000"镌刻在黑色的灾难墙上；雕塑广场上的雕塑群再现着当年南京市民惨遭迫害的情景；悼念广场上由"历史证人的脚印"铜版路留下的 222 位南京大屠杀幸存者及重要证人的脚印；墓地广场南侧那堵遇难同胞名单墙上每一组名字的背后，都是一次次的家破人亡。

　　还是那样，刻有"1937.12.13—1938.1"字样的高达 12.13 米的十字形标志碑，象征着南京从 1937 年 12 月 13 日开始沦陷。

　　还是那样，《南京大屠杀史实展》序厅的左右两面墙上，密密麻麻地陈列着 1213 张南京大屠杀幸存者的照片，那一张张定

侵华日军南京大屠杀遇难同胞纪念馆部分建筑

格的面庞仿佛仍在凝望着那段悲惨的历史。

还是那样，《南京大屠杀史实展》前厅内"12秒"流星装置的幕布上，每隔12秒就有一颗流星从高空坠落，缓缓呈现又消失的是南京大屠杀死难者姓名——寓意着有30万同胞在6周内遇难，每隔12秒就有一条生命消失……

然而也有不同。不同的是，参观人数又多了；国外的参观者多了；写观后感的人多了……

"我要好好学习，长大后当科学家，让我们的国家强大起来，再也不受外国侵略！"这是小学生的观后感；

"我要永远不忘历史，时刻提高警惕，随时准备击退来犯之敌！"这是解放军战士的观后感；

"这是中国历史的惨剧，也是世界历史的惨剧，这样的惨剧再也不能重演！"这是外国游客的观后感……

前事不忘，后事之师。拉贝先生说"宽恕，但是不要忘记！"

不要忘记，那一张张被魔鬼吓得失色的面容；不要忘记，那几百幅残杀中国人的照片！不要忘记，那1000多位幸存者揭露侵略者的证言；不要忘记，那30万被害同胞的灵魂！

灰白的建筑群，沉重的四方体，永远呈现着凝重的氛围。

铭记历史，警钟长鸣。如今，国家以立法形式将12月13日设立为南京大屠杀死难者国家公祭日。每年的这一天，凄厉的警报声便会在每座城市上空响起，侵华日军南京大屠杀遇难同胞纪念馆内和平大钟的钟声也会在公祭广场上久久回荡。这长鸣的警钟无时无刻不在警示着人们：今天虽然过着幸福的生活，但千万不要忘记历史，和平来之不易！

2019年9月

鬼斧神工的石林

——多彩云南之一

冬无严寒，夏无酷暑，繁花遍野，翠色连绵，这就是云南。

多姿多彩的云南，是一个让人忘掉诸多烦恼的地方。这里的每一座山、每一条河、每一株草、每一朵花，都是梦的化身，都能让人安逸而宁静。

别样风情的云南，39万平方公里的土地上生活着20多个风俗不同的民族，散发着扑朔迷离的色彩和美丽，几乎每一个地方都充满着迷人的诱惑，诱惑着不同肤色的客人至此留下一个个绚丽多彩的梦想……

从昆明乘车向东南出发，一个多小时就到了石林。

进入景区，果真是"一片石头的森林"，漫山遍野全是石头，大的、小的，横的、竖的，高的、矮的……仿佛每一块奇形怪状的石头都是一首凝固下来的古诗，每

石林

一句古诗又都是一块挺立千年的石头。石与诗，竟是这么亲密而自然地融合在一起，以其千姿百态岿然屹立于天地之间，经受着千百年的雨雪风霜、电闪雷鸣，守望着人世间的悲欢离合、沧海桑田。

走近大石林，首先映入眼帘的是一根巨大的石柱上，"石林"两个鲜红大字格外醒目。有资料记载，20 世纪 30 年代时任云南省政府主席龙云到此考察，对石林美景赞叹不已，遂即题了"石林"二字，从此这个地方声名鹊起。

在"石林"二字两边的山峰上，留下很多名人的石刻，诸如"天造奇观""南天砥柱""大气磅礴""天下第一奇观"……其中"群峰壁立，千嶂叠翠"8 个遒劲有力的大字不同一般，这是朱德委员长 1962 年挥毫题写，虽然已经过去 40 多年，至今字迹依然十分清晰。

再向前看，一大片石头昂首苍穹，直指青天，有的岩柱达到四五十米之高。那一座座、一丛丛巨大的灰黑色石峰，如同旌旗招展、壁垒森严，又恰是无边无际、莽莽苍苍的森林。"剑峰池""莲花峰""灵芝仙草""千钧一发""幽兰深谷""凤凰梳翅""双鸟踱食""羔羊跪乳"等典型景点，无不惟妙惟肖；更有那妙趣横生的钟乳石，游客叩击时，回响着悠远的钟鸣，令人称奇。素闻有"巧夺天工"之说，其实天工之巧，又岂是人力可夺？这就是大自然的杰作！

来到小石林。小石林也叫阿诗玛景区，宽厚墩实的石壁像屏风一样，将景区分割成若干园林。一尊石像引人注目：头戴撒尼包巾，身着五彩长裙，后边背着四方背篓，从早到晚、从春到冬，无论是日晒夜冻还是雨雪冰霜，都亭亭玉立地站在玉鸟池畔，翘

石林景区

首以盼，深情地仰望着茫茫夜空，仰望着蓝天白云。这雕像一般的山石，这形状、这姿势，多像传说中的那个善良美丽的撒尼姑娘"阿诗玛"，在声声不停地呼唤着她的阿黑哥……

那是很久以前，美丽善良的阿诗玛与勇敢憨厚的牧羊人阿黑相爱。没想到地主儿子阿支看上了阿诗玛，逼婚时遭到阿诗玛的拒绝，气急败坏的阿支将阿诗玛关进牢里，阿黑赶来相救，恶毒的阿支放出洪水冲走了阿诗玛。阿诗玛奋力挣扎的时候仍在呼唤着她的阿黑哥，最后无情的洪水将她淹没，阿诗玛变成了石林中一座美丽的石像。如今，只要人们在石像旁轻轻地呼唤着阿诗玛的名字，似乎都能听到她的回答，听到她深情地诉说着对阿黑哥的思念。

再向西北方向行走，就到了芝云洞。洞长 400 米，呈"丫"形，洞内的石笋、石柱、石峰、石芽千姿百态；石钟乳婀娜多姿、玲珑剔透，俨然是一个微型的石林……导游一边走，一边向游人讲述着石林的形成过程：大约距今 2.7 亿年前，云贵高原是一片汪洋大海，在石林这片海面上生长着许多能够形成碳酸钙沉积物的动物和植物，动植物死亡后尸骸沉积海底，经过上亿年沉积物变成了化石。后来海底抬高，石头露出水面，没有干枯的海水不停地拍打岩石，在岩石上"咬"出了深深的裂痕。以后地壳再次抬升，岩石完全露出海面，经过含有二氧化碳和有机酸的雨水长期冲刷溶蚀，使岩石形成溶蚀沟，最终岩体分离，形成石芽、石柱、石门、石峰这样千奇百怪的石头奇观。

听了导游的介绍，不觉感叹起来，大自然真是变幻无穷，这比"沧海变桑田"更加奇妙，能把沧海变成高山；不仅如此，还能把高山变得如此神奇。感叹之余，还要感谢，感谢大自然对人类的慷慨馈赠。

走上海拔 1700 多米的狮子亭，登高远眺，整个石林尽收眼底。只见蓝天白云下，一片片突兀而起的石峰石笋似剑刺天，一丛丛姹紫嫣红的花草树木点缀其间，如同一幅浓墨重彩的山水画展现在面前。

这就是石林，鬼斧神工的石林，一个充满无穷魔力的地方！

2009 年 10 月

风花雪月话大理

——多彩云南之二

从昆明乘坐汽车 5 个小时到了大理。这比乘坐火车要快，乘坐火车要七八个小时，难怪有人说："云南十八怪，火车没有汽车快。"

大理位于云南省中部偏西，是一个以白族为自治民族的自治州，也是闻名于世的电影《五朵金花》的故乡。

"大理"名字来源于千年之前出现的大理国。大理国开国国君段思平建立政权后，改革旧治，推行礼治，便取国号为"大理"，意思是大大调理各方面的关系，以适应生产力的发展。

大理山川秀丽，四季如春。"下关的风，上关的花，苍山的雪，洱海的月。"自古以来，大理的风花雪月闻名于世。

大理古城东临碧波荡漾的洱海，西倚常年青翠的苍山，形成了"一水绕苍山，苍山抱古城"的城市格局。

来到南城门，门头书有郭沫若题写的"大理"二字。登临古城的门楼，轻拂青灰的城墙，仿佛又听到了茶马古道上清脆的马蹄声，这声音又似乎回荡在布列齐整的青石板上。

从门楼向里望去，感到它与北方古城的粗犷大气不同，大理古城娇小俊美，像是欲语还羞的小家碧玉。大理古城似乎是因为电视剧《天龙八部》中段氏的"一阳指"和"六脉神剑"而人尽皆知。在很多电视观众的眼里，这是一个荡气回肠的侠义世界，因而不少人千里迢迢来到这里，要一睹这千年古城和南疆部落的风采，感受武林侠客的高深和度量。事实上，大理的确是一座千年古城，并不是金庸先生的杜撰。大理古城已有1200年的建造历史，唐朝的南诏国、宋朝的大理国都曾将大理作为都城。我们现在见到的大理古城建于明洪武十五年，也就是公元1382年，方圆6公里，城墙8米多高、6米多厚。东西南北各设一门，均有城楼，四角还有角楼。新中国成立之前城墙尽毁，南城门是

大理

1982 年重新修建的。悠久的历史和灿烂的文化，给大理留下了众多的文物古迹。

走进古城，只见一条直通北门的复兴路两边，那些青瓦屋檐的民居、五彩斑斓的鹅卵石墙壁，像在诉说着大理的沧桑与辉煌。沿街店铺比肩而设，出售大理石、扎染等民族工艺品及珠宝玉石。街巷间一些老宅，仍然残留着昔日的古朴风貌。

在街上走累了，进店喝杯茶歇歇脚。老板端上的是"三道茶"，喝此茶的程序不同于其他地方。第一道茶称为"清苦之茶"，用下关沱茶上陶罐微火烘烤，然后冲入开水，喝起来味道略苦，寓意着"要立业，先吃苦"；第二道茶称为"甜茶"，当客人喝完第一道茶后，老板重新用小砂罐置茶、烤茶、煮茶，并在茶盅内放入少许红糖、桂皮等，待煮好的茶汤倒入八分满为止，寓意人生只有经历过一番磨难之后，才能迎来甜蜜的生活；第三道茶称为"回味茶"，其煮茶方法相同，只是在茶盅内放的原料已换成少量的蜂蜜、炒米花等，待煮好的茶汤倒入六七分满即可。三道茶酸甜苦辣诸味俱全，让人回过头来体会一下自己的人生，叫"一苦、二甜、三回味"。

喝完茶，似乎提升了精神，满街游走。可能因为段氏王朝的子孙都爱养花，习惯沿袭下来的原因，街道上满是名贵的素馨兰、山茶花、杜鹃花。走到居民庭院，每家每户花木扶疏、流水淙淙，真正是"三家一眼井，一户几盆花"。整个大理古城，到处是声声鸟鸣和涓涓流水，与郁郁葱葱的各色花木共同鸣奏着大自然的天籁之音，使美丽的大理更加情意绵绵。

2009 年 10 月

三塔倒影胜仙境

——多彩云南之三

　　恋恋不舍地离开大理古城，向西北方向走了 10 多分钟，就看到了崇圣寺三塔。

　　崇圣寺，东临洱海、西靠苍山，始建于唐朝咸通十一年（870 年），是地方政权南诏国、大理国的皇家寺院。寺院曾一度钟声远传，高僧云集，香火旺盛，一派盛世景象。虽然历经千年沧桑和无数风雨之后，这座徐霞客笔下辉煌壮丽的滇中大寺、金庸笔下高手聚集的"天龙寺"毁于清咸丰年间，而三塔却巍然屹立。当地政府于 2002 年开始重建崇圣寺，2005 年竣工，结束了崇圣寺三塔近百年来"有塔无寺"的历史，形成了塔寺辉映的美景。

　　三塔由一大两小 3 个塔阁组成。大塔又名千寻塔，高 69.13 米，建于唐代"南诏国"时期，塔心内有木梯盘旋而上，塔身呈纺锤形，东面正中石照壁上书有"永镇山川" 4 个大字，塔顶有铜制覆钵，整体建筑风格与

三塔倒影

西安大小雁塔一样，属于唐代的典型建筑；南北两个小塔均高
42.17 米，建于大理国段正严、段正兴时期，相距 97 米，塔身有
佛像、莲花、花瓶等浮雕，层层各异。这 3 座塔鼎足而立，大塔
居中，两个小塔南北拱卫，雄伟壮观，显示了古代劳动人民在建
筑方面的卓越成就。

　　崇圣寺三塔从修建至今，除历经上千年日晒风吹雨淋外，还
经历过 30 多次强烈地震的严峻考验。其中，明朝正德年间的大
地震，大理古城房屋绝大部分倒塌，可三塔却安然无恙。1925
年大理又发生大地震，城乡民房倒塌达 99%，可千寻塔只震落了
顶上的定宝刹，这对于三塔来说真是一个奇迹。三塔及其旁边的
崇圣寺建成后直至明代，寺院一直保存完好。大理国时曾有 9 个

国王禅位为僧，任崇圣寺住持。在佛教盛行的大理国时期，百姓不论贫富，家家户户都有佛堂，因此大理国有"佛国"之称，而崇圣寺又有"佛都"之誉。

1978 年至 1980 年，当地文物部门对三塔进行自明嘉靖以来规模最大的一次维修，维修时出土南诏国和大理国时期的写经、经卷、青铜镜、法身舍利、玉石和水晶佛像等珍贵文物 680 多件。现在，这些文物已经展出，它把人们带入了历史的长河，让人们看到了盛唐时期洱海地区发达的经济和灿烂的文化。

当地政府对三塔维修时，还在三塔旁边建造了一个占地 27 亩、水面积达 10 多亩的三塔倒影公园，园内清澈的潭水能够非常清晰地倒映出三塔雄姿。游人无论在阳光灿烂的白天还是在月光如水的夜晚，站在三塔下面，都能清晰地照出自己和三塔在水中倒映的照片。三塔倒影将大理的标志性象征——三塔与蓝天白云、日月星辰和苍山雪景一起融入其中，胜过仙境，令人赞叹。此景被印上不少画报、书籍的封面和邮票及明信片，并引来无数中外游客到此游览观光和摄影留念。

苍山洱海景色佳，三塔倒影更神奇。如今，三塔和三塔倒影已经成为最能代表大理形象的重要人文景观。

2009 年 10 月

蝴蝶泉畔思金花

——多彩云南之四

从三塔向前不远，就到了蝴蝶泉。

小时候，从电影《五朵金花》中知道大理有个蝴蝶泉，风景极好。当时认为大理离老家有几千里远，可能一辈子也到不了这个地方，看不到这么美丽的风景。没想到几十年后竟然能够来到蝴蝶泉边。

蝴蝶泉坐落在大理苍山云弄峰下，像一颗透明的宝石，镶嵌在绿荫之中。其实蝴蝶泉很小，占地约50平方米，池中泉水清澈，泉底铺着鹅卵石，水从白沙中涌出，汩汩冒出水面，泛起片片水花。泉边砌有大理石栏杆。郭沫若还题了"蝴蝶泉"3个大字。泉被两棵粗壮弯曲的百年合欢树浓荫覆盖。据说每年农历三四月间，云弄峰上各种奇花异草竞相开放，泉边的合欢树散发出一种淡雅的清香，诱使成千上万的蝴蝶前来聚会。这些蝴蝶大的如掌，小的如蜂，它们或翩舞于色彩斑斓的山茶、杜鹃等花草间，或嬉戏于花枝招展的游人头顶。更有那数不清的彩蝶，从合欢树上一只只倒挂着，连须勾足，结成长串，一直垂到水面，阳光之下，五彩缤纷，极为壮观。每年这个时候，附近几十里的白族青年男女都来这里，"丢个石头试水深"，用歌声去寻找自己的意中人，这就是白族的"蝴蝶会"。

明代的地理学家、旅行家徐霞客，曾在游记中写道："泉上大树，当四月初，即发花如蝴蝶，须翅栩然，与生蝶无异；又有真蝶千万，连须勾足，自树巅倒悬而下，及于泉面，缤纷络绎，五色焕然。"近代著名诗人、文学家郭沫若游览蝴蝶泉时也写下"蝴蝶泉头蝴蝶树，蝴蝶飞来万千数，首尾联接数公尺，自树下垂疑花序"的诗句。徐霞客说蝴蝶"连须勾足"，郭沫若说蝴蝶"首尾联接"，到底哪一种说法更准确、真实，这就要游人在农历三四月间来此仔细观察、辨别了。

蝴蝶泉

蝴蝶泉，是人们所熟悉的电影《五朵金花》里阿鹏、金花对歌谈情的地方。

《五朵金花》是长春电影制片厂1959年制作的音乐爱情电影，讲述了白族青年阿鹏与副社长金花在大理三月街一见钟情，次年阿鹏走遍苍山洱海寻找金花，经过一次次误会之后有情人终成眷属的爱情故事。此片先后在46个国家公映，创下当时中国电影在国外发行的最高纪录。著名舞蹈演员杨丽坤在片中担任主演，她也是彩色音乐舞蹈片《阿诗玛》中担任阿诗玛的主要演员。《五朵金花》在1982年"西班牙第三届桑坦德尔音乐舞蹈电影周"获得最佳（舞蹈）金片奖，同年杨丽坤被评为"全国十大最佳演员"，还获得埃及电影节最佳女演员银鹰奖。不幸的是杨丽坤58岁时就离开人间，令人惋惜，永远值得人们怀念。

2009年10月

洱海无弦万古情

——多彩云南之五

从蝴蝶泉向前不远，就是洱海。

风花雪月，苍山洱海，这是很多人一直向往的地方。

横躺于苍山脚下的洱海，古称叶榆泽、昆弥川、西洱河等，位于大理郊区，北起洱源县江尾乡，南止大理下关，长约42公里，东西最大宽度9公里，平均湖深10米，最大深度达20米，因为湖的形状酷似人耳，被称为洱海。洱海虽然称为海，但事实上是一个湖泊，是云南省第二大淡水湖。

传说，天上玉皇大帝有个美丽的女儿，羡慕人间的幸福生活，下凡到洱海边上的一个渔村，嫁给了一个心地善良的青年。公主为了帮助村上的渔民过上幸福生活，将自己心爱的宝镜沉入湖底，让人们能够清楚地看到鱼虾。从此，渔民们天天鱼虾满仓。以后，宝镜就变成了金月亮，永远放射着光芒，为世世代代的渔民照明捕鱼

洱海

方向，而那个宝镜也变成了闪耀大理的四大奇景之一"洱海月"。洱海月出了名，很多文人墨客撰文赞颂。明代诗人冯时可在《滇行纪略》中说，洱海之奇在于"日月与星，比别处倍大而更明"。

果不其然，一到洱海边，就看到清澈见底的湖水，镜子般的湖面让人心旷神怡。这又让我想起了唐朝南诏诗人杨奇鲲的一句诗："风里浪花吹又白，雨中岚影洗还清。"我想，在唐朝，这洱海一定是最蓝最清的，像一方蓝披肩悬挂在云贵高原上。千年过去，这方蓝披肩仍然蓝得耀眼。

坐上游船，在微波荡漾的水上前行，那船就像是一支利箭划开水面，将平静的水面分为两半，船尾激荡起一圈圈涟漪，很快消失在迷迷茫茫的身后远处。一路上，蓝天、白云、小鸟、帆影以及水下游动的小鱼、船上游人的笑颜尽收眼底。碧海中倒映着苍山，苍山上飘动着白云，如同欣赏着一幅人间最美的图画。几分钟后，登上小普陀，观音阁立在上头。爬到上层，只见观音目秀慈祥，面如凝脂，显得端庄威仪。导游介绍说，观音到来时将镇海神印置于石上，从此洱海不再四溢成灾。听阁上风铃声响，观洱海波光闪闪，似乎让人确信这个传说是真的。

洱海不仅有很多美丽的传说，更有厚重的历史文化。唐时的南诏国、宋时的大理国，一代又一代王朝在洱海区域经营着繁华的王国之梦。多少王侯将相、普通百姓，在洱海边书写属于自己的辉煌业绩；多少金戈铁马、如歌岁月，在洱海讲述着生动感人的故事。千年之前，穷兵黩武的奸相杨国忠，先后派遣 20 万官兵征讨南诏，结果全军覆没在洱海之畔。于是，唐王朝派遣特使在洱海边的苍山上与南诏国设坛会盟。大诗人白居易在他的《蛮子朝－刺将骄而相备位也》中这样描述此战："鲜于仲通六万卒，征蛮一阵全军没。至今西洱河岸边，箭孔刀痕满枯骨。"关于这次战争，大理至今仍有文物、遗迹可证：坐落在大理下关城中的数万人合葬的"大唐天宝战士冢"、记录战争始末的"南诏德化碑"、祭祀唐将李宓阵亡的"将军洞"。这些文物、遗迹，不仅是这场战争的最好见证，同时也说明了洱海历史文化的久远。

漫步在洱海岸畔，不时地看到一条条清澈的小溪从山谷中汩汩流出，穿过山脚，汇入洱海。这些看上去细细弱弱的溪水，是洱海清澈的来源；如果没有它们日日夜夜的流淌，洱海将会缺少几分碧波荡漾的样子。据说，流入洱海的最大水流是弥苴河，它从遥远的迷蒙流来，在注入洱海的那一刻，岸边的湖面泛起银色水花，亦真亦幻，令人产生无限的遐想和赞叹。

一边是洱海，一边是苍山。站在湖畔看苍山，只见树木葱郁、青山苍茫，雄伟壮丽、高矗入云。山顶白雪皑皑，素裹银装，那19座山峰像19把利剑，寒光四射，直插天宇。苍山因洱海更加俊朗，洱海因苍山更加秀丽。苍山与洱海互相辉映，折射出如屏如画的美景。

"苍山不墨千秋画，洱海无弦万古情。"这一诗句，在大理人的心中是永恒不变的感悟，是永远铭心的记忆。这一切都基于苍山和洱海的美丽风光，苍山连绵不断，洱海涛涌不息，而大理人世世代代繁衍其间，繁衍在大理这个博大的家园里。在这个家园里，苍山和洱海就像是父亲和母亲，风花雪月就像四个姐妹，在画山秀水之间生活了千万年，用青山绿水展示着大理那辉煌灿烂的历史文化。

2009 年 10 月

丽江古城诗意浓

——多彩云南之六

离开大理，向丽江进发。

汽车沿着山边的公路飞奔，沿途到处是青山绿水、蓝天丽日。两个多小时后，眼前出现了一座拔地而起的雪山，它就是丽江的灵魂玉龙雪山了。远远望去，这座纳西神山被一层白茫茫的雾气笼罩，好像披了一层薄薄的白纱，绵延的雪山银装素裹，雄伟挺拔。没去丽江时，就想象着丽江的美丽、想象着雪山的壮观，到踏上这块土地时，心里竟然平静起来，因为它们和我想象中的一样漂亮和壮美。

丽江古城又称大研镇，地处云贵高原，面积约 7 平方公里，它是我国历史文化名城中唯一不设防的古城，没有城墙，却保存完好。古城内的街道依山傍水修建，以红色角砾岩铺就，有木府、四方街、五凤楼、黑龙潭、文昌宫、净莲寺、普贤寺、雪山书院等众多的古老建筑

丽江古城

和风景名胜。1997 年，联合国教科文组织将丽江古城列入世界文化遗产名录。

走进城内，见到一个大水车，四周风景如画，高坡上一层层古色古香的纳西民居，依山傍水，绚丽多姿。旁边屋檐桥下，流水潺潺，水质清澈。两侧的小街内花团簇簇，纤纤垂柳，濡染着古城的素雅娴静。不远处的玉龙雪山披着皑皑白雪，雍容端庄。"小桥、流水、人家、悠然见南山"的诗情画意扑面而来。这才真正感受到，丽江是一个充满幽静和诗意的地方。

向街心走去，只见街道弯弯曲曲，光滑闪亮的五花石铺成的地面别有一番风味。店铺以青瓦盖顶，飞檐翘角，或青或白，或新或旧，越过参差房顶，偶尔可见旧楼班驳的墙面，于繁华中透出几许沧桑。

在街上漫步，发现整座古城以四方街为中心，再由 3 条主要街道从里向外辐射延伸组成。所有街道皆由天然旳五色石板铺就，一切都在流淌着岁月的古朴和自然。不论是哪条街或是哪条巷，凡是临街的房屋；不论是高是矮，一律挂着大红灯笼，一串串、一盏盏灯笼把整个丽江古城映照得火一样通红。

　　水是丽江的灵魂，丽江是水的城市。城内的水源于高山和城北1公里处的黑龙潭，水至玉龙桥后一分为三，自北向南，分成东、中、西三河，然后再三分而九……细细分去。于是，每一条街道、每一条小巷，都镶嵌着一条淌着清清流水的小河。丽江的水是慵懒的，很像丽江人的生活那样自然、随意；丽江的水是纯净的，像山涧的清泉，看上一眼都会让人神清气爽；丽江的水更是博大的，它从高山和深潭流出，带着红土高原特有的深邃和宁静，漫过山波，掠过街面，汇聚到各处的小桥之下，又流经一家又一家；丽江的水还会穿过居民的高墙，流进庭院，滋润着每家每户散发着各种芳香的花草，所以自古就有"丽郡从来喜植树，古城无户不养花"的说法。我们在城内的每一个地方，都看到鲜花朵朵，姹紫嫣红，处处赏心悦目。

　　不知不觉，已近中午12点，到了吃饭的时候。早就听说丽江的过桥米线出名，便向老板点了一碗品尝。端上饭以后，老板便向我们热情地讲述起过桥米线的故事：从前，滇南蒙自有位秀才一心想中状元，专心致志读书，为了避开迎来送往的应酬，躲到一个小岛上闭门攻读。他的妻子每天为他送饭，由于路远，送到的时候饭菜都凉了。一天，她提了一罐鸡汤送去，打开饭盖一看，还很热乎，原来是汤面一层厚厚的鸡油保住了汤的温度。他的妻子从中受到启发，从此就用鸡汤烫米线给丈夫吃。在妻子的精心照料下，丈夫终于考上了状元，此事在当地传为佳话。由于这位贤惠的妻子送饭时都要经过一座小桥，人们就将这种米线称为"过桥米线"。得知过桥米线来历，也是这次旅游的一个收获。

我多年前看过电视剧《木府风云》，此剧讲述的是丽江木氏土司的风云故事，因而对木府很感兴趣，下午特意来到木府参观。木府原为丽江世袭土司木氏衙署，始建于元代，占地46亩，共有162间房屋，围绕369米长的中轴线布局。进入府内，只见三清殿、玉音楼、光碧楼、护法殿、万卷楼、议事厅、忠义坊由西向东井然排列。府内引人注目的是悬挂有历代皇帝钦赐的11块匾额，反映了木氏家族的荣耀和盛衰历史。走进木府，如同看到了一部纳西族的历史长卷。如果说丽江是一幅浓墨重彩的油画，那木府一定是画中最华丽、最精彩的那一笔。

丽江是一个古老的小城，房是古老的房，路是古老的路，树是古老的树，小河是古老的小河，夜也是古朴的。夜幕降临，我们行走在街上，不管走到哪里，都是人山人海、人声鼎沸，而且一条街一个特色，要么是商品一条街，要么是小吃一条街，要么是文艺演出一条街。卖商品的吆喝声，卖小吃的叫卖声，演员的歌唱声，乐器的演奏声，加上游客的说话声、欢笑声交织在一起，实在是热闹非凡。

月色朦胧，夜深人静。丽江之美让我难以入眠，漫步在500多年历史的青石板上，望着身旁不知疲倦千年不息的小河流水和大红灯笼的倒影，听着远处纳西人牵马行走的马蹄声和马儿的铃铛声，不由得又令我又回味着当年木府的风云往事，回味着昔日茶马古道的繁华与辉煌！

这就是丽江，云南的丽江，中国的丽江，诗意的丽江。

2009 年 10 月

美丽的西双版纳

——多彩云南之七

披着深秋的阳光，走进美丽的西双版纳。

西双版纳，古代傣语为"勐巴拉娜西"，意思是"理想而神奇的乐土"。它位于我国云南省最南端，澜沧江水流淌了千年，滋润了两岸的土地，织就了西双版纳得天独厚的热带风情。野象谷、原始森林公园、勐仑植物园……一个又一个景点，把西双版纳打扮得如诗如画。

野象谷位于景洪市区北方 22 公里，是中国首家以动物保护和环境保护为主题的国家公园。经过我国考古工作者几十年观察发现，亚洲象曾广泛分布在长江流域、两广及贵州地区，甚至北至黄河流域。随着气候和地理环境的变化，亚洲象被迫向南迁移。现在，西双版纳是亚洲象在中国唯一的栖息地，数十个族群、百头左右的亚洲象生活在一大片峡谷的森林中。

野象谷充满神秘、奇异，美丽的自然风景令人赏心悦目，而探险寻象活动又令人惊心动魄。我们马不停蹄地穿行在野象谷中的雨林区和阔叶林区，转了半天只是远远地看到两头大象，没有见到野象群总是感到不过瘾。其实，野象谷中的大象也不算少，但是在遮天蔽日的林区中要想碰到它们实在是不容易。导游说，现在游人多了，大象发现白天步行道上人来人往，都躲到密林深处，幸运的游客在傍晚或黎明时候能够在步行道旁看到悠然漫步的野象群。不过，好在我们观看了大象踢足球表演。野象谷有我国第一所驯象学校，驯养 10 多头大象，这些训练有素的庞然大物除了会踢球外，还会向游客鞠躬，表示欢迎，并且会作头顶地、脚朝天的倒立，甚至还会在音乐的旋律声中跳舞、过独木桥。游客可以骑在象背上或坐在象鼻上，还可以与象合影，甚至可以躺在地上让大象用脚给你按摩……它们的灵性乖巧、憨厚温顺，着实令人怜爱。

离开野象谷，乘车 10 多分钟便来到 30 公里处的原始森林公园。

西双版纳国家森林公园位于景洪市区东边 8 公里的菜秧河畔，占地面积约 2.6 万多亩，森林覆盖率高达 98.6%，是目前我国北回归线以南保存最完好的一片原始森林，它以神奇的热带雨林自然景观和少数民族风情而闻名于世。

进入森林公园，满眼都是具有热带地区特色的植物，油棕、椰树、蒲葵、槟榔、鱼尾葵蓬勃舒展，巨大的树叶随风摇曳。走到原始热带雨林景区，只见密密匝匝的林木层层叠叠，遮天蔽日，毛麻楝、天料木、千果榄仁等上层乔木秀丽多姿，挺拔高大；苏铁、竹子、美登木、龙血树等下层树木枝繁叶茂，浓郁苍劲。在雨林中，藤本植物、气生根和板根现象随处可见，鱼藤、蛇藤、钩藤、麒麟叶藤蔓交错，相互缠绕。鸟巢蕨、王冠蕨、附生兰等数十种附生植物攀生在高大的乔木树身上，并且开着各式各样的花朵，一串串、一团团、一簇簇，五颜六色，编织成了天然绚丽的"空中花园"。

在一个树木稀疏的地方，我看到一棵挺拔笔直的直径达 1 米多、高达 20 多米的黄花梨，这使我十分惊奇，这应该是黄花梨之王了吧。黄花梨十分名贵，学名降香黄檀，别名海南黄檀，成材缓慢、木质坚实、花纹漂亮，与紫檀木、鸡翅木、铁力木并称中国古代四大名木，位列四大名木之首，现为国家二级保护植物。因黄花梨木性极为稳定，不管寒暑都不变形、不开裂、不弯曲，所以是制作各种高档异形家具的最佳木材，价格昂贵。正因如此，时有盗伐。我对身边朋友笑言，这个大家伙让人来偷，他也无法运走。

向前没走多远，一片更为高大的树木呈现在眼前，这些树直径约两米、高达六七十米，耸入云天，我平生第一次见到这样高大的树木，十分惊讶。导游介绍说，这叫望天树，别名擎天树，其高可望天，故名"望天树"，是国家一级保护植物。望天树大多丛生，一片连着一片，株株挺拔、片片伟岸。公园还在附近一片望天树丛中架设了一条 30 多米高的"空中走廊"。起初目的是对雨林中鼠类动物进行科研观测，后来也可供游人登高观景。据说开始架设这条"空中走廊"动用机械施工，由于架设器材无法运进密林深处，最后由从小在林中长大、精于爬树的一位青年带人架设。他们花了一年多时间架起了 500 米长的世界第一高、中国第一条"树冠走廊"。站在"空中走廊"上举目四望，春天可见绿树花海，夏天可见万顷苍翠，秋天可见层林尽染，冬天可见树海怒潮。

离开遮天古木，来到了占地 50 多亩的孔雀园，园内栖息着 100 多只绿孔雀，这里被称为"孔雀的故乡"。每当身着艳丽服装的姑娘们从这里走过，园内成群的孔雀便会展开美丽的尾屏与之争艳媲美。其实无论到哪个景区，总能看到一些漂亮的孔雀，但在这里几十只孔雀一起放飞的情景，可以说是绝无仅有的。此时，不禁让人想起了从这里"飞"出去的舞蹈家杨丽萍，她的"雀之灵"跳出了孔雀的灵气，跳出了傣族人的名气，其实她本人是洱源白族人，但这位"白族面孔水傣细腰"的姑娘，能把傣家舞蹈跳出神韵且"青出于蓝而胜于蓝"，实在是令人敬佩。

观赏了神奇的热带雨林景观，又走进傣族人家去领略少数民族风情。导游介绍说，傣族人生活习惯和汉族人不一样，到了这里就要入乡随俗了，按照他们的生活习惯来做。这里称男的为"猫哆哩"，称女的为"骚哆哩"，女人长得漂亮不说漂亮，说长得"骚"。他们这个民族进门有 3 个讲究，一脱二摸三不看，一脱是进门脱鞋，二摸是摸他们的幸运柱，三不看是不看主人家的卧室……说着说着，便到了一户傣族人家。门口，一位"骚哆哩"已经在彬彬有礼地邀请我们去她的家里参观。按照导游说的那样，进门是一脱二摸三不看，我们都照着做了，然后被带到她家二楼的客厅。客厅中央放着一个大一点的竹桌，用布盖着，那位"骚哆哩"坐在朝门的方向，我们围着她坐好，她就开始向我们介绍傣族的风俗习惯。她所介绍的和此前导游介绍的完全吻合："如果你们愿意，晚上是可以在我家里住宿的，而且我们不会收你们一分钱，只是你们只能睡在客厅里，睡觉时候，你们的脚只能对着大门而不能对着我们的卧室，如果哪位'猫哆哩'的脚对着我们的卧室门，那就是说看中了我们家中还没有完婚的'骚哆哩'——

我了，就得留下来，在我们这里先做 1 年半的苦工或者爬三棵橄榄树……"她边说边笑后，就揭开桌上的盖布，里面是各种各样的金银首饰。她的说笑引得我们都大笑起来。最后，我们免不了都买上一两件首饰，毕竟人家热情招待，又凭这个生活，同时我们自己也要留个纪念。

第二天，我们来到闻名遐迩的西双版纳热带植物园。此园又叫勐仑植物园，位于勐腊县勐仑，距离景洪有 96 公里，流到这里的澜沧江支流——罗梭江刚好拐了一个弯，把陆地围成一个葫芦形的半岛，人们就把它叫作葫芦岛，植物园就建在岛上。葫芦岛占地 1.5 万亩，土质肥沃，气候湿热，为热带植物的生长提供了良好的条件。这个植物园系我国著名植物学家蔡希陶领导下于 1959 年创建，经过几十年发展，收集种植 1.2 万多种热带、亚热

西双版纳热带植物园

带植物，建有 38 个植物专类区，是中国科学院所属最大的热带植物园，也是我国面积最大、收集物种最丰富、植物专类最多的植物园，同时也是世界上户外保存植物种数和向公众展示植物数量最多的植物园。

穿过罗梭江上的大吊桥，就到了植物园。园路两边生长着名贵的美登木，此树能够提炼治疗癌症的药物。看到此树，就会让人想起蔡希陶教授，这树是他千辛万苦从大山里找到的，给癌症患者带来了福音。

走在园中，可以看到一些身着民族服装的傣族妇女向人们兜售红红的豆子，这就是"相思豆"。植物园里种了许多红豆树，它的果实给人们寄予了缕缕情思，不禁使人想起唐代大诗人王维的《江上赠李龟年》那千古名句："红豆生南国，春来发几枝。愿君多采撷，此物最相思。"大意是，红豆生长在南方，春天来的时候它会发芽生长。希望你可以多采一些，因为它是思念的象征。诗人采用了视角挪移手法，不去正面描写自己是如此想念朋友，而是从朋友那边着手，以此暗示远方的友人要珍重朋友间的友谊，同时也表明自己对朋友的深厚情感。

一阵感慨之后，来到植物园中央，看到一个池塘，里面生长着圆盘一样的绿叶，一片叶子直径有 1 米多，这就是王莲。据说它可以支撑 20 多公斤重量，一个小孩能够随意坐在上面玩耍而不会下沉，这简直可以创造吉尼斯世界纪录了。

来到西园百竹园，一大片苍翠欲滴的竹子令人赏心悦目。此园建于 1965 年，面积 104 亩，引种栽培竹子达 253 种，是世界上丛生竹最大的收集园。这里有许多珍贵竹种，如茎粗达 25 厘米的巨龙竹、竹间似佛肚的佛肚竹、黄绿相间的黄金间碧竹、竹枝长满钩刺的刺竹、当地傣族用来做竹筒饭的糯米香竹、攀树缠枝的藤竹，尤其那随风摇曳的凤尾竹引起很多游人驻足观看。看到这些高大而具有浓郁傣族风情的凤尾竹，我不由得想起已故著名作曲家施光南创作的那首《月光下的凤尾竹》："月光啊下面的凤尾竹哟，轻柔啊美丽像绿色的雾哟……金孔雀跟着金马鹿，一起啊走向那绿色的雾哎。"这首曲调悠扬、娓娓动听的歌曲，无不让人人心旷神怡。特别是经过著名歌唱家关牧村、于淑珍演唱后，一时风靡全国、老幼传唱。我想如果月圆之时你在此过夜，当你在月光下的凤尾竹旁漫步时，一定会陶醉在那美妙的情境之中。

一阵花香，把我引进旁边的百花园。百花园的面积比竹园更大，有 353 亩，为"西园区"第一景，展示的热带花卉植物达 645 种之多，形式了"五彩缤纷""天女散花""层林尽染"和"花开花落"等一片片花区。整个园区被周围山上的雾气所怀抱、被汩汩流淌的罗梭江所环绕、被各种各样的飞蝶野禽所簇拥，一年四季花谢花飞、花开不败。

在这个植物园里，还有很多花草树木令人称奇：香竹，用它做竹筒饭，饭有一股清香味；贝叶棕，傣族人用它的叶子来书写文字；箭毒木，有"见血封喉"功能；神秘果，含有一种奇妙的蛋白酶，可将酸味变为甜味；跳舞草，它的每一根叶柄上长有 3 片叶子，一长两短，早晨长叶子从奋拉状平伸开来，两片小叶子就会上下跳动，下午长叶子又奋拉下来，两片小叶子又开始不停地跳动，有人把这种草称作"植物界的舞蹈家"……还有砍不死的"黑心树"、独树成林的"大榕树"、消渴解暑的"旅人蕉"、会吃小昆虫的"猪笼草"、一摸就合拢叶子的"含羞草"、老茎开花结果的"菠萝蜜"、一天变 3 次颜色的"变色花"、跟着太阳升落而开花闭花的"时钟花"……这些各式各样的奇花异木，看了以后无不大开眼界，大长见识。

西双版纳没有冬天，西双版纳热带植物园一年四季树木葱茏、繁花似锦，绮丽斑斓的风光带给人们心灵的永远是美丽的春天。

2009 年 10 月

从灵渠到猫儿山

——行走桂林山水间之一

上初中时，一篇《桂林山水》引起我无尽的回味与遐想。

奇山秀水，清风明月，是一首浪漫的诗；榕树荫浓，细沙碧浪，是一曲欢快的歌。桂林，这是一片被壮族歌舞和美酒渲染得淋漓尽致的山水画廊，一个被时光之手雕刻得美轮美奂的溶岩仙境，一处被刘三姐歌声打动得如痴如醉的传奇之地。桂林，以俊俏的山峰、瑰丽的岩洞、清澈的江河闻名于世，早在唐宋时期"桂林山水甲天下"就已名扬四海。特别是市区至阳朔的80公里漓江沿岸峰林地貌，形成千峰环抱、碧水青山、奇峰倒影、洞奇石美的独特景观，无不令人想往。

行走在桂林山水间，是一种享受，是一种幸福。

桂林因漓江而美丽，漓江是桂林的灵魂。游览桂林，当然要看漓江、游漓江。"老桂林"说，看漓江、游漓江要从漓江的源头开始才有意思。漓江的源头在哪里？据权威人士讲，传统意义上的漓江源头应该是桂林市兴安县境内的越城岭猫儿山，现代水文定义的漓江源头为兴安县溶江镇灵渠口。就是说，无论是从传统意义上讲，还是从现代水文定义上讲，源头都在兴安县，或是猫儿山，或是灵渠口。于是，我们决定先去兴安县，先看灵渠，再看猫儿山。

灵渠又名兴安运河，属漓江的一级支流，位于桂林市东北 66 公里的兴安县城边，全长 34 公里，建于秦朝，是我国也是世界上最早的运河之一。公元前 221 年，秦始皇统一六国之后，为巩固皇权，发兵 50 万分五路进攻岭南，结果秦军在战场上节节胜利，唯独在两广地区苦战 3 年却止步不前，寻找原因，得知是广西山路崎岖粮草供应不上造成的。于是，秦始皇命令史禄凿渠运粮，史禄率众四经寒暑，修筑了这条沟通湘江和漓江的灵渠，奇迹般把长江水系和珠江水系连接起来，使援兵和补给源源不断运往前线，为秦始皇统一中国发挥了重要作用。

灵渠分南渠和北渠，整个工程由铧嘴、大小天平、南渠、北渠、秦堤和陡门构成。铧嘴是用巨石在湘江中铺筑成的一个前端尖如犁铧的石坝，使湘江上游的来水南北分派，北渠的水注入湘江，南渠的水注入漓江，水量大致是"三分漓水七分湘"。有人用"北有长城，南有灵渠"来说明灵渠的历史地位，但两者的气质是不同的，看到长城会令人想到金戈铁马的征战，想到烽火连天的岁月；而那古老的灵渠却显得有些沉寂和落寞，但灵渠的魅力在于经过了两千多年的风风雨雨，经历了众多的朝代更替之后，仍在沉静中释放出令人无法抗拒的力量。

我们从离县城几公里外的陡门乘船登上铧嘴，灵渠走势和原理尽收眼底：大天平坝截断河水抬高水位，铧嘴三分水流入灵渠，小天平坝溢流泄洪，陡门锁住灵渠保通航。我站于铧嘴之尖的湘、漓分流处，由衷感叹古人的聪明才智。

灵渠自南向北穿过兴安县城，几公里河段均在城区。走在灵渠岸畔，只见渠中微波荡漾、碧水清流，两岸绿草如茵、树木葱茏，百花朵朵、姹紫嫣红，岸边街上商铺林立、古朴洁净，形成一条秦汉风情的水街。徜徉在渠边清幽的石径上，仿佛走进历史的长廊，秦堤汉坊唐桥宋榭，无不在诉说着以往的嬗变兴衰。

"现在知道灵渠与漓江的联系了吧？灵渠风景也美，以后有机会再来看吧，抓紧时间去猫儿山了。"导游的催促声把我从远古的思绪里拉回，我感叹灵渠悠久而厚重的历史，感叹灵渠与漓江的渊源，同时也感叹兴安百姓善良淳朴的民风生生不息两千年，昔日秦风今犹在。

猫儿山距桂林 120 多公里，离兴安县城 60 多公里。旅游车从灵渠出发一个小时，就到了猫儿山脚下。

巍巍越城岭，莽莽猫儿山。越城岭是五岭之一，其他四岭为都庞岭、萌渚岭、骑田岭、大庾岭，位于广东、广西、湖南、江西、福建五省区交界处。猫儿山是越城岭主峰，最高峰神猫峰海拔 2141.5 米，山体主要由花岗岩构成。山顶到山脚的垂直高差达 1861.5 米，雄伟挺拔，惊险异常，大自然长期风化雕琢，山上石峰峥嵘，峭壁林立，悬崖万丈，有奇峰、断崖、巨石等地质地貌景观数十处。主峰酷似一只巨大的神猫匍匐，由此得名"猫儿山"。猫儿山水系十分发达，主要河流达 39 条，在森林植被的保护和涵养下，流水四季不断，清澈见底。

　　登山时有雾，雾气打湿了山路，很是难爬。越向上爬，雾气越大，加上道路越来越陡，更是难以前进。快到山顶时，又刮起大风，下起小雨，简直寸步难行。幸亏出发前导游提示说猫儿山经常有雾有雨，我们带了雨具。到了山顶老山界，又是风又是雨，我们既累又冷，蜷缩在一块山石边躲风避雨。

　　看到老山界，我不由得想起红军长征经过这里的情形，想起毛泽东、陆定一所写的有关诗词和文章来。猫儿山老山界是红军长征途中翻越的第一座高山。1934年11月至12月，红军长征路过广西，历经灌阳、全州、兴安、资源、龙胜5个县域，共28天，中央红军经过广西历时19天。就在这28天，红军经历了长征以来最悲壮、最关键的战役——湘江战役，以8万余人仅存3万多人的代价突破湘江。12月4日至7日，朱德、周恩来、王稼祥、博古、毛泽东等率领的部队路经猫儿山，分3路翻越老山界，红五军团及中央干部团和红八军团一部在老山界与国民党军激战两天。12月8日才撤离老山界，红军也第一次进入桂北的瑶、苗、侗、壮、汉等多民族聚居区。红军突破湘江和翻越老山界，赢得了战略上的胜利。为此，陆定一写下著名篇章《老山界》，毛泽东后来也写下了与此山有所关联的《七律·长征》和《十六字令三首》。

　　毛泽东和陆定一所写的与这座大山有关的诗文，我在中学时就都读过、背过，永不忘怀。毛泽东的著名诗词《七律·长征》上阕中"红军不怕远征难，万水千山只等闲。五岭逶迤腾细浪，乌蒙磅礴走泥丸"中"五岭逶迤腾细浪"里的"五岭"，就包括越城岭。看看身边老山界，想想这首诗词，既从诗词中看到这山的磅礴气势，也感受到红军不畏险关重隘的革命乐观主义精神。

毛泽东的另一首词《十六字令三首》："（其一），山，快马加鞭未下鞍。惊回首，离天三尺三。（其二）山，倒海翻江卷巨澜。奔腾急，万马战犹酣。（其三）山，刺破青天锷未残。天欲堕，赖以拄其间。"这"山""离天三尺三"，当然也包括越城岭猫儿山。第一首表面上是写山之高耸、高大，实质上是写红军越过高山时所表现出的藐视困难、一往无前的精神气概；第二首表面上是写山之磅礴、险峻，实质上是写红军在万山丛中英勇战斗的雄伟气魄、豪迈气概；第三首表面上是写山之坚固、坚强，实质上是写红军崇高、坚忍的意志和中流砥柱的作用。从这三首小令中，也折射出作者宽广的胸襟和宏大的抱负。

长征途中担任红军总政治部宣传部长的陆定一所写的《老山界》，令我印象同样深刻。课文很长，老师要求我们背诵多段，

老山界风光

老山界碑石

很多内容至今没有忘记。

《老山界》完全是写红军长征翻越猫儿山的艰难征程。陆定一在文中写到："我们决定要爬一座 30 里高的瑶山，地图上叫越城岭，土名叫老山界。""满天都是星光，火把也亮起来了。从山脚向上望，只见火把排成许多'之'字形，一直连到天上，跟星光接起来，分不出是火把还是星星。这真是我生平没见过的奇观。""半夜里，忽然醒来，才觉得寒气逼人，刺入肌骨，浑身打着战……天上闪烁的星星好像黑色幕上缀着的宝石，它跟我们这样地接近哪！黑的山峰象巨人一样矗立在面前。"

时任红五军团中央代表的陈云回忆说："我在第六连的先头走，简直是走一步停一下。天气又冷，风又大，山又高，山下的泉水流声如万马奔腾。人又疲倦，可是不敢合眼，因为路太狭了，只有一英尺宽的路。有一个看护生在行军时，因为天黑未找到火把，再加上睡眼朦胧地走着，忽然一失足滚入水沟里去了。"时任红色干部团政治教员的成仿吾回忆道："陡岩差不多垂直地突出面前……很多马匹汇集在岩下两旁，让出路来给人通过。有几匹马昨夜从岩上跌了下去，断了腿。"论战斗惨烈，翻越老山界比不过湘江战役；论地形险峻，老山界更抵不过大雪山，可陆定一和众多老红军为何唯独对老山界记忆这么深刻？这实在是因为它山高峰险，难以行走。我抬头四望，《老山界》里的场景真实再现：峰上云雾缭绕，山势陡峭险峻，路径蜿蜒曲折，这样的山白天都难行，何况是夜间！

当年翻山越岭的艰辛我们今天无法体会，但从作者满怀豪情注入笔端的文字中和很多老红军的回忆中，我们仍然能够想象到这座高山的奇绝险峻，感受到这支红色军队的惊人勇气、顽强意志和革命的乐观主义精神。

今天，亲身触摸这座山、攀登这座山、感受这座山，无不令人感慨万分。陆定一当年曾说："我忽然想起，将来要在这里立个纪念碑，写着某年某月某日，红军北上抗日，路过此处。"陆定一的心愿已经实现，早在多年前，当地政府在此山的海拔1860米处修建了"红军亭"纪念碑，石碑上还镌刻着陆定一的题词："泰山之雄、华山之险、庐山之幽、峨嵋山之秀。"现在，这里已经成为红色旅游的一个重要景点。

在导游的引导下，我们艰难地一步一步地向着另一个景点——高山湿地走去。到了湿地，看到了从未见过的奇观：这里雾气朦胧，矮林茂密，古藤缠绕，落叶遍地；树上长满苔藓，溪流纵横交错，水塘星罗棋布，植物种类繁多，到处都是松软冒水

漓江源

的沼泽地。这片高山湿地海拔 1950 米左右，周围由 81 个海拔
900—1950 米的山峰所包围，从而形成一个面积约 240 公顷的山
间低洼盆地。由于气候湿润，经常下雨，加之涵养水非常好的泥
炭土，使林下的盆地成为天然水库。显然，这里就是漓江的一个
发源地，也是资江、浔江的一个发源地。

"看到漓江的源头了！"大家情不自禁地欢呼起来。

2010 年 9 月

从桂林到阳朔

——行走桂林山水间之二

　　第二天上午，我们来到桂林。走进漓江岸边，立刻感受到置身于天光云影中的惬意。极目远眺，看到的是没有尽头的绿色江水和如诗如画的层峦叠嶂。

　　登上游船，开始了一段兴奋的漓江之旅。带着岸边的泥土味，带着山上绿树的清香气，我们和游船缓缓离岸。船尾在平静的江面上划出一条长长的涟漪，如游龙般地朝着阳朔的方向驶去。上船几分钟，厚厚的云层挡住了阳光，天空灰蒙蒙的，给岸边的群山镀上了薄纱般的乳白色。不一会儿，太阳渐渐从云层中探出脑袋，阳光洒在青山上，山上那层雾蒙蒙的乳白消失了，取而代之的是翠绿与生机。有的山有阳光，有的山没有阳光，有的山有植被，有的山没有植被，两岸的颜色丰富多彩，浅绿、深绿、褐色、黄色、黑色……一段段变化，一层层递进，触及眼眸，直达心肺。

漓江风光

　　又过一会儿，所有山尖上的雾气都散去了，天空中的白云也渐渐退走。漓江水面上下一色碧绿，没有一丝杂质，清澈至极。游船慢行时，隐约可以见到河底密布的鹅卵石，河水常年冲刷，使得它们光滑圆润，阳光斜着穿过水面接触到一颗颗石子，晶莹剔透。岸边的群山绿树倒映在水面，在水中投下一张张平滑的剪影，岸上一个世界，水中同一个世界。漓江的绿，与秦淮河不同，不像秦淮河那样过于浓稠；漓江的绿，与九寨沟不同，不像九寨沟那样过于澄澈；漓江的绿，与很多河流不同，不像很多河流那样绿得发黑。漓江的绿，绿得素淡，不至于掩盖了江水的清澈，岸边的山和树向江中投下一个个绿色影子如同国画的点染，在绿色上再渲染上一道道浅浅的绿色，美丽至极。

　　漓江的美，离不开两岸的山。漓江两岸的山，时而独立江头、时而群峰骤起，相依却不连绵、简单却不粗俗，淡雅而不冷艳、秀气而不忸怩。一路上，导游不断地提醒我们注意两岸的山。桂林的山与众不同，东有黄山之巍峨，西有峨眉之险绝，北有泰山之神秀，而桂林的山小巧而玲珑，精致而奇丽。有的山像绿色的兔子，有的山像饱满的苹果，有的山像各显神通的八仙，有的山像西天取经的唐僧师徒，还有象鼻山、相公山、元宝山、骆驼山，一听到名字就想象到山的形状，一座座婀娜多姿、惟妙惟肖，各具特色、令人难忘。

从兴坪溯江而上4公里有一山，它五峰连属，东南北三面环山，西面峭壁临江，高宽百余米的石壁上，青绿黄白，众彩纷呈，浓淡相间，斑驳有致，宛如一幅神骏图。明朝著名旅行家和地理学家徐霞客这样描述："其山横列江南岸，江自北来，至是西折，山受啮，半剖归削崖，有纹层络。绿树沿映，石俱黄、红、青、白，杂彩交错成章，上有远望如画屏，故名画山。"又不知过了多少年，附近居民路过此处发现这个山十分好奇，左看右看，横看竖看，像似九匹马图案，便称此山为"九马画山"。这九匹马神态各异，栩栩如生，或立或卧，或奔或跃，或饮江河，或嘶云天。清代诗人徐沄曾赋诗道："自古山如画，而今画似山。马图呈九首，奇物在人间。"清代两广总督阮元对这山更是到了痴迷的程度，6年间5次来游画山，他在《清漓石壁图歌》中写道："六年久识奇峰面，五度来乘读画舟。"如今在画山渡口不远的崖壁上，仍可看到"清漓石壁图"5字石刻大榜书。有民谣流传："看马郎，看马郎，问你神马几多双？看出七匹中榜眼，看出九匹状元郎。"据传说，1960年周恩来与陈毅游漓江时，面对画山揣摩了许久，周恩来问陈毅看出几匹，陈毅说7匹，陈毅问周恩来看出几匹，周恩来说"比你多得多"，陈毅不懈："一共 9 匹，哪还有多得多？"周恩来笑道："还有水中的，共 18 匹。"此事，一直传为笑谈。

一弯漓江水，惊艳了一千多年浮沉的阳朔时光。那流淌在波光潋滟里的小船，那水面上悠悠划过的竹筏，是那样的惬意而畅快；那夕阳下朦朦胧胧的山峰，还有岸边那高大漂亮的凤尾竹，又是那样的安详而静谧，即使岁月再流转，漓江的美也永远不会改变。

2010 年 9 月

阳朔山水胜桂林

——行走桂林山水间之三

阳朔，位于桂林市区西南 65 公里，自隋炀帝开国建立阳朔城，距今已有 1400 多年历史。这座古镇坐落在漓江西畔，是桂林风景最为绚丽多彩之处，在 2014 年中国最美丽县市名单中名列榜首。

阳朔也称碧莲，这个名字来源于它的地形地貌。阳朔和桂林都在漓江流域，风景秀丽，但是阳朔和桂林最大的不同是，桂林坐落在较为宽阔的平原上，而阳朔地处莲花山境内，这里的山都是小山锥形态，就像莲花的一片花瓣，古镇和居民都在"莲花瓣"之间，或是在"莲花"中央"花蕊"的平原处，或是在"花瓣"的山腰上。碧莲峰和它的倒影相映成趣，争奇斗艳，真是"一座妙峰堪入画，居然两朵碧莲花"。自从清代诗人刘文硕写出"阳朔奇峰家家户，果然千朵碧莲花"诗句后，碧莲这个名字便名扬四海。

阳朔

　　阳朔的景色也不外乎水清、山奇、洞巧，但特殊的地形塑造了它特殊的美。众多状似莲花瓣的小山锥或是零落一处，或是聚在一起，形成奇妙的莲花形态。波光粼粼的漓江水宛如山间一条玉带飘然而过，萦绕着莲花山九曲回肠，让南来北往的游人纵情山水之中，欣赏莲花山的奇特和美景。每当夕阳西下，晚霞满天，穿着蓑衣戴着草帽的渔夫在竹筏上撑着细长的竹篙顺流而下，带着鱼鹰和河鲜满载而归，渔歌久久萦绕在山间河畔，编织成一幅美妙的山水归渔图。

　　美丽的自然风光吸引了无数名人和外籍人士前来旅游、工作、定居与创作，留下了许多流传千古的诗句、事件、字画和故事。明代著名旅行家和地理学家徐弘祖游漓江从桂林到阳朔，流连10日之久，称这里是"碧莲玉笋世界"。伟大革命先驱孙中山在阳朔谋划北伐，发表慷慨激昂的热血演讲，在此度过风起云涌前的最后时光。一代美术宗师徐悲鸿自称"阳朔天民"，有一天看到一个庭院前的玉兰树含苞欲放欣喜不已，马上刻了一枚"阳朔人家"的图章用以在此绘画。李宗仁知道这事后，用重金买了这处庭院赠给徐悲鸿。徐悲鸿在此一住就是两年，艺术的灵感在阳朔喷薄而出，从此佳作不断终至巅峰。如今，李宗仁送给徐悲鸿的故居就在碧莲峰下，前来参观的游人络绎不绝。还有很多外国背包客慕名而来，从此心归阳朔，不再离别，窄窄的西街成了国际文化集萃中心，每夜灯火通明，满街热闹繁华。

　　到了阳朔，就想起了"刘三姐"。小时候看了电影《刘三姐》至今不忘。《刘三姐》是长春电影制片厂1960年根据广西壮族民间传说改编、摄制的故事片。刘三姐是壮族农家女，自幼聪颖过人，爱唱山歌，并且总是唱出穷人的心里话，因而遭到地主莫怀仁陷害，她无处安身，只好在漓江上漂泊，被老渔夫和儿子阿牛收留。附近乡亲听说刘三姐到来，纷纷赶来相见。莫怀仁听说刘三姐又聚众唱歌，收买不成，便想通过对歌降服刘三姐，阻止她再次唱歌。莫怀仁请来3个秀才帮助，结果不是刘三姐和乡亲们的对手，几首歌下来便张口结舌、狼狈不堪，气昏头脑失足掉进江中，乡亲们捧腹大笑，刘三姐大获全胜。以后刘三姐上山砍柴被莫怀仁抢入府中，阿牛和乡亲们救出了刘三姐。莫怀仁发现刘三姐跑了驾船追赶，可满江的船上看去都是阿牛和刘三姐，知道中计。后来刘三姐经过抛绣球、对歌与阿牛定下终身，为躲避地主迫害消失在江天之间。电影《刘三姐》的主题是劳动人民与压迫阶级之间的对抗，只是这种对抗不是以武装斗争形式进行，而是巧妙地以唱山歌的形式进行，充满了机智、诙谐、娱乐气氛，令人耳目一新，受到观众欢迎。扮演刘三姐的黄婉秋也一直深受

大榕树

广大群众的喜爱。

　　站在高田乡穿岩村的大榕树旁，就想起刘三姐与她的阿牛哥相处相爱的感人故事。因为电影《刘三姐》中刘三姐与阿牛对歌、抛绣球、定终身的情节就是在此树下拍摄的，大榕树见证了他俩生死相依、忠贞不渝的爱情。此刻，我的耳畔又响起了刘三姐那时而高亢嘹亮、时而轻回低转的山歌："花针引线线穿针，男儿不知女儿心，鸟儿却知鱼在水，鱼儿不知鸟在林。"刘三姐摆弄着寄予爱慕和思念的绣球吟唱着，这样的爱情是多么纯真质朴啊！充满了幸福的甘甜。

　　电影《刘三姐》的播出，更使阳朔一夜成名，而大榕树更是家喻户晓。这棵古树高达 17 米、树围达 7 米，硕大的树冠覆盖 2 亩土地，远望像一把绿色巨伞，郁郁葱葱；近看是一片树林，盘根错节，遮天蔽日。常言道，独木不成林，可是自然界唯有榕树能"独木成林"，就说这棵大榕树，从它树枝上向下生长的垂挂"气根"多达上百条，落地入土后成为"支柱根"，如同生长着很多小树。这样柱根相连、柱枝相托、枝叶扩展，形成独木成林的奇观。巨大的树冠下，可供上千人乘凉。据说，这棵树与阳朔城同龄，是隋朝时期所植，迄今已有1400多年历史。虽然树干老态龙钟，但仍然生机勃勃。古树旁，金宝河缓缓流淌，微波荡漾。金宝河上有一坝截拦，水涨时水滚坝面，给幽雅的环境增添了声光及动态。大榕树旁有一渡口，人称"榕荫古渡"，为阳朔一景。渡口附近有一块石头，像一只胖乎乎的小熊正在爬山，壮歌这样唱道："金钩挂山头，青蛙水上浮，小熊满山跑，古榕伴清流。"

阳朔的名胜美景数不胜数，没去参观的地方还有很多：西街、遇龙河、月亮山、银子洞、碧莲峰、山水园、富里桥、漓江竹筏……听说张艺谋导演的大型桂林山水实景演出《印象·刘三姐》也相当不错，这些景点十天半月都看不完。阳朔地方不大，却有太多的景，更有太多的美。

人说"桂林山水甲天下"，我说"阳朔山水胜桂林"。

2010 年 9 月

心中的圣地

对一项工作很熟悉，就会铭记在心；对一种事物有感情，就会难以忘怀；对一个信仰能坚信，就会无限崇敬。

我在中宣部工作几十年，其中负责的一项具体工作是爱国主义教育，包括爱国主义教育基地工作。

中宣部自 1997 年 6 月公布首批百个爱国主义教育示范基地后，又公布多批爱国主义教育示范基地。数百个全国爱国主义教育示范基地和其他众多的省市级爱国主义教育基地，上下五千年，浓缩了中华民族古老而又年轻的灿烂文明；纵横遍神州，展开了一幅华夏儿女奋发进取的壮丽画卷。一桩桩惊天动地的历史事件，一个个名垂青史的英雄人物，在中华儿女的心中树起了一座座不可磨灭的丰碑。我国成千上万的爱国主义教育基地，成为开展爱国主义教育的重要阵地。

爱国主义教育基地工作，这是一项既繁忙而又光荣、神圣的工作。

全国爱国主义教育示范基地中，有一部分是红色教育基地；红色教育基地中，又有一部分是革命圣地。革命圣地具体有哪些，说法不一，有的说4个，黄安（今红安）、瑞金、延安、西柏坡；有的说5个，井冈山、瑞金、遵义、延安、西柏坡；有说6个，上海与嘉兴、井冈山、于都、遵义、延安、西柏坡；有的说10个，上海、嘉兴南湖、南昌、井冈山、长汀、瑞金、遵义、延安、西柏坡、北京；还有很多人将韶山也列为革命圣地。我认为，从某种意义上说，这些都对，将韶山列为革命圣地，有着特殊的意义。我考查了有关资料，1971年9月25日，我国出了"革命圣地图案普通邮票（第三版）"，就将韶山列入革命圣地，标明："红太阳升起的地方——韶山"。

我忠诚地履行自己的职责，对所有爱国主义教育基地，都有一种特殊的感情；对革命圣地，更是情有独钟。

2004年，党中央决定组织实施爱国主义教育示范基地"一号工程"，对韶山、井冈山、延安3个示范基地重点扶持、综合提高，进行建设保护。主要内容包括：改建毛泽东广场，新建毛泽东遗物馆和改造毛泽东纪念馆等12个项目；新建井冈山革命博物馆，对茅坪等11处革命旧居旧址维修保护；新建延安革命纪念馆，对《延安革命史》陈列布展和对枣园等13处革命旧址维修保护。

自此，我的工作又增加一项，负责"一号工程"建设的具体协调、联络等工作。

韶山、井冈山、延安3个爱国主义教育示范基地，真实记载了以毛泽东同志为代表的老一辈无产阶级革命家领导中国革命斗争的光辉历史。从此，我更加关注韶山、井冈山、延安 3 个革命圣地，调研、开会，常常奔波在这 3 个地方。

"一号工程"是党中央实施的一项重大政治工程。中央对此十分重视，要求 3 省加强领导、中央和国家各部门加强检查指导。2005 年年底，国家发改委和财政部拨付资金陆续到位。

湖南、江西、陕西 3 省按照"一流设计、一流建设、一流布展、一流效果"要求，积极组织实施。2005 年 9 月，井冈山革命博物馆新馆率先开工建设，韶山和延安的建设项目随后也陆续开工。2009 年 8 月，延安革命纪念馆新馆竣工对外开放，历时 4 年的"一号工程"建设基本完成。

2009 年 11 月中下旬，我又一次对 3 个革命圣地有关情况进行调研，带领由中宣部、国家发改委、财政部、民政部、中央党史研究室、国家旅游局、国家文物局的局处长组成的调研小组，首先来到"一号工程"协调指导小组办公室。

"现在井冈山、延安、韶山的游客非常火爆，这 3 个示范基地主体工程相继于 2007 年 10 月、2008 年 10 月、2009 年 8 月完工并开放后，游客分别达到 361 万多人次、414 万多人次、76 万多人次，日均人流量都比过去增加 20% 以上，其中韶山游客今年 1 至 11 月比去年同期增长 47%。""一号工程"协调指导小组办公室负责同志介绍说。他建议我们到这 3 个地方看一看。

毛泽东家乡，青山环抱的韶山冲艳阳高照，松柏吐绿。

改建后的毛泽东广场顺应韶山冲地势，形成韶峰—太公山—铜像的远、中、近背景层次，并将毛泽东故居、南岸私塾旧址、毛泽东纪念馆、毛泽东遗物馆、毛泽东图书馆、毛氏宗祠、毛鉴宗祠、韶山学校等重要景点有机融合成一体，形成合理、便捷的

韶山毛泽东广场

参观线路，增强了广场的瞻仰功能、纪念功能、集会功能、休闲功能。

进入"小雪"，寒气袭人，可韶山毛泽东纪念馆馆长夏佑新说："11月28、29日这两个双休日来韶山的游客依然很'火'，达到2.7万多人，平日游客也多，主要是新场馆、新面貌比过去更吸引人。"

新建在韶山毛泽东纪念馆旁的毛泽东遗物馆依山就势，白墙灰檐，充满江南园林特色的建筑与韶山自然环境相得益彰，馆内陈列了有73个补丁的睡衣等1000多件毛泽东遗物，生动感人地再现了一代伟人的生活画面。瞻仰毛泽东遗物的游客扶老携幼，络绎不绝，人们深切感受这位历史巨人的丰功伟绩和人格魅力，心灵受到强烈震撼。呼和浩特市青年巴特尔留言："毛泽东的奉献精神和廉洁作风永远值得我们学习。"

据韶山毛泽东纪念馆工作人员介绍，"一号工程"建成后带来旺盛人气，韶山市经济社会呈现快速发展势头。近年来，当地城乡文化、教育、卫生条件进一步改善，道路、水利、城建等基础设施建设进一步完备，城乡居民安居乐业，社会主义精神文明和物质文明长足发展。韶山人民从"一号工程"建设中得到了实惠。

冬日的井冈山，依然群山竞翠、万木葱郁。

坐落在茨坪红军南路的井冈山革命博物馆新馆新颖别致、气势恢弘，设计借用"五指峰"的形象传达革命博物馆伟岸雄浑的气质，总体造型吸纳了赣南民居"围屋"的特点，与当地环境融为一体，并成为井冈山的地标性建筑。

井冈山革命博物馆

走进井冈山博物馆，一尊崭新的雕塑呈现在眼前：一团耀眼的火焰，定格在八角楼的老式油灯上面。油灯下方刻有遒劲有力的大字——"星星之火，可以燎原"。这是博物馆新馆的展厅一景，新馆是"一号工程"中重点改造项目。

一直关心井冈山革命博物馆建设的江西省委常委、宣传部部长刘上洋向我们介绍说："井冈山革命博物馆采用大框架、立体版面，集中形象地宣传展示井冈山革命斗争时期的大量珍贵文物、图片、资料。除传统的陈列展出手段外，还增加了10多处声、光、电等先进技术，形象逼真地再现了井冈山斗争的光辉历史，深受广大群众特别是青少年的欢迎。"

我们看到，参观井冈山革命博物馆的游客摩肩接踵，很多人在大型电子屏幕前谈论观后感受。北京市西城区居民吕周琳留言："革命的摇篮，胜利的起点；承井冈精神，续中华新篇！"

井冈山"一号工程"的建设项目还包括大井、黄洋界、小井等20多处旧居旧址的维修保护工程。随着这些建设项目的相继完工，井冈山革命旧居旧址面貌焕然一新，极大地提升了井冈山红色旅游的品质。

"井冈山革命博物馆是一座博物馆，更是一处景观，白天外地游人如织，夜晚则成为当地市民健身运动的文化休闲广场。井冈山革命博物馆还是中国井冈山干部学院以及各级党员干部培训的现场教学点，开馆以来接待了大量培训干部。"井冈山革命博物馆新馆的同志还告诉我们，"井冈山革命博物馆新馆开馆以来，已接待游客400多万人次，促进了井冈山红色旅游的发展，为当地群众增加了收入，开辟了致富之路。"

宝塔山下、延河水旁，位于王家坪的延安革命纪念馆新馆朴素大方、焕然一新。

2009 年 8 月 28 日建成的延安革命纪念馆新馆展线全长 1.6 公里，陈列布展面积增至 10677 平方米，其中基本陈列面积 7030 平方米；馆藏革命文物 3.5 万余件、1 万余张历史照片、百余卷调查资料。

延安革命纪念馆馆长张建儒介绍说："当年党中央在延安战斗了 13 个春秋，我们按照党中央的要求，高质量、高标准、高速地建设好延安革命纪念馆新馆，再现党中央和毛主席在延安领导中国革命的峥嵘岁月，更好地发挥爱国主义教育基地的作用。"

我们在延安革命纪念馆了解到，新馆是在原址上重建的，对党中央在延安 13 年留下的众多革命旧址中的 13 处具有典型代表意义的旧址进行维修保护，并对纪念馆和 13 处旧址的陈列展出分别重新设置及进行调整。新馆改变了过去只按时间顺序加历史事件的陈列方法，采取编年体与专题相辅相成的陈列手法，设计了"红军长征的落脚点、抗日战争的政治指导中心、新民主主义的模范实验区、延安精神的发祥地、毛泽东思想指导地位的确立、夺取全国胜利的出发点"主题陈列，并运用沙盘模型、场景复原、多媒体演示等现代手段，更加突出地展示了毛泽东思想指导地位的确立和延安精神的形成。

延安革命纪念馆的同志告诉我们，延安革命纪念馆新馆开馆后，与全国 30 多所大专院校建立了共建关系，成为展示延安精神的重要窗口。为了让更多的人了解党中央在延安辉煌的革命实践活动，馆里成立了延安精神宣讲团，到广东、湖北、浙江、天津等地巡回宣讲，在北京、云南、江苏等地举办了延安精神展览，观众达几十万人次。

延安革命纪念馆　陈大瑷摄

　　我们在纪念馆前看到，凛冽的寒风挡不住来自四面八方的参观人流。几位来自广州的女教师站在延安革命纪念馆前对人们说，她们都是第二次来延安，这次参观了新馆感受更深，更加坚定了对党的热爱，坚定了走中国特色社会主义道路的信心。

　　韶山、井冈山、延安 3 个革命圣地，已成为我国爱国主义教育的重要场所。

　　圣地，我心中的圣地，在新时代闪烁着更加耀眼的光芒。

2010 年 1 月

我的厦门情怀

厦门，别称鹭岛，在中华民族数千年文明史中，曾经几乎是可有可无的角色，就连厦门的名字还是在明洪武二十年（1387年）始筑"厦门城"才有的，意寓"国家大厦之门"。以后到清朝，在反清复明的队伍里，有一支让大清王朝束手无策的军队，为首的是郑成功，占据厦门、金门，最终收复台湾，直到这时，厦门才有一点名气。厦门再次出名就到200年后，中英《南京条约》要求开放5个通商口岸，厦门便在其中，从这里面可以看出厦门的重要以及英国人的敏锐眼光。

河东河西，世事轮回。多少年过去，曾经繁华无尽的西安如今在西北的寒风中悄然无声，曾经灯火璀璨的洛阳在中原大地不再辉煌，厚重灿烂的历史羁绊了前进的步伐，海洋经济的兴起让深处内陆的古城望尘莫及，姗姗来迟的厦门，用自己的脚步后来居上。

厦门，不仅有美丽的碧水蓝天、众多的风景名胜，更有我难以割舍的情怀。

最先认识和了解厦门是刚当铁道兵的时候。我入伍到连队第一天，连长就把我们新兵带进连史室，向我们讲述部队的光荣传统，讲完参加抗美援朝和黎湛铁路建设之后，又指着福建和厦门地图向我们讲述铁道兵修建鹰厦铁路的历史：新中国成立之初，国际形势空前严峻，朝鲜战争硝烟再起，美国海军第七舰队趁机驶入台湾海峡。对此，周恩来总理说，解决美国第七舰队封锁台湾海峡及台湾问题要看"二王"。一个是王炳南在华沙和美国谈判，一个是王震率 10 万铁道兵修建鹰厦铁路。

"打破海上封锁、巩固东南海防、发展沿海经济、为解放台湾创造条件！"1954 年 8 月，铁道兵 10 万官兵怀着这样的信念，从祖国各地日夜兼程开赴福建、进军厦门。鹰厦铁路北起江西鹰潭，南至厦门，全长约 700 公里，穿越巍峨的武夷山脉和戴云山脉，跨越九龙江等水系，地质极为复杂，施工异常艰巨。官兵们发扬"逢山开路，遇水架桥"精神，在缺乏大型机械设备的条件下，靠肩挑背驮运物资，用钢钎大锤打炮眼，炸药开路，昼夜施工，创造了一个又一个奇迹。在当地 10 万民工的配合下，以付出数十名官兵生命的沉痛代价，成功突破武夷山天堑，啃下大禾山隧道的花岗岩，炸开戴云山区海拔 600 米的分水岭，筑起 2.8 公里宽的厦门集杏海堤，终于在 1956 年 12 月 9 日铺轨到达厦门岛。鹰厦铁路提前一年竣工，为及时向前线运送武器装备、缓解东南沿海国防压力、繁荣福建和厦门经济起到了极其重要的作用。以后，我们部队进驻福建时，我和战友们不仅在清明节时到鹰厦铁路沿线的烈士陵园祭奠为修路而献身的官兵，还到厦门车站和集杏海堤实地参观，接受光荣传统教育。

　　铁道兵部队修建鹰厦铁路的精神一直鼓舞着我努力工作、不断前进。以后每次到厦门，我都要多看几眼鹰厦铁路、多看几眼集杏海堤，风雨过往，情怀难忘。

　　我在厦门的另一份割不断的情怀是陈嘉庚纪念馆。陈嘉庚纪念馆是中宣部命名的第一批全国爱国主义教育示范基地，它建设的每一道程序我都是主要参与者，纪念馆改陈布展大纲的审定、解说词的起草，我都是主要组织者。为此，我多次来厦门、来陈嘉庚纪念馆，了解纪念馆的建设、参观和使用情况。同时，我也在努力学习陈嘉庚的精神。

　　在快要降落的飞机上俯视厦门，陈嘉庚故乡集美学村的建筑群宛如人间仙境。在这如诗如画的建筑群中，陈嘉庚生平事迹陈列馆最具魅力。离此不远的嘉庚公园附近，一座占地面积 10.4 万多平方米、建筑面积 1.1 万多平方米的崭新建筑格外引人注目，它就是 2008 年 10 月建成的陈嘉庚纪念馆。这座独具闽南风格的

集美陈嘉庚纪念馆

建筑，与集美鳌园、嘉庚公园和谐统一、交相辉映，构成了一个较为完整的旅游纪念胜地。

每当我走进陈嘉庚生平事迹陈列馆和陈嘉庚纪念馆时，一个伟大爱国华侨的形象就会巍然屹立在我的脑海中。陈嘉庚先生有很多东西值得我们学习，而最值得我们学习的还是他高尚的爱国主义精神。他有上千万资产，本可尽情地享受一生，可他并没有这样做，而是倾其家产兴资办学，支持公益事业；他有儿有孙，本可将财产送给他们，可他并没有这样做，只给每人每月15元生活费。他曾说："我既然立志为社会，当然不能再为儿孙计，若兼为儿孙计，则不能尽量为社会。"每当我看到先生穿过的补丁衣服、戴过的用胶布修复的礼帽、用过的磨掉漆的拐杖，更是为之动容。每当我伫立在陈嘉庚故居他的巨幅遗像前，注视着毛泽东主席亲笔题写的"华侨旗帜，民族光辉" 8个金光闪闪大字时，崇敬之情总是油然而生。

厦门，这座陆地面积1700平方公里的美丽城市，值得留念的地方很多。那被《国家地理》杂志评选为"中国最美五大城区之首"、素有"海上花园"美称的鼓浪屿，那五老峰下著名的闽南佛教圣地南普陀寺，那依山傍海、被誉为"中国最美校园之一"的厦门大学，那被誉为世界最美的马拉松赛道环岛路，那宏伟壮观的胡里山炮台，那历史悠久的高北土楼群，还有那碧海蓝天、绿树红花的厦门街区，无一不让人流连忘返。

不过，厦门留给我印象最深的还是修建鹰厦铁路的铁道兵精神和陈嘉庚高尚的爱国主义精神，这两种精神一直铭记在心，永不忘怀。

2013年6月

丰 碑 永 存

一

不是天竺取经，不是麦加朝圣，长长的队伍却庄重地前行，默默地走向南湖革命纪念馆。

严冬的寒风，为什么挡不住前来南湖参观的人流？

站立清波荡漾的南湖岸畔，我在探寻着这个答案。

或许是寻找中国共产党的启航之谜？

那是 98 年前的 7 月，在上海召开的中共一大会议因遭巡捕窥探被迫中断，代表们辗转来到浙江嘉兴，泛舟于南湖继续会议议程，在这里讨论通过了中共第一个纲领和第一份决议，选举产生了中央局，开启了中国共产党的跨世纪航程。在那暗无天日的旧社会，正是南湖这条小船摆渡了暮霭沉沉的中国，从此，东方的地平线上出现了希望的曙光。

或许是聆听习近平总书记两年前在复建的红船前发

出共产党人要保持初心不改的誓言？

那是 2017 年 10 月 31 日，党的十九大闭幕仅一周，习近平总书记带领中央政治局常委专程从北京来到这里，瞻仰中共一大会址和南湖红船。他多次讲到"初心"二字，在复建的红船前宣示："全党同志必须坚持全心全意为人民服务的根本宗旨，不断带领人民创造更加幸福美好的生活……"回看照亮中华大地的石库门灯火、追寻掀起华夏潮涌的一叶红船——当年建党时的初心与使命，与十九大的"不忘初心，牢记使命"，穿越百年形成了历史的呼应。

或许是慕名前来瞻仰先辈遗物、学习革命精神、接受心灵洗涤？

南湖革命纪念馆重视教育基地的建设、管理和使用工作，经过不断丰富和完善展陈内容，目前藏品已达 1 万多件，记载着大

南湖红船　王晓峥摄

量南湖乃至浙江革命史迹和革命故事，这里已经成为全国一流的爱国主义教育基地。

或许是几者兼而有之……

随着拥挤的人群，步入南湖革命纪念馆。展厅内，一块块展板、一件件实物、一个个视频，生动形象地展示着战争的往事、红船的故事。南湖革命纪念馆副馆长李允介绍说，党中央对南湖革命纪念馆非常重视。此馆曾在南湖湖心岛上的烟雨楼，陈列了中共一大会议等数千件文物史料，后来迁至南湖东岸。2006年6月28日，时任浙江省委书记的习近平同志亲自为坐落在南湖南岸的新馆奠基，2011年，新馆正式对外开放。近些年来，南湖革命纪念馆深入挖掘展示南湖红色资源的思想内涵和时代价值，积极组织引导干部群众参观学习。特别是习近平总书记带领新一届中共中央政治局常委赴嘉兴南湖瞻仰红船、参观南湖革命纪念馆并发表重要讲话后，纪念馆工作人员不断提高当好南湖红船"守护者""宣传者"的政治站位，通过提高展陈质量、建设网上展馆等方法，吸引更多的人了解红船精神、学习红船精神，把南湖红船和南湖革命纪念馆打造成了大力弘扬红船精神的生动课堂。两年来，到这里参观学习的游客达400多万人次，年均参观量比2017年前增长50%！

从讲解员的讲解中得知，为了让更多的人了解红船、了解红船精神，南湖革命纪念馆每年都将馆藏主要内容制成展板，到附近社区、农村、学校、部队巡回展出，并于2017年和2018年举办了"开天辟地大事变——中国共产党创建史巡回展"，到全国20多个省区市巡展30多场，观众达到70多万人次；为了深入贯彻党的十九大精神和习近平总书记南湖重要讲话精神，南湖革命纪念馆从 2019 年 4 月开始，举办"红船精神万里行"大型图片展，到目前已在全国 10 多个省市展览，观众达到 60 多万人次，进一步扩大了红船精神的影响力……

<h1 style="text-align:center">二</h1>

陪同的浙江省委宣传部马玲处长介绍说，南湖革命纪念馆和中共一大会址纪念馆主要记载中国共产党开天辟地的光辉一页，而浙江省其他红色全国爱国主义教育基地则主要展示中国共产党带领人民与敌斗争的革命历程以及中国人民历来反抗外敌不屈不挠的史料故事。

驱车向西大约一个小时，便来到坐落在苏浙皖三省交界的浙江省湖州市长兴县煤山镇的新四军苏浙军区纪念馆。这里集中展

游人参观新四军苏浙军区纪念馆

示了粟裕、叶飞等将领在中国共产党的领导下，利用苏、浙、皖敌人"三不管"的地理位置，率领苏浙军区军民与敌人斗智斗勇、浴血奋战的光辉历史和战斗故事。

忆往昔峥嵘岁月稠。新四军苏浙军区纪念馆讲解员介绍说，新四军苏浙军区旧址分布在煤山镇周边 80 平方公里的绵延山区之中，70 多年前新四军苏浙军区司令部驻扎在这里，带领 5 万多名指战员抗战御敌，素有"江南小延安"之美誉，目前保存完好的 18 处革命旧址，是苏浙军区革命斗争历史的最好见证。为了征集好、保护好红色文化资源，长兴县专门成立革命文物征集工作领导小组，分管副县长担任组长，投入 2200 多万元资金，完成 1100 多件实物和 400 多件文字史料征集工作和 10 多处革命旧址抢救性维修工作。同时，认真做好馆藏文物改陈布展工作，现在纪念馆的馆藏文物和整体面貌有了很大改观。

"把红色资源利用好、把红色传统发扬好、把红色基因传承好。近些年来，习近平总书记的这一话语时时响在我们耳旁。"新四军苏浙军区纪念馆副馆长陈峰平告诉我，为了利用好革命文物、更好地开展革命传统教育，纪念馆除了丰富馆藏内容、提高陈展艺术，加强讲解员培训、提高讲解员素质，每年吸引 30 多万人来馆参观外，还把新四军在浙西的战斗历史做成图片展，到全县中小学校巡回展出；根据党、团员和青少年开展活动特点，推出"现场教学""专题教学""体验教学""拓展教学""访谈教学"五大教学模式，已经有 10 多万人参加了现场学习；此外，还面对中小学生开展"当一回新四军小战士"活动，根据当年新四军战斗、生活情况，开展模拟行军、打草鞋、抬担架等体验活动，已经有 8 万多名中小学生参加了相关活动。这些学生在活动中加深了对革命历史的了解，受到了深刻的革命传统教育。

三

离开新四军苏浙军区纪念馆，向东驱车大约两个小时，便来到宁波市镇海口。

东海之滨，招宝山巍然屹立，古炮台历经风雨。镇海口海防遗址是我国紧邻东海的全国爱国主义教育示范基地。

据史书记载，镇海素有"海天雄镇""浙东门户"之称。招宝山下，披历岁月风雨依旧巍然耸立的古城堡，见证了无数可歌可泣的爱国壮举，仿佛向人们诉说几百年来发生在这里的一场场硝烟弥漫的战斗：自明代开始，帝国主义列强一次又一次地血洗

学生参观镇海口海防遗址古炮台

古城，中华民族一批又一批仁人志士在抗倭、抗英、抗法、抗日斗争中壮烈捐躯；而那些侵略者也在这里受到了应有的惩罚，仅抗日战争中的 1940 年 7 月 17 日，日本侵略者就被我军民击毙击伤 400 多人⋯⋯

高高的古炮台，生动地记录着中华民族遭受外敌入侵的屈辱，也记载着中国人民追求自由、不畏强暴、维护民族尊严和国家主权英勇抗争的历史。

镇海口海防遗址纪念馆馆长严辉介绍说，为了充分利用革命遗址开展爱国主义教育和革命传统教育，当地政府于 1997 年建成了镇海口海防遗址纪念馆，以镇海军民抗倭、抗英、抗法、抗日史迹为主要内容，通过实物展示和动画、雕像、多媒体等生动形象的手段，展示中华儿女不畏强暴、前仆后继的可贵品质和民族精神。

我从参观人员登记簿上看到，开馆以来，这个纪念馆已接待习近平等党和国家领导人以及来自各地的游客 400 多万人次。

我们跟随严馆长来到古炮台前。她介绍说，镇海口海防遗址纪念馆特别重视对青少年宣传教育。一是"请进来"。根据青少年特点，馆里专门编制了青少年参观讲解词，将一些生动的故事插入其中，并采取有奖问答、有奖知识竞赛等形式，吸引青少年前来参观，接受教育；从 2019 年 1 月开始，在节假日开展青少年"我们的节日"海防大竞猜活动，发放青少年和儿童们喜爱的小礼品，仅一年时间就吸引了 3 万多名青少年和儿童参与活动。二是"走出去"。组织由"五老"人员参与的"海防宣讲团""流动博物馆"，带着文字展板、海防历史画册到中小学校和社区，向中小学生和群众宣讲镇海军民"四抗"历史和海防知识，观众已达12万多人次。严馆长还告诉我们，他们目前正与著名画家合作，以抗倭、抗英、抗法、抗日为主题，紧锣密鼓进行《镇海口海防历史故事》连环画创作，力争2020年年初连环画出版后，将其发放到附近中小学校，让更多的中小学生接受爱国主义教育。

<h1 style="text-align:center">四</h1>

离开镇海口，向南驱车一个多个小时，来到四明山革命烈士纪念馆。

四明山下、章水镇旁，整齐地排列着数百座革命烈士陵墓，大革命、土地革命、抗日战争、解放战争等不同时期的革命烈士静静地长眠在青松翠柏之中。

四明山革命烈士纪念塔庄严肃穆。四明山革命烈士纪念馆俞碧峰馆长向我们介绍说，近年来，在当地党和政府的高度重视和支持下，陵园服务中心不仅改造了周边环境，新建了革命烈士公墓、革命烈士纪念馆，在原有400多位革命烈士完整资料基础上又新收集到35位革命烈士资料，还新建了一座44.12米高的革命烈士纪念塔。

我不解地问俞馆长：“为什么革命烈士纪念塔要建成44.12米高？”

“那是因为1944年12月，鄞奉县抗日军民万人集会，公祭民族英灵，将著名抗日英雄李敏、徐婴等烈士灵柩从他处集中移葬到陵园内，纪念塔建成44.12米高，取意奠基日期，具有纪念意义。”俞馆长充满深情地回答。

继承先烈遗志，传承红色基因

　　碧血丹心留千古，英烈浩气贯长虹。被誉为"浙东刘胡兰"的李敏，洁白的雕像正义凛然。在李敏的雕像前，俞馆长向我们介绍说，1944年，李敏是中共鄞奉县委书记，以教书为掩护从事革命工作，因坏人告密被国民党反动派逮捕，敌人用尽酷刑也没从她嘴里得到任何口供，恼羞成怒的敌人把她绑在木桩上连刺27刀，李敏未吭一声，英勇就义。为了教育干部群众，四明山革命烈士纪念馆将李敏等几十位革命烈士的遗物、资料和中国共产党领导人民与敌斗争的故事收集整理，通过展板、图片、模型、雕塑、视频集中展出，每年吸引成千上万名瞻仰的游客，仅2019年就接待500多批瞻仰团队、15万多名零散瞻仰的游客。

　　为了使更多的人了解李敏等革命烈士的先进事迹、接受革命传统和爱国主义教育，四明山革命烈士纪念馆还将主要馆藏内容制成图片拿到社区、农村巡展。很多干部群众尤其是一些了解当年革命斗争情况的老人，还积极通过各种形式向人们宣传革命烈士的先进事迹，成为革命故事的积极传播者。86岁退休教师王永年是其中之一。他亲眼看到李敏等革命烈士被害场景，从退休后开始，坚持20多年到机关、社区、工厂、农村、军营讲述李敏等革命烈士的感人故事，很多人听后流下泪水，表示要学习先辈革命精神，以实际行动继承先烈遗志。

为了让更多的人了解四明山革命烈士的事迹，四明山革命烈士陵园服务中心和宁波市海曙区章水镇党委，将王永年等9位老人所讲的优秀共产党员、革命烈士的故事拍摄成纪实宣传片，刚刚完成的宣传片《情怀》已在附近机关、学校、街道、军营播放，同时还发送到浙江省移动政务网"丁丁群"、"宁波宣传教育群"、海曙区网站、海曙区微信公众号广泛转发……

岁月或许能改变山河，时间或许会冲淡记忆，但当年共产党人、革命先烈的斗争精神永远不会磨灭。

一处处爱国主义教育基地，记载着共产党人、革命志士的感人事迹，似一座座精神丰碑光耀千秋、永存人间；其蕴含的爱国主义精神，教育一代又一代中华儿女，激励千千万万人民励精图治，为实现中华民族伟大复兴的中国梦而不懈奋斗！

2019 年 12 月

第二辑

天 边 留 香

　　世界之大，令人惊叹；世界之美，无与伦比，我们似乎找不到一个更为贴切的词汇去描述它。波澜壮阔的海洋，温情浪漫的小城，金碧辉煌的宫宇，质朴淳厚的居民，还有那幽静古朴的城堡、美不胜收的原野，无不让人流连忘返。

航行在茫茫大海上

——船行东南亚之一

难忘那茫茫大海，难忘那 10 多天的东南亚之行。

1994 年 3 月，应交通部邀请，我和局里两位同事乘坐 "聊城" 轮考察上海远洋运输公司海员工作、生活情况。载重量 1.67 万多吨的 "聊城" 轮长年航行于上海、香港、新加坡、马来西亚和泰国之间，承运各国集装箱货物。

那海洋深处的壮阔，那海员胸怀的宽广，那狮城风光的美丽，还有那独立广场的庄严、皇宫楼宇的辉煌，构成了一幅幅难以忘怀的画面，永远在我心头荡漾……

3 月 13 日下午两点，我们登上停泊在上海港宝山集装箱码头的 "聊城" 轮，向东南亚航线出发。

下午 3 点，"聊城" 轮驶入长江主航道。万里长江，百舸争流。长江下游，更是船只如梭，密布江面，给远洋轮安全出海带来困难。为了行驶安全，上海航运局船只在前面开道。"聊城"轮劈波斩浪，向东进发。

下午 6 点，"聊城"轮驶出长江口，刚刚进入茫茫无际的东海，大海就给了我们一个下马威。只见海涛滚滚，一排排波浪像千军万马滚来，撞击着"聊城"轮船头和船舷，1 万多吨的远洋轮竟然剧烈摇晃起来。首次乘坐海轮，我开始头晕，继而呕吐。我的一位同事也开始呕吐起来。这时我想起一位国外作家的名言："陆地上哪儿都可以游逛，就是别到海上去。"热心的船长、政委马上给我们送药、倒水，弄得我们既不好意思，又过意不去。他们对我们说，大多数没坐过海轮的人遇上风浪都会不适应，过几天渐渐习惯就没事了。

第二天清晨，我头晕好了一些。第一次身处大海，好奇心驱使我早早地起床走向甲板。海上的风浪比长江口小多了。从轮机

风平浪静时的大海

长口中得知，船在浙江海岸线上航行，离岸 20 公里左右。眼前烟波浩渺，海水一片深蓝；向西望去，两三艘渔船像几片羽毛轻悠悠地漂动着；向东望去，海天之间透着一抹亮光，像是大海里刚刚点燃的火把，燃烧着下面蓝色的海水、照耀着上面灰色的云絮。不一会儿，火势向上蔓延，整个东方的天空都被燃烧得通红。接着，一轮红日缓缓地升出海平面，把海天交界处染成一片红霞，霞光在海面上闪烁着、跳跃着，继而整个海上金光粼粼、绚丽辉煌。过去听人讲海上日出美丽，这次亲眼所见真是大开眼界。

"聊城"轮于 3 月 16 日到达香港装、卸货后，17 日沿东南亚航线开往新加坡。

轮船在茫茫的大海上航行，第一天风平浪静。蓝天白云下，碧波万顷。周围船只很少，有时看到远处有一两艘轮船，有的像火柴盒，有的像小圆点，在天边缓缓游动；看那远处轮船上的人，似乎一伸手就能够到蓝天，天上的云朵像棉花一样堆满轮船，高高的、柔柔的，踩着云朵也许就能飞上天空。面对这无边无垠的世界，面对这苍茫浩渺、奇妙无穷的大海，我深切感受到自然的伟大、人类的渺小。

途中并不寂寞。为了活跃大家文化生活、增添生活情趣，船上不仅建立了文化活动室，还配有电视机以及棋类、扑克等文化体育用品，并利用甲板进行拔河比赛，利用餐厅进行掰手腕和棋类比赛，欢声笑语充满船舱。

我们在船舱待腻了，就到甲板上看看风景。偶尔船边有不知名的鱼儿追逐、腾飞，它们有时比船还快。还有海豚伴行，1 米左右长的小家伙时而光滑的身子浮出水面，噘着尖尖的小嘴巴似乎在朝人微笑。有时还看到海鸥作伴，它们时而贴着海面飞翔，时而在船上盘旋，此时才真正体会到"海阔凭鱼跃，天高任鸟飞"的感觉。

夕阳西下，天空燃烧着一片橘红色的晚霞，烟波浩渺的海面被这霞光染成了金黄色。映照在浪峰上的红霞，像一片片燃烧着的火焰，闪烁着、滚动着，绯红的海浪跳跃着无数金光，让人激动万分。当夕阳悄无声息地坠入海底，带走最后一抹余晖，大海突然变得一片昏暗沉寂，又让人生出丝丝伤感。

第二天，海上又起风浪。一排排白花花的海浪翻滚着，后浪推前浪地向前奔腾，声似雷霆万钧，势如万马奔腾。大海霎时间变成了无边无际的战场，海风吹着尖厉的"号角"，海浪像是千万个英勇的战士，发出隆隆呼喊，向着"聊城"轮冲锋而来，在船边溅起两三米高的浪花，"聊城"轮又开始摇晃起来。不过，经过几天航行，我们已经渐渐地适应了海上的风浪。我看到不远处有一艘比我们船小的轮船像婴儿的摇篮一样，剧烈地摇荡着。过去，我曾无数次猜测过大海的威力、想象过大海的性格，今天终于见到了它的真容。

我问船长："你们经常遇到这样的风浪吗？"他笑笑说："这是家常便饭，有时情况比这还要严重，不过每年三四月间很少有这样大的风浪。"几天接触，我们看到了船员们的辛苦，也看到了他们宽广的胸怀。为了多装快跑，为国家多创效益，船员们实行满负荷工作法，自觉做到"三最"：即装货到最大水尺，航行走最捷径线路，到港后力争最短停留时间。他们大多数是上海人，家中生活都比较舒适，可他们为了国家贸易，常年心甘情愿地生活在枯燥无味、条件艰苦的大海上，乐呵呵地自称为"海洋人"。跟他们在一起，我们学到了很多好的东西。

劈波斩浪的海豚

　　"聊城"轮以每小时 15 节速度前行。到达南沙群岛附近，很少看到过往船只，连海鸥也少见了，只有一只小鸟在甲板上和集装箱上飞来飞去。它是从香港上船的，离开船就无法生活。突然，我发现不远处有两座石油钻井平台，从平台上伸出的管道顶端喷射着熊熊火焰。船员告诉我，这是马来西亚在开采南海石油，据说目前东南亚还有一些国家和地区，也在自认为"自由领海区域"内开采我国的南海石油。

　　天气越来越热。两天后，"聊城"轮到达赤道附近。中午时分，船舱内闷热起来，我来到甲板上纳凉。太阳挂在头顶，人影在脚下形成一个圆圈。碧蓝的天空朵朵白云纹丝不动，大海没有一点风，没有一点浪。海水已经凝固了，安安静静，好像睡着了一样，又如一面偌大无比的镜子，无瑕、透明、纯洁、安静。偶

水平如镜的大海

见一两只水虫在海面上快速滑行，身后留下一条长长的划痕，久
久停留不散，我从未见过这么安静的环境、这么平静的水面，那
是一种足以融化自己的境界，以至于多少年后我和同去的两位同
事回忆起这一情境，都无不称奇、无不感叹万分。

1994 年 3 月

美丽岛国新加坡

——船行东南亚之二

3月21日上午9点，"聊城"轮抵达新加坡港。

新加坡别称狮城，是东南亚的一个岛国，小巧而精致，开车半个小时就可以横穿整个城市。然而就是这样一个不大的国家，却有很多美丽之处。

我到过新加坡多次，春夏秋冬四季都去过，无论哪个季节，新加坡都如同花园般美丽，风景如画。高楼大厦林立，街道干净整洁，风景名胜众多，自然环境优美。在这迷人的风景画中，最令人称道、最令人赏心悦目的，是无所不有、无处不在的绿色：浅绿、黄绿、葱绿、深绿、橄榄绿、翡翠绿……

以前都是乘飞机去的。在飞机上俯瞰新加坡全景，它的周围被一圈银色的沙滩围绕，城市被街道和道路划分成一个个小格，每个格子里都充满着绿色。走下飞机时，看到樟宜机场就像一座郁郁葱葱的小型植物园，各

新加坡狮头鱼尾像

种各样的绿色植物争先恐后跳入眼帘，就连欢迎客人光临新加坡的红色牌匾也镶在绿色爬墙虎围成的框架里，从未见过哪个机场如此葱绿苍翠、生机盎然。

海港和空港一样，也是满眼绿色。我们一上海岸，就见岸畔花木葱茏，空气中散发着沁人肺腑的清香。漫步街头，成行、成片的树木比比皆是，树木的种类很多，雨树、青龙木、海红豆、椰子树、棕榈树、大叶桃、紫绣球……还有一些叫不出名字的热带树木和低矮的灌木。最吸引我的是那大雨树，形似雨伞，高大挺拔，郁郁葱葱，树冠像一把撑开的大伞，遮住赤道炽热的阳光。树与树的间隔距离好像事先计算过，一个树冠搭着另一个树冠，筑起一条遮天蔽日的绿色走廊。绿油油的草坪令人心情舒畅，走在上面竟有一种奢侈的感觉，不忍心踩上一步。

在新加坡街道想找一块裸露着的黄土实在不易，因为每一寸黄土都有绿色植物保护。从商店门前到过街天桥，从庭院阳台到楼宇屋顶，哪怕街边一个小小的拐角都有绿草鲜花装扮着。不管走到哪里，都是树绿荫浓、花草铺地，干净整洁、一尘不染，连空气都带着花草的香气。

新加坡公园里，更是花团锦簇、满眼绿树红花，无不让人赏心悦目。圣陶沙、滨海湾、胡姬花园、新加坡河、鱼尾狮公园、国家植物园、世界上最大的摩天观景轮等风景名胜，都是美丽迷人、美景如画。

新加坡还有另外一种美：人们买票或购物都是自觉排队；公共场合没有人大声喧哗，在地铁或巴士上打手机，声音都很小；在商场等公共场所没有人吃东西，没有人抽烟，地上更见不到烟头；在红绿灯路口，没有人闯红灯，没有红绿灯的路口汽车会主动让行人先走。

我们在新加坡坐地铁时，看到车厢里每排8个座位中有6个是浅绿色、两个是深绿色，这是专门区分普通座位和特殊座位的。我们身边那6个座位上已经坐满了人，两个深绿色座位一直空闲着，这两个座位旁边站着很多中、青年乘客，然而却没有人去坐，前、后几排也是一样，坐上人的都是老人和孩子。此情此景，又让我想到此前有一次我和同事到新加坡出差，晚上12点，我们回旅馆在三岔路口迷了路。这时从旁边一条街上走来一位年轻女士，我们犹豫着不敢向她问路，担心会吓着对方。这位女士似乎猜到我们想向她询问什么，微笑着走过来。我们说明了情况，她说她正好经过我们住的地方，一直把我们带到旅馆门口。这种情况在其他国家很难见到。

环境之美、风景名胜之美，只是其一；更让人看到的是，新加坡人的行为美。在新加坡，文明气息无处不在，不管在哪个角落，文明之花都让人赏心悦目，难怪很多人说："新加坡是美丽岛国。"

1994 年 3 月

吉隆坡见闻

——船行东南亚之三

3月24日早上7点，"聊城"轮到达马来西亚西海岸港口巴生。

巴生港距离马来西亚首都吉隆坡40多公里，不仅是该国第一大港，而且也是目前世界货物吞吐量第十六大港口。船上除了留下10多名船员装、卸货外，剩下的10多名船员都去吉隆坡办事。我们出关时，一位移民局官员伸手要钱，没有达到目的便向我们甩下难堪的脸色。这么公开要钱，我还是头一回见到。马来西亚公务人员的这个形象，久久地停留在我的脑海里挥之不去。

负责我们行程的苏先生是爱国华侨，一路上风趣地向我们讲述着马来西亚和吉隆坡的故事。马来西亚全称马来西亚联邦，华人不少，约占全国3000多万人口的23%。吉隆坡1860年建城，1963年成为马来西亚首都，短短一个世纪，昔日的矿业小镇一跃成为国家首都和高楼林立、环境优美的著名观光城市。

办完公事后，热情的苏先生带领我们游览了吉隆坡的一些风景名胜。因马来西亚国家皇宫与中国人有着一定关系，苏先生特意安排我们先来参观这个皇宫。

国家皇宫坐落在吉隆坡市皇宫路的一座山丘上，20 世纪 20 年代是一位中国商人的私人住宅，售出后经过改建，便成为统治者的皇宫。皇宫规模虽然不算太大，但和其他皇宫一样辉煌与庄严。皇宫门口比较简单，由一扇不大的铁门与旁边的小岗亭、小门洞组成。铁门用黑色作底，黄金衬边，典雅大方，庄严中透露着高贵。铁门两侧的岗楼和门洞中，各有一名持枪哨兵站岗。岗楼中的哨兵上穿白色上衣，下配绿色裙；门洞中的哨兵则身穿红色上衣、黑色长裤，跨骑一匹黑色高马，威风凛凛。另外，门口还站着一排扛枪哨兵，闪闪的长枪在阳光的照射下与不远处阿拉伯风格的皇宫金顶遥相呼应，分外亮丽，吸引着无数游人与他们合影留念。皇宫的院内青草铺地、鲜花满园。但平时皇宫不对外开放，游人只能在门口欣赏皇宫外表的华丽，只有在特殊或重要的节假日里，游人才有机会一睹皇宫内的繁华。现在，国家皇宫成为国王办公与休息的场所。由于马来西亚国家元首每 5 年更换一次，所以每隔 5 年，国家皇宫就会更换一次主人。届时，国家皇宫前要举行盛大的庆祝活动，成千上万的市民和国内外游人前来观赏。

离开国家皇宫，苏先生说他每次回到祖国都去看看天安门广场。中国强大，海外华人都很高兴，他特别为天安门广场的宏伟壮丽感到自豪。他说也让我们看一看马来西亚的"天安门广场"。不一会儿，我们来到他所说的市中心独立广场。广场上绿草如茵、繁花似锦，旁边树荫浓郁、秀丽多姿；周围是苏丹阿都沙末大厦和圣玛利亚天主教堂，经典的荷兰式建筑和红色屋顶的歌特式建筑令人赞叹不已。独立广场作为马来西亚的"天安门广场"，每年国家的国庆活动都会在这里举行。雄伟的独立广场写满了马来半岛的历史画卷，见证了马来西亚的苦难沧桑，浸透了马来西亚人民的百年血泪：公元初，马来半岛有羯荼、狼牙修等古国。15世纪初以马六甲为中心的满刺加王国统一了马来半岛的大部分。16世纪开始先后被葡萄牙、荷兰、英国占领。20世纪初完全沦为英国殖民地。第二次世界大战中，马来半岛、沙捞越、沙巴被日本占领。战后，英国恢复殖民统治。1957年8月30日午夜，英国国旗在这里黯然降下。8月31日，马来西亚联邦宣布独立，马来西亚国旗首次在这里高高飘扬。全世界最高的旗杆、100米高的马来西亚国旗旗杆矗立在广场南端，连同从此独立的国家，令3000多万马来西亚人民无比自豪。

国家英雄纪念碑

　　走出独立广场，苏先生又带着我们参观了国家英雄纪念碑、游览了美丽的莎阿南清真寺以后，已经夕阳西下。他说现在唐人街应该开始热闹了，便把我们带到老城区南部的唐人街。唐人街又名"茨厂街"，是吉隆坡市内最富有华人气息的一片老城。这里面积虽然不大，但却热闹非凡。特别是晚上更像过节一般，是吉隆坡有名的夜市。吉隆坡华人约占该市 140 万人口的 2/3。马来西亚华人主要是明清到民国时期从中国福建和广东、广西、海南一带迁徙而来的。吉隆坡是由华侨开拓发展起来的。1857 年，一位名叫叶亚来的华侨带领一批华人来此开采锡矿，使这里的商业由萌芽走向兴隆。唐人街仍然保持着中国城市浓郁的生活气息，反映出中国文化的方方面面。行走在街道上，一切都显得那么熟悉，中式的房屋、中式的沿街售货摊以及各种地方风味的中餐馆比比皆是。这里的商店基本上都是华人所开，店铺内外都张挂着

美丽的莎阿南清真寺

醒目的中文招牌和广告，店内经营日常生活所需的百货、杂货等各种用品。街上茶楼、饭店、小旅馆、中药店、超级市场、华文书店等应有尽有。夜灯亮起，街道两旁挤满了小吃摊、衣物摊、手工艺品摊，在摊子空隙之间是拥挤的人群，品种繁多的中式美食深受人们喜爱。在和店主交谈中得知，他们已经是第四、第五代华侨了，但是仍然会说流利的中文，并会自豪地告诉家乡在中国的哪里。

唐人街作为吉隆坡这个城市多元文化的一部分，让世界游人感受到中华民族光辉灿烂的传统文化，享受着具有东方魅力的那种欢乐。

吉隆坡唐人街和其他国家的唐人街一样，宛如一座无形的纪念碑，忠实地记载着万千华人历尽艰辛的创业足迹和传奇般的发展经历；它永远向世人昭示着中华民族那种勤劳俭朴、坚忍不拔的传统美德。

1994 年 3 月

曼 谷 印 象

——船行东南亚之四

3月30日早上7点，"聊城"轮到达泰国曼谷港。10多分钟后，七八名泰国海关人员和移民局官员前来登记船上人员名单。他们每人都随身携带着空挎包，临走时，挎包都装满了。

不一会儿，我们和在巴生港一样，船上除了留下10多名船员装、卸货外，剩下的10多名船员都去曼谷办事。路上我问船长："如果不给他们烟酒会如何？""可能过关有点困难。"船长不假思索地回答。

巴生港和曼谷港的海关见闻，使我想到海员工作的艰辛，他们不仅要经历海上大风大浪的考验，还要经历外国海关的考验，真是难为他们了。

在曼谷办完公事后，我们便在市里闲逛起来。

导游边走边向我们介绍泰国的情况。泰国旧名暹罗，1949年5月11日，泰国人用自己民族的名称把"暹罗"

改为"泰"，主要是取其"自由"之意。6000 多万泰国人口中，华人约占 14%，泰人约占 75%，其他为马来、高棉以及苗、瑶、壮等民族。

多年来，泰国就像一个蒙着神秘面纱的女郎，隐藏在原始与现代之间，它特有的东南亚风情，吸引着世人的目光。曼谷是泰国首都和最大的城市，一群群、一栋栋金色的宫宇闪烁着灿烂的光芒，似五颜六色的宝石，向人们展示着它的无穷魅力。

曼谷号称"佛庙之都"，可谓庙宇林立。我最感兴趣的是位于曼谷市中心、紧偎在湄南河畔的泰国大王宫。大王宫又称故宫，是泰国曼谷王朝一世王至八世王的王宫。大王宫总面积为 21.84 万平方米，是曼谷市内最为壮观的古建筑群。1782 年，曼谷王朝拉玛一世开始兴建大王宫。1784 年第一座宫殿阿玛林宫建成，拉玛一世即迁入宫内主持政事，以后历代君主不断扩建大王宫，装饰也日益宏伟华丽，使其达到了现存的规模。大王宫四周筑有白色宫墙，高约 5 米，总长约 2 公里，因其错落有致的布局和精湛的建造艺术而闻名于世。大王宫门前站着两个毕恭毕敬的持枪卫兵，像是印度人。我们感到很有意思，向他们要求合个影，他们很爽快地答应了。照完相，我们走进大王宫庭院，首先映入眼帘的是大片翠绿色的草地和姿态各异的古树，草坪周围栽有一些菩提树和其他花木，鲜花盛开，满目芳菲。大王宫佛塔式的尖顶直插云霄，鱼鳞状的玻璃瓦在阳光照射下金光闪闪、灿烂辉煌。

走进大王宫第二道门，一座雄伟而瑰丽的 3 层建筑物展现在眼前，这是大王宫里规模最大的主殿——节基宫。节基宫的基本结构属于英国维多利亚时代的建筑艺术，而上边 3 个方形尖顶的殿顶却是泰国式屋顶。节基宫西面是律实宫。这是大王宫内最先

曼谷大王宫

建造的皇殿，而且是一座泰国传统建筑。律实宫里有拉玛一世王时代制造的御座和御床，被列为拉玛王朝第一流的艺术品。律实宫是国王、王后和太后等皇室成员举行丧礼的地方。节基宫东面是阿玛林宫，它由阿玛灵达谒见厅、拍沙厅和卡拉玛地彼曼殿3个主要建筑物组成，阿玛灵达谒见厅是宫廷举行召见仪式的地方，拍沙厅是君王举行加冕礼的地方，卡拉玛地彼曼殿曾是拉玛一世、二世、三世王的住宅，以后成为君主们加冕后的官方住宅。

曼谷大王宫建筑群带有浓厚的泰国特色，金碧辉煌、无与伦比，是国内外游客到曼谷旅游的首选之地。

从大王宫向东北方向走不多远，就是玉佛寺。玉佛寺面积仅有大王宫的1/4，是大王宫的一部分，也是泰国最著名的佛寺。始建于1784年的玉佛寺是泰国王族供奉玉佛像和举行宗教仪式的场所，因寺内供奉着玉佛而得名。寺内有玉佛殿、先王殿、佛骨殿、藏经阁、钟楼和金塔。玉佛殿是玉佛寺的主体建筑，大殿正中的神龛里供奉着被泰国视为国宝的玉佛像。玉佛高66厘米、宽48厘米，由一整块碧玉雕刻而成。每当换季时节，泰国国王都亲自为玉佛更衣，以保国泰民安。每当泰国政府更迭之际，新政府的全体阁员都要在玉佛寺向国王宣誓就职。每年5月农耕节时，国王还要在这里举行宗教仪式，祈祷丰收。最引人注目的是寺内四周有长约1公里的壁画长廊，上面绘有178幅以印度古典文学《罗摩衍那》史诗为题材的精美彩色连环画，并附有泰文译诗。玉佛寺内的几块大瓷屏风上彩绘着中国《三国演义》的故事，由此可见，泰国与中国的关系渊远流长。

曼谷的美丽离不开湄南河。湄南河围绕着曼谷蜿蜒而行，两岸是金碧辉煌的寺庙和郁郁葱葱的热带花木，风光绮丽。湄南河西岸的郑王庙是最富吸引力的建筑物。郑王庙又称黎明寺，泰人

曼谷湄南河

称"瓦伦阿"庙,是达信王郑昭的皇家佛寺。郑昭又名郑达信,是中国广东人,250年前,他从广东澄海出发闯南洋,最后落脚泰国。18世纪60年代缅军攻破泰都大城,大城王朝灭亡。郑达信率领以华人子弟兵为主的义勇军浴血奋战,沿湄南河长驱直入收复大城,被泰国人推举为四世泰皇。为了感谢郑达信的丰功伟绩,泰国人在他死后建庙纪念。整个郑王庙建筑恢宏壮观、气势磅礴,高达79米的郑王塔凝重雄伟,象征着伟男子顶天立地。主塔庙堂现供有郑昭王像和其遗物,殿内悬有中国式的灯笼。四周有四座形状相同的小塔环绕拱卫。参观郑王庙不仅可以欣赏湄南河的美景,更可了解泰中两国的亲缘关系和深厚友谊。

畅游曼谷,感到城市规划比较混乱,经常看到繁华的商业区中忽然会冒出一片低矮的居民区,甚至一块杂草丛生的铁丝网圈地,高楼大厦和破旧铁皮房做邻居的不和谐图景比比皆是。位于曼谷市中心的暹罗广场号称亚洲最大的商场,而与繁华商场近临的却是一条宽阔的臭水沟。这条臭水沟穿城而过,流过繁华热闹而又杂乱无章的拉差达夜市,流过庄园式的绿地公园,流过杂乱的居民区。臭水沟旁一阵阵臭气飘散,当地人似乎早已习惯。

在曼谷街头,看到泰国人很友善。我们坐了两次出租车,有一次司机是华人。无论哪个民族的司机都很和气。坐车可以讲价钱,他们也会多要上一点钱,但不管他们长相如何,都面带微笑,和善、真诚,服务也很到位,乘客尽管多掏一点钱,心里还是很高兴。

不知不觉五六个小时过去了,又到了上船的时候。总结一下对曼谷的印象:繁华、热闹、友善、有点脏乱。这个脏乱,既包括环境卫生方面的脏乱,也包括服务管理方面的"脏乱"。

1994年3月

死亡与永生：莫斯科
新圣女公墓情思

从北京乘坐 10 个小时飞机到了莫斯科，紧接着又马不停蹄地忙碌了 10 多个小时的申奥准备工作。领导考虑大家的劳累，安排第二天参观莫斯科新圣女公墓，让大家紧张的头脑放松一下。

公墓，是安葬死者的地方，怎能让人头脑放松？

带着疑问，我们早饭后从莫斯科世界贸易中心附近的中国申奥代表团驻地向西南出发，逐渐将市内申奥的喧嚣和热闹抛在车后，大约半个小时就来到红色围墙内的莫斯科新圣女公墓。

据导游介绍，新圣女公墓始建于 16 世纪，全称"新圣女修道院公墓"，因紧靠新圣女修道院而得名。开始，是教会上层人物和贵族的安息之地。据说当时彼得大帝的姐姐索菲娅公主在这里被囚并安葬于此，因此有些中国人把它叫作"俄罗斯的公主坟"。到了 19 世纪，这块

7.5公顷的公墓才成为俄罗斯各界名流的最后归宿。

在我的印象中，公墓总会给人肃穆乃至阴森、恐怖的感觉，可到了这里看到的是一座美丽的阳光花园，一座神圣的英雄广场，一座让逝者与生者亲切面谈的人间天堂；看到的是一种宁静，一种震撼，一种与众不同的形象美。参观前的疑虑渐渐消除。

绿树掩映中，到处是一尊尊极富创意的雕塑。2.6万多座名人的墓地形态各异，每一种形态都是墓主精彩人生的生动写照。公墓里，每块墓碑只镌刻着人名和生卒日期，没对墓主进行任何评价，但是浮雕将人物身份、特长和性格再现得惟妙惟肖，它让其他墓地的所有碑文和墓志铭都显得苍白累赘。整个公墓像是一座雕塑公园，仿佛是近、现代俄罗斯雕塑艺术发展的一个缩影，艺术家们的创作才华与雕刻工艺在这里得到充分发挥。能够把公墓文化做到如此极致，在全世界大概要数新圣女公墓了。

新圣女公墓树绿荫浓、鲜花朵朵，草木绿茵环绕着每个墓碑，将他们依次分开，也让他们紧紧相连。导游介绍说，在俄罗斯人的心目中，新圣女公墓不是告别生命的地方，而是心灵寄托之处，是重新解读生命、净化灵魂的天堂入口。因而，每天都有大批的市民来到这里，似乎只要在这里停留片刻，那些紧张的心灵就会得到舒展和放松，平淡无奇的生活又会重新燃起希望的烛光。

漫步公墓，这里既有苏联著名的作家、画家、舞蹈家、戏剧理论家、军事家、艺术家、科学家、政治家，也有播音员、电影演员、飞机设计师和为国牺牲的英雄，曾经对近代俄罗斯社会历史文化发展起到巨大推动作用的世纪伟人大都长眠于此，而且每个人都通过自己独特的墓碑，向世人叙述着他们不同的生命故事。

这使我想起青年时代阅读过的苏联小说《我的童年》《我的

大学》《静静的顿河》《钢铁是怎样炼成的》；唱过的苏联老歌《三套车》《喀秋莎》《红莓花儿开》《莫斯科郊外的夜晚》；看过的苏联电影《保卫察里津》《列宁在十月》《列宁在一九一八》《莫斯科保卫战》，影片中的"面包会有的，牛奶也会有的"等台词曾经风靡一时。在我们这代人中，受到苏联文化的影响，大都对苏联或多或少埋下一个美好而向往的情结。没想到几十年后来到万里之外的这些主人公的母国，见到这些作品主人的归宿之地，真是感慨万分。

轻轻的脚步行走在花木丛间的小路上，如同行进在近、现代俄罗斯的历史文化甬道中，生怕打扰了这里长眠的精英们。

走进文化名人最为集中的 2 号区，首先映入眼帘的是俄罗斯散文之父果戈里的墓地。果戈里虽然只活了 43 岁，但他写下的《死魂灵》《钦差大臣》等文学作品，使他成为当时俄罗斯伟大的语言艺术家。果戈里在世时曾再三恳求后人不要为他竖立任何墓碑，让他和大地融合在一起，但后人并没有满足他的要求，因为他对俄罗斯来说太有价值了。所以，人们隆重安葬了他，并给他修了一个墓碑。据说一个极其崇拜他的著名戏剧家说服了看守墓地的修士，将果戈里的头骨挖了出来，藏在家中并视为珍宝。当人们知道事实真相后，这位戏剧家只得将果戈里的头骨交了出来。更有戏剧性的是，后来果戈里的家人托人将头骨运到果戈里生前最喜欢的意大利时，委托人却在途中神秘失踪，如今埋在新圣女公墓的语言大师依旧没有找回自己的头颅。

果戈里墓地的邻居是 19 世纪末俄国伟大的批判现实主义作家契诃夫。契诃夫的《变色龙》《套中人》两部作品，是俄国文学史上精湛而完美的艺术珍品。幽默的契诃夫在生前曾劝告人们

奥斯特洛夫斯基墓

要珍惜生活，要知足常乐。他曾经说过：要是你的手指头扎了一根刺，那你应当高兴地说，挺好，多亏这根刺儿没扎在眼睛里……如果你心爱的人背叛了你，你应该感到万分庆幸，庆幸她背叛的是你，而不是你的祖国……契诃夫的这段话，被无数崇拜者当作人生座右铭。

在与2号区相邻的1号区，我格外留意奥斯特洛夫斯基的墓地。因为我在中学时读过他的光辉著作《钢铁是怎样炼成的》，曾为书中的内容所感动。墓碑上，他斜靠着病床，一只手放在厚厚的书稿上，饱受折磨的身体微微抬起，眼睛凝视远方……这位年仅32岁的伟大作家，1904年出生于工人家庭，因家境贫寒11岁便开始当童工，15岁上战场，16岁在战斗中不幸身受重伤，23岁双目失明，25岁身体瘫痪，他在病床上克服难以想象的困难，历时三载创作了《钢铁是怎样炼成的》。这部不朽的杰作影响了我们那一代人的人生观形成。"人最宝贵的是生命。生命每个人只有一次。人的一生应当这样度过：当回忆往事的时候，他不会因为虚度年华而悔恨，也不会因碌碌无为而羞愧……"保尔的这段名言，照亮了多少青年人前进的方向，永远闪耀着不朽的光芒。

正是果戈里、契诃夫、奥斯特洛夫斯基，以及我们参观时没有看到其墓地的托尔斯泰、普希金等这些文学大师们，像一盏盏明灯，照亮了封建沙俄统治下的夜空，点燃了俄罗斯人民渴望自由追求理想的火种。他们，应该永垂不朽。

学生时代，我还被《卓娅和舒拉的故事》感动着。这篇文章如同《钢铁是怎样炼成的》一样，曾影响了无数中国青年人。小说中的原型卓娅、舒拉以及这本小说的作者——两位小英雄的母亲科斯莫杰米扬斯卡娅也都安葬在这里。卓娅的深灰色大理石墓碑上，雕刻着这位卫国战争女英雄英勇就义时的真实形

卓娅墓

象：挺起胸膛，仰望乌云密布的天空，短发和衣襟在风中飘扬，双脚前屈，即将腾飞的姿态让人终生难忘。18 岁的卓娅在执行任务时，不幸落入德国法西斯虎口，德军不仅强暴了她，而且在她牺牲后，还残忍地割去了她一只乳房。当卓娅英勇就义的消息传到莫斯科后，斯大林给当时的城防司令朱可夫大将下达了一道命令，立即将杀死卓娅的德军步兵团的番号通报给所有的红军部队，命令说在未来的作战中，只要俘虏了这个团的官兵一律格杀勿论，不许接受他们的投降。卓娅牺牲后，她的弟弟舒拉进入坦克学校学习，毕业后以指挥员的身份参加了战斗，获得了卫国战争一级勋章和红旗勋章，在战争胜利前夕也不幸牺牲。如今，卓娅、舒拉和他们的母亲与那些在第二次世界大战中牺牲的元帅、将军都安葬在这里。舒拉墓的旁边是他母亲的墓，母亲守护着儿子、凝望着女儿，那些神态，尤其是飞天女神卓娅的神态令我终生难忘。

我们在新圣女公墓也看到少数政界人物的墓碑。赫鲁晓夫的墓碑最为奇特，由黑白两色的花岗石几何体交叉而成，人们可以将其理解为对与错、善与恶、功与过正反两面兼而有之……

在新圣女公墓里还安葬着 3 个中国人，他们是王明和他的妻子及女儿。王明曾留学苏联，被称为斯大林的学生。他在担任中共领导期间曾经犯过"左"倾机会主义和冒险主义错误，后回到苏联工作，1974 年在莫斯科去世。其俄文的墓志铭写着："王明同志，中国共产党和国际共产主义的著名活动家。"

新圣女公墓里埋葬的政治家并不多，这使得墓地少了一些政治上的争论而多了一些艺术上的美感；这里不是因为埋葬着这些政界人物而名扬海外，而这些政界人物应该为埋葬在这里而感到荣耀；对他们的功过是非，自有后人评说。

　　沉睡在这里的艺术家、表演家、歌唱家们，则让这个墓园多了一份艺术上的美感、超脱和高雅。列宁勋章和斯大林奖金获得者、苏联时期最著名的芭蕾舞大师乌兰诺娃，在《天鹅湖》《罗密欧与茱丽叶》等芭蕾舞剧中所创造的女主角，始终是芭蕾舞剧表演艺术的典范，被誉为芭蕾舞的象征和灵魂。她一生获奖无数。俄罗斯著名电影艺术大师爱森斯坦称："她强大无比，她是艺术的灵魂。她本身就是诗，就是音乐。"乌兰诺娃的墓碑是一块洁白的大理石，她优美的舞姿像一只美丽的白天鹅永留人间。

　　这位芭蕾舞演员雕塑附近是莫斯科大马戏创始人尼库林的墓地，他像刚表演完节目似的，坐在马戏团的围台上休息，面前鲜花环绕，眼睛看着卧在他面前的忠实爱犬，他手中的烟头是红色的，意为大师并未远去，只是休息一下而已。他诙谐幽默的表演总能唤起观众的激情。他去世当天时任总统叶利钦亲自在电视台公布这一噩耗，并为他举行了为期两天的国葬。

　　中国老一代人所熟悉的《伏尔加船夫曲》的歌唱家夏里亚宾也安葬在这里。夏里亚宾靠坐沙发，一手搭在扶手上，一手插在坎肩里，头略微上扬，神情专注，似乎沉醉在音乐之中。从未受过正规音乐教育的夏里亚宾有一副天生的好嗓子，被称为世界的"低音歌王"。然而，就是这样一位伟大的歌手生前在国内一直受到不公正的对待，而不得不流亡国外。据说，夏里亚宾生前曾经赌气地讲过，我连骨头也不能埋在这个国家。但是在他去世46年后，这位不朽艺术家的遗骸还是从巴黎迁葬到这里，夏里亚宾又回到了祖国母亲的怀抱。

　　乌兰诺娃、尼库林、夏里亚宾等许多中国人民所熟悉的以及其他很多不熟悉的伟大艺术家、表演家们，都在这里静静地诉说着俄罗斯民族悠久的历史和灿烂的文化。

导游介绍说，能够安葬于新圣女公墓，对俄罗斯人来说是一种无上的荣耀，意味着被民族盖棺论定为对国家有杰出贡献的精英。许多富有的新贵想用捐助巨款的方式让自己在公墓里占有一席之地，但这种企图遭到了几乎所有国民的反对，因为新圣女公墓拒绝地位和财富的显赫，俄罗斯人不允许金钱玷污圣地。

在新圣女公墓，几乎每个墓碑前总是干净整洁、放满鲜花，

新圣女公墓一角

但绝大多数并非逝者的家人、后人所为，而是非亲非故的俄罗斯市民在休闲时候为他们心中的偶像扫墓和祭奠，以表达他们对精英们的敬仰和崇拜。

公墓，原本应该是寂寂无声和宁静凄凉的逝者世界，这里却变成了展示生命价值和艺术魅力的露天博物馆。新圣女公墓不仅

是安葬死者的墓地，更是近、现代俄罗斯厚重的历史文化和雕刻艺术的精髓。

夏日的阳光透过树叶洒到千状万态的墓碑上，洒到人们敬献的鲜花果品上，闪动着无数斑斑驳驳的光点。在这宁静、美妙的墓园中，任何紧张、忧伤的心情都会荡然无存。回望那花木丛中的墓碑、2万多名精英的长眠之地，我看到的不是死亡，而是永生，是永远不灭的灵魂、长留人间的精神。

2001 年 7 月

千古之谜金字塔

——埃及纪行之一

一提到四大文明古国，人们就会联想到埃及。

埃及，这个横跨亚非两洲具有 7000 年历史的文明古国，同历史悠久、辉煌璀璨的中华民族一样，伟大而壮丽。

走进埃及，那神秘的金字塔、绮丽的尼罗河、宏伟的神庙、漂亮的红海、著名的苏伊士运河，还有那广袤无垠的沙漠以及沙漠中悠悠前行的骆驼，构成了对埃及古老、沧桑而神奇的印象。

到了埃及，首先会联想到金字塔。古代世界有七大奇观，随着岁月的流逝，有的消失了，有的倒塌了，只有那一座座神秘的金字塔还巍然屹立。目前埃及发现的 96 座金字塔，最大的是开罗郊区吉萨的 3 座金字塔。原高 146.5 米、现高 136.5 米的大金字塔是第四王朝第二个国王胡夫的陵墓，比前者低 3 米的第二座金字塔是胡夫儿子哈夫拉国王的陵墓，高 66 米的第三座金字塔是胡夫孙子门卡乌拉国王的陵墓。无边无际的戈壁旷野上，粗糙的巨石叠加成特殊的造型，结实地耸立在沙漠之中。几个坚固的庞然大物，用它的尖顶直刺苍天，威猛跋扈，神圣强悍，一种帝王之气无不显示其中。虽然几千年过去了，它们仍然显示着古人的智慧和骄傲。大金字塔群建造于公元前 2690 年左右，距今已近 4700 年，显得古老而沧桑。我们那天参观时，已是太阳西下，站立高坡远看这个塔群，胡夫的金字塔最高最大，儿子的次之，孙子的最小，落日的余晖洒在胡夫和儿子的塔尖上，呈现出两个金黄色的三角形，不见阳光略显淡黄的孙子塔巧妙地在旁边陪衬着；再向远处眺望，金字塔后边灰暗的沙海中，行走着一个长长的骆驼队，掀起一片沙尘，这个场景多像五彩斑斓的阿拉伯挂毯！

埃及金字塔

金字塔工程浩大，最大的胡夫金字塔底座每边长 230 多米，占地 5.29 万平方米，塔身由 230 万块石头砌成，每块石头平均重达 2.5 吨。据说，10 万人用了 20 年时间才得以建成。难以想象在那没有机械的远古年代，人们是如何搬运这些石块又是如何垒上去的呢？这座金字塔除了以其规模的巨大而闻名于世，更以其高超的建筑技巧而令人惊叹。塔身的石块之间没有任何水泥之类的黏着物，而是一块石头叠在另一块石头上面，到现在已经数千年，至今人们也很难用一把锋利的刀刃插入石块之间的缝隙，这不能不说是建筑史上的奇迹，不能不让人叹为观止。另外，这座金字塔的建造竟然涉及力学、数学、测量学、天文学、物理学，甚至人力资源学等各个领域，其中有一个令人惊异的地方，胡夫金字塔的底部周长如果除以其高度的两倍，得到的商为 3.14159，这就是圆周率，它的精确度远远超过希腊人算出的圆周率 3.1428，与中国的祖冲之算出的圆周率近似值在 3.1415926 和 3.1415927 之间相比，几乎完全一致！还有，胡夫金字塔内部的直角三角形厅室，各边之比为 3：4：5，不就是勾股定理的数值吗？金字塔的建造确实比较神奇，有人甚至把神秘的金字塔同变幻莫测的飞碟上的外星人联系起来，他们认为几千年前人类不可能有建造金字塔这样的能力，只有外星人才能办得到。

埃及金字塔储存着古人的智慧和骄傲，留给人们诸多思考、探索和发现的空间，也留下太多的谜团让人们去解开。

2005 年 6 月

尼罗河上好风光

——埃及纪行之二

埃及有一句古语：喝过尼罗河水的人还会重返埃及。冲着这句话，我们把尼罗河作为第二个游览点。

尼罗河发源于埃塞俄比亚高原，流经布隆迪、卢旺达、坦桑尼亚、乌干达、肯尼亚、扎伊尔、苏丹和埃及9国，全长约6700公里，是埃及的母亲河、非洲第一大河，也是世界上最长的河流。尼罗河有两条上源河流，一条是青尼罗河，一条是白尼罗河。尼罗河带着青尼罗河的湛蓝、白尼罗河的莹白，自南向北穿越埃及全境，孕育了两岸的古老文明。

尼罗河的上游主要是埃塞俄比亚，80%以上的河水是由埃塞俄比亚高原提供的。河水多数时候温柔、安静，给两岸人民带来幸福与欢乐；偶尔会变得疯狂，怒吼的河水咆哮着淹没两岸农田、冲向人们的家园，给两岸人民带来灾难，但洪水退后，又会留下一层厚厚的淤泥，

尼罗河

形成肥沃的土壤。四五千年前，埃及人就知道如何掌握洪水的规律和利用两岸肥沃的土地，所以尼罗河河谷一直是棉田连绵、稻花飘香。在撒哈拉沙漠和阿拉伯沙漠的左右夹持中，尼罗河像一条色彩绚丽的缎带，在埃及 100 万平方公里的大地上一路蜿蜒，造就了两岸绮丽的风光。

我们乘坐游轮行驶在尼罗河上，只见河水蓝得通透，洁净无瑕，宽阔的水面波光粼粼，又是那么的平静，除了游船的航迹，没有半点波浪；成群的海鸥在船头上下飞翔，似乎在欢迎远方而来的客人；两岸偶见一些漂亮的村庄和零散的民居，都被茂密的椰枣树和其他树木遮挡着；远远近近大小不一的长杆白色帆船缓慢游动，有时还从上面传来努比亚人简洁乐器伴奏的歌声；河面狭窄之处，岸边岩石上古老的壁画清晰可见……导游介绍说，青、白尼罗河汇合处的苏丹首都喀土穆风景比这段更美。站在喀土穆大桥上向下看，尼罗河水一半是蓝色，一半是白色，一河双色，蓝白分明，如诗如画。之所以有如此奇观，是因为青尼罗河发源于埃塞俄比亚的塔纳湖，它流经区域的地质含有大量的硫，因而一片碧蓝；而白尼罗河发源于乌干达的维多利亚湖，流经沼泽地带，水中大部分杂质已经沉淀，所以水色呈现白色，于是汇合处便出现了蓝白分明的奇丽景色。

　　望着美丽而温柔的尼罗河，我不禁想起20多年前看过的电影《尼罗河上的惨案》。该片改编自阿加莎·克里斯蒂的同名小说，讲述了尼罗河一艘游轮上接连发生3起命案，船上的一名比利时侦探波洛最终通过侦查找到真凶的故事。拥有巨大财富的林内特小姐同新婚丈夫西蒙一起登上了"卡纳克号"游艇进行蜜月

作者（中）乘坐游轮行驶在尼罗河上

旅行。但是当游船在迷人的尼罗河溯源而上的时候，在一个不平静的夜晚，年轻貌美又有钱的林内特在睡梦中遭到枪杀，桌上那条价值 5 万英镑的项链同时也不翼而飞。该片揭示了西方社会日益严重的犯罪问题。正值青春年华的林内特小姐自从继承了父亲的巨额财产以后，实际上已经陷入一个危机四伏、生命随时都会遭人暗算的险恶环境。资本主义社会中财富的极度不均，和人们对财富不择手段的追求以及由此引发的社会矛盾是林内特小姐送命的原因，也是这部影片所反映出来的严峻的社会现实。

尼罗河永远是风光如画。尼罗河上古老的三桅帆船，以及两岸魅影婆娑的棕榈林、驼铃叮当的沙漠绿洲以及日暮黄昏的渔歌唱晚，永远值得人们留恋和回忆，但愿尼罗河上的惨案不再发生。

2005 年 6 月

"宫殿之城"卢克索

——埃及纪行之三

卢克索被埃及人誉为"宫殿之城"。4000多年前，当第一缕阳光到达卢克索的时候，法老和他的臣民们已等待在卡纳克神庙前迎接他们心中的神灵。为了探索卢克索昔日的辉煌，我们将其作为第三个参观点。

卢克索位于开罗以南700公里处的尼罗河东岸。美丽的尼罗河穿城而过，将其一分为二。古埃及人对太阳无限崇拜，认为生命如同太阳一样东方升起西方落下，于是便形成了尼罗河东岸是神庙和居民区、西岸是帝王和贵族陵墓的特别格局，生者和死者一直隔河相望。

古埃及帝国维持了1500多年，历代国王、法老（古埃及国王）在底比斯兴建了无数的神庙、宫殿和陵墓。经过几千年的岁月，昔日宏伟的殿堂庙宇都变成了残缺不全的废墟，但人们依然还是能够从中想见它们当年的雄姿。据考古学家估计，约有500座古墓散布在卢克索

卡纳克神庙残存建筑

地区，仅尼罗河西岸著名的"帝王谷"就有64座帝王陵墓，现有17座对外开放。我们参观时发现，所有陵墓的设置格局基本相同，坡度很陡的阶梯直通陵墓走廊，走廊通向墓前室，室内有数间墓穴，放木乃伊的花岗岩石棺停放在最后一间墓穴。据资料介绍，"帝王谷"中的帝王陵墓基本属于第十八、十九和二十王朝的法老。所有的墓都是同样的模式，每位法老从登基那一天起，便开始建造陵墓。1922年被发现的图坦卡蒙墓是帝王谷中最后被发现的一座法老墓，也是唯一一座未遭破坏的陵墓。

在卢克索的古建筑群中保存最完整、规模最大的是卡纳克神庙，位于卢克索以北5公里处，因其浩大的规模而闻名世界。卡纳克神庙是法老们献给太阳神、自然神和月亮神的庙宇建筑群，有20余座大小神殿，全部采用巨石修建，规模十分宏大，仅保存完好的部分占地就达30多公顷。卡纳克神庙中最高的建筑是一座 29 米高、323 吨重的方尖碑，它是古埃及第十八王朝女王哈特谢普苏特建造的。她执政 21 年间埃及和平强盛，为了证明自己执政的合法性，在太阳神庙立了这座方尖碑，现在还可以看到碑的上端刻有她接受太阳神抚摸的画面。

早晨，当金色的阳光射向卡纳克神庙中的方尖碑、穿过高大的塔门后，先是染红多柱厅盛开的莲花大圆柱，然后投射到拉美西斯三世的神殿上。再过一会儿，阳光就移到排列整齐的狮身公羊（传说是阿蒙—瑞神的化身）头像上，每只狮身公羊头像下都站立着一个小小的法老，接受着神的庇佑。卡纳克神庙之所以如此著名，不仅因为它的壮丽，而且因为它的建筑元素，例如大圆柱和轴线式设计，先后影响了希腊和世界的建筑风格。

卡纳克神庙让人们着迷的不仅是方尖碑、盛开的莲花大圆柱，还有刻在柱上、墙上的那些优美的图案和象形文字，更有历经 3000 多年不倒的巨大石柱。要真正认识卡纳克神庙、了解卡纳克神庙，是要用心来阅读的。

2005 年 7 月

风光绮丽的红海

——埃及纪行之四

离开卢克索，我们来到红海。

红海位于非洲东北部与阿拉伯半岛之间，形状狭长，从西北到东南长约 1900 公里，最大宽度 306 公里，平均深度 558 米，最大深度 2514 米。红海北端通过苏伊士运河与地中海相连，南端通过曼德海峡与亚丁湾、印度洋相连。红海是连接地中海和阿拉伯海的重要通道。

站在红海岸畔，深深地为它的美丽所震撼。红海岸边，是层林叠染、连绵不绝的山峦，与海岸遥相呼应，二者之间是宽阔的平原；近处的海滩上，是一片白色细沙，细沙滩上到处是形状各异的遮阳伞和躺床、靠椅，随处可见身着泳装的各种肤色的游人躺着休息，享受着日光浴，欣赏着金沙、蓝天、碧水、海景；附近的水面上，波光粼粼，清澈透明，一眼能够看见 10 多米深的海水；稍远的海中，一艘艘汽船、帆船来来往往，海水中很多游泳的人扯起红色、白色、黄色风帆的滑板在细浪中缓缓滑行，成群结队的海鸟围绕船只和游人盘旋飞翔……多么美妙的一幅海景图！

不一会儿，我们乘着游轮畅游红海。船上海风吹拂，柔软舒适，仰望湛蓝的天空，看着碧蓝的大海，更觉神飞气爽。遇到其他游轮上的人相互热情地打着招呼，偶尔碰到中国游客更是高兴得欢呼起来。

在导游的带领下，我们纷纷跳进海中游泳。海面在阳光的照射下波光潋滟、色彩斑斓。清澈见底的海水下面，生长着五颜六色的各种海洋生物。珊瑚千姿百态，有的像五彩斑斓的花朵正在开放，有的似漂亮的扇子左右摇摆，有的如同孔雀在开屏，有的又像小姑娘那样亭亭玉立，它们层层叠叠地簇拥在一起，美丽异

海鸟绕船盘旋飞翔

红海中的游鱼

常；身披彩衣的热带小鱼更是形态多样，或头圆尾短，或嘴如长剑，它们欢快地在水中漫游，或嬉戏玩耍，或轻吻珊瑚，或卧礁窥探，或嘴衔海草……过去我曾在其他海中游泳，从未见过这样奇异的景象，千姿百态的红海海底世界，无不令人迷恋与沉醉。

2005 年 7 月

苏伊士运河的背影

——埃及纪行之五

离开红海，我们乘车返回开罗。大巴车在红海岸边的公路上飞驰。右边是蓝色的大海，左边是绿树绿草。行驶一段时间，左边的绿色渐渐消失，继而是一片荒无人烟的黄色沙漠。又过了一段时间，便到了苏伊士湾，远远地看见苏伊士运河里的行船。

苏伊士运河扼欧、亚、非三洲交通要冲，沟通红海和地中海、大西洋、印度洋，具有重要战略意义和经济意义。1859—1869年由法国人投资开挖，埃及数万民工因此丧生。后英、法共同掌握运河经营权，掠走巨额收益。1956年，埃及总统纳赛尔宣布运河国有化，便先后爆发了英、法、以三国侵埃战争和阿、以战争，运河一度封闭停航多年。后来埃及政府耗资约20亿美元对运河进行大规模扩建，使通航能力显著增加。扩建后运河长度为195公里，最大宽度为365米，能够通过28万吨满载油轮，运河年收入约 20 亿美元。

　　我以前只是在书籍和有关资料里知道苏伊士运河的情况，在电视中看到过苏伊士运河的面貌。现在虽然远处望见苏伊士运河里的行船，心情还是激动不已，因为终于看到了它的部分模样，请司机在离运河最近的地方停下，以运河为背景拍了 10 多张照片。

苏伊士运河

　　大巴车进入开罗市区，我看到一个奇怪现象：不少房子从外观来看大都没有完工，门窗未刷漆，房顶钢筋外露，像似"烂尾楼"。可是从窗口及阳台向里看却是住上了人，而且屋里装修得相当不错。导游告诉我们，这是当地开发商为了逃避房产税而想的歪招，因为没有完工的房子不用交税，于是就出现了很多房子永远不会完工、一直停留在建设之中的奇怪现象。

　　埃及人的逃税办法，让我想起在报刊和电视中看到世界上其他一些地方的逃税高招：阿姆斯特丹很多房子正面和窗户都是细长的，这是因为过去当地有一条奇怪的法律，房产税按门面的面积征收，门面越大缴税越多，很多阿姆斯特丹人为了逃税都将门面做小；法国阿维尼翁有的地方以前征税是按窗户多少来收取的，所以那里不少人建房尽量少留窗户，但为了房外美观，就在原本应该开窗的地方画个窗户图形，这和埃及人的逃税办法有异曲同工之处。

　　回顾几天游历，我不禁沉思：红海、卢克索、尼罗河、金字塔的古老与美丽，开罗"烂尾楼"的狡诈与难看，这是现实中的埃及吗？

　　回望苏伊士运河远去的背影，以及远去的那些名胜，我不禁感慨无限：在埃及七千年文明岁月里，曾经有过多少次兴衰？我想直到你看过、了解过这些名胜的过去及其背后的故事，你才有可能真正认识埃及。

2005 年 7 月

波澜壮阔的南非好望角

南非，地处南半球、非洲大陆最南端，陆地面积达120多万平方公里，其东、南、西三面被印度洋和大西洋环抱，地理位置极其特殊。

来到南非，前几天游览了3个首都——行政首都（中央政府所在地）比勒陀利亚、司法首都（最高法院所在地）布隆方丹、立法首都（议会所在地）开普敦，看了南非最大野生动物园克鲁格国家公园和囚禁南非前总统纳尔逊·曼德拉达数十年之久的罗本岛。早上登攀了开普敦桌山，在山上观看了奇异的花草和蹄兔等不知名动物、瞭望了海湾美景之后，便迫不及待直奔好望角。

为什么说"迫不及待直奔好望角"？因为我在初中时学地理，经常和同学们玩"找地点"游戏。所谓"找地点"，就是几个同学一起在地图上寻找国内外的某一地名或山名、城市名、国家名等，看谁在一定时间内能找到、先找到这个地方，这也是老师教给我们的一种学习地

克鲁格国家公园

理的好方法。由于好望角这个地方地处南非最西南端，也是非洲最西南端，又很小，第一次寻找时，我和同学们都没有找到，所以我对好望角记忆非常深刻。因为这个地方离中国太远，当时根本没有想到以后能到达这个地方，以后又听说这个地方经常出事，所以这次来非洲时格外激动，想尽快看看这个特殊而神秘之地。

　　好望角距开普敦市52公里，一路上，导游在车里介绍着好望角的惊险及其名字的由来。

　　传说，古希腊时有一个叫亚当阿斯特的英雄，讨厌神王宙斯的统治，联合他人反抗宙斯。宙斯派众神打败亚当阿斯特，将其流放到世界尽头，埋在火山群峰之下。亚当阿斯特最终化为峥嵘的山岳——如今的好望角。亚当阿斯特怒气难消，日夜咆哮，将经过这一带海域的船只打沉、掀翻。据说现在好望角的风暴，就是亚当阿斯特所为。

1487 年 8 月，葡萄牙航海家迪亚士率领船队经过这里遇到狂风暴雨、惊涛骇浪，几乎使整个船队覆没，迪亚士便将此地称为"风暴角"。1497 年 11 月，另一位葡萄牙探险家达·伽马率领船队经过这里成功驶入印度洋，1499 年 9 月又满载黄金、丝绸经过这里成功返回里斯本，葡萄牙国王约翰二世便将"风暴角"改称"好望角"，以示经过此海角就能带来好运，从此好望角成为欧洲人进入印度洋的海岸指路标。然而，没有想到，迪亚士于 1500 年再次途经好望角时，一场大风浪让他葬身于此。好望角的脾气时好时坏，风和日丽时，景色十分壮美；发怒之时，会出现"杀人浪"，这种波浪弱时 5—6 米高，强时高达 15 米以上，浪头犹如悬崖峭壁，排山倒海，受其侵袭而蒙难的海船不计其数，

好望角

是世界最危险的航海区域。

车行不到 1 个小时，就到了好望角自然保护区。这个自然保护区始建于 1939 年，占地 7750 公顷，海岸线绵延 40 多公里，有 100 多处海滩，被誉为世界上最美丽的景点之一。自然保护区由西向东分成 3 个部分，即好望角、麦克莱尔角和开普角。

下车前行不远，就见一座灰黑色的山崖依偎在烟波浩渺的大海旁边。山崖旁边竖有一块横长条的标示牌，上面用英语等不同文字书写相同的内容：好望角，非洲大陆最西南端，东经 18° 29′ 51″ —南纬 34° 21′ 25″。我过去总以为好望角在非洲最南端，看了这个标示才知道，好望角不是在非洲最南端，而是在非洲最西南端，没想到来到好望角的第一个收获竟然是纠正了我几十年的一个错误认识。

好望角是一条细长的岩石岬角。仔细观看那山崖，只见奇石兀立，层层叠叠，如同被刀子横七竖八地乱切乱割过一样，亿万年日晒夜露、风吹雨打，使得岩石日益风化，像全身刻满道道皱纹，不知何时，将会轰然倒塌。

好望角是聆听大海声音、认识大海真面目的最好去处。

我们正巧赶上一个好天气。站在海边高高的岩石上，向南眺望这片印度洋和大西洋交汇的地方，只见海天一色，浩瀚无垠、壮阔无比。远处，蔚蓝色的海面映衬着明丽的阳光，闪闪烁烁，波影粼粼，宛如万条金蛇在蠕动；近处，一道道、一层层银白色的浪潮排山倒海般地卷来，像千军万马前赴后继地奔涌，不断地撞击着岸边的礁岩，数不清的海鸟追逐着向前滚动的海浪，或叼啄浪花，或上下飞翔，或左右盘旋，像在编织着一幅神奇而美丽的立体海景图。如此波澜壮阔的场景，平生第一次见到。不光是我头一回看到这样震撼人心的景象，我们同来的游人都是首次看到这样的场面，人们不停地在此拍照留影。

好望角两边的风光也是奇丽无比。东边是一弯银白色的沙滩，细沙绵软，雪白的海浪一波又一波地拍打着海岸；西边是怪石嶙峋，成群的海鸟站在大卵石上栖息、寻食，大大小小的鹅卵石上遍布着几十厘米宽、十几米长的大海带，这些海带是大海涨潮时被海水冲上岸来的，如此奇异的景象令人心醉。

游览了好望角，我们又乘车向东几分钟来到好望角自然保护区的另一景点开普角。爬上山去，一座古老的灯塔耸立在眼前，日复一日、年复一年地指示着过往船只的航向。灯塔下边，竖立着一个箭形标示牌，标示着世界上十个著名城市距离灯塔的距离，其中北京是 12933 公里……

登上山顶向下看，岸畔的山崖如同刀劈斧削，陡峭直立，悬崖下海浪飞溅；向东看，茫茫大海，碧波浩渺，和远边的天空连成一片；向西看，沧桑而凝重的好望角，像一只孤独的臂膀伸向大海，微白的天空下显得苍黑似铁，亿万年来无所畏惧地抵御着海风海浪的打击，承受着暴雨烈日的雕琢，其周边的海浪拍打着岩石，掀起的浪花如同一条细长的白色飘带。这时我的脑子里又出现了那种巨浪滔天、货船被大海掀翻后又撞向好望角的惨烈画面……

我的心灵深深地受到震撼，这就是大自然的鬼斧神工，它冥冥中打造的好望角，无比强大也无比壮阔，无比雄浑也无比坚韧，规律恒久不变，时光万古长青！

2005 年 7 月

莱茵河和多瑙河

——洒落在阿尔卑斯山脉的明珠之一

雄伟壮丽的阿尔卑斯山脉，如同一条偌大的彩色玉带横亘在欧洲大陆的中南部。

慕尼黑、新天鹅堡、因斯布鲁克……一个个城市、一座座城堡，像是一颗颗耀眼的明珠，洒落在阿尔卑斯山脉的湖光山色之间。它们向世界游人不仅展示着今日的光彩，而且还呈现着昔日的辉煌。

2012年，我和家人第一次到欧洲旅游。我们披着金色的秋光，行走在这块美丽的土地上。

我家有一位亲戚住在科隆附近，我们到德国后，先在那里逗留了几天。

9月25日早上7点，我们开车从科隆出发，沿着莱茵河东岸向东南方向的阿尔卑斯山脉驶去。

看到莱茵河，望着莱茵河清净澄澈的流水，我的思

科隆城中的莱茵河

绪一下子飞回几十年前。中学的地理课本上就讲到它，中文译音
"莱茵"二字发音很美，所以我对它有着一种特别的情结，一直
萦绕于脑海之中。

　　莱茵河，确实像它的名字一样动人美丽。从瑞士境内的阿尔
卑斯山奔腾而下的莱茵河，流经列支敦士登、奥地利、法国、德
国和荷兰，最后在鹿特丹结束它的旅程，投入北海的怀抱。惠泽
多国的莱茵河对德国情有独钟，将一半的身姿留在了这里，塑造
了莱茵河最美丽也最富有传奇色彩的一段风姿，成就了德国境内
无数的美景和美丽的城镇。美因茨、科布伦茨、波恩、诺伊斯、
科隆……每一个名字的后面，都是令人惊艳的历史、美丽如画的
风景和引人入胜的故事。

　　德国的高速公路多数地段不限速度，自驾车以150公里以上

的时速飞驰。一个个葡萄园层层有序排列，一座座小城镇以桁架建筑引人注目，一处处古城堡点缀着绿水青山，一片片山坡地绿草如茵、牛羊成群，莱茵河畔美不胜收的风光让人目不暇接。不知不觉过了四五个小时，离阿尔卑斯山脉越来越近了，一条绿色河流横在前面。

"这是多瑙河"，开车的孩子一边给我们当讲解员，一边特意放慢了速度，让我们多看一眼这条世界闻名的河流。

又一个熟悉的名字！也是在几十年前的中学课本上知道的。当时对这条河印象也颇深，主要原因有二：一是奥地利作曲家约翰·施特劳斯的《蓝色多瑙河》圆舞曲老少皆知。二是河名比较特殊，怎么叫"多瑙"？曾在同学中发生争论，有的说因为这条河里有很多玛瑙，所以叫多瑙河；有的说源于一个悲壮的故事，很久以前有一位武艺高强的壮士，名叫多瑙伊万，他娶了女英雄娜塔莎为妻，在婚礼上向人夸口自诩天下无敌，新娘嘲笑他太傲慢，他为了挽回面子与妻子比武，结果被妻子击败，他恼羞成怒竟失去理智一箭将妻子射死，后来悔恨交加饮剑自刎，他的血缓缓流淌变为滔滔长河，人们就将此河以他的名字为名，叫作多瑙河。

多瑙河，是欧洲仅次于伏尔加河的第二长河，也是世界上流经国家最多的河流，像一条蓝色飘带蜿蜒在欧洲大地上，莫扎特、海顿、贝多芬、歌德等世界艺术大师都用自己的方式充满激情地表达了对多瑙河的赞美和爱慕。

多瑙河发源于德国西南部的黑林山东坡，自西向东流经奥地利、捷克、斯洛伐克、匈牙利、塞尔维亚、保加利亚、罗马尼亚、乌克兰。沿岸城市包括一些国家首都，如奥地利的维也纳、斯洛

多瑙河 刘学红摄

伐克的布拉迪斯拉发、匈牙利的布达佩斯和塞尔维亚的贝尔格莱德都靠它发展经济。据说多瑙河经常变换颜色，河水在一年中要变换 8 种颜色，6 天是棕色的，55 天是浊黄色的，24 天是铁青色的，38 天是浊绿色的，49 天是鲜绿色的，47 天是草绿色的，37 天是深绿色的，109 天是宝石绿色的。这只是一种传说，传说往往带有虚构和夸张，往往说得很神秘，引起人们的好奇和向往。施特劳斯将多瑙河说成蓝色是受匈牙利诗人贝克普的影响。贝克普在他的诗中这样写道："这是多瑙河两岸的幸福吗……在美丽的蓝色多瑙河畔有宁静的故乡。"施特劳斯正是受这一优美诗句的启发，才为他的作品取名为《蓝色多瑙河》。法国著名科幻小说家儒勒·凡尔纳曾写过一部名叫《美丽的黄色多瑙河》的作品，他在和出版商赫泽尔父子的一次谈话中说："我也愿意将多瑙河描绘成是蓝色的，可是河水卷带了两岸冲积平原的泥土，因此它不可能是蓝色的。"其实，蓝色也好，黄色也好，这并不妨碍两位作者用不同的创作语言来描写多瑙河的美丽。而据地理学家说，多瑙河确有颜色多变情况，这种神奇的现象可能是河流本身的曲折多变以及在大气和光线折射条件下形成的……

　　汽车开始爬坡，进入起起伏伏路段，忽上忽下的颠簸打断了我的遐想。透过前窗玻璃，隐隐看到前边的城市和远方的山峦，阿尔卑斯山脉北麓的慕尼黑快要到了。

　　我突然发现，慕尼黑的天空是那样的晴朗、那样的湛蓝。可能是这里的航空业发达的缘故，天上的飞机特别多，一架架飞机后边，留下一道道细细的、优美的白线，有的地方形成"×"字形，有的地方形成"井"字形。不一会儿，白线渐渐扩散，形成一条条前窄后宽的白云，慢慢地消散在湛蓝的天空。远处的阿尔卑斯山脉，在蓝天白云的映衬下，像图画一样嵌立在两片森林中间的开阔处。

2012 年 9 月

慕尼黑的啤酒节和奥林匹克公园

——洒落在阿尔卑斯山脉的明珠之二

到达慕尼黑这天是 9 月 25 日，正巧赶上慕尼黑啤酒节。

慕尼黑啤酒节又称"十月节"，首次举办于 1810 年 10 月 12 日，是为了庆祝巴伐利亚王太子路德维希一世和萨克森—希德伯格豪森公主特雷莎的婚礼，后来固定成十月节。虽然称为十月节，但是大部分时间都在 9 月下旬开始举办，持续两周，到每年 10 月的第一个星期日停业。这期间，世界各地多达 500 多万宾客来此欢度啤酒节。100 多年来每逢 9 月末到 10 月初，全城街头啤酒小吃摊林立，人们坐在长条木板椅上，手捧陶瓷大杯尽情畅饮，整个城市一片欢腾。近年来，为了招徕更多的国内外游客，慕尼黑几大啤酒厂于节前在特蕾西娅草坪广场上搭起巨大的啤酒大篷，每顶大篷里放有长条木桌和板凳，还搭着一个临时舞台，由民间乐队演奏欢乐的民间乐曲。大篷一般可容纳三四千人，最大的有六七千个座位。酒客们吃着香肠、喝着啤酒、互相碰杯，欢呼声此起彼伏，一浪高过一浪，响彻大篷内外，鼎沸的声浪像要把大篷掀翻……

看到德国人乃至整个欧洲人如此酷爱啤酒，我联想到他们以牛奶配面包、猪肘香肠配土豆的饮食习惯，又联想到世人羡慕的炸、煎、炒、烹的中餐。中餐是什么？就是《舌尖上的中国》那样，让老外们馋得直流口水。我到德国不习惯他们饮食，尤其不习惯牛奶面包加香肠的早餐，为此，年近七旬的亲戚经常早早起床为我做稀饭，使我十分感动，又过意不去……

扯远了，还是回到啤酒节上。我们来到一条小巷中的宫廷啤酒屋，这个啤酒屋虽然隐蔽，但依然抵挡不了人们来此畅饮的欲望。宫廷啤酒屋是 1589 年威廉五世公爵为了酿造一种符合他个人口味的淡啤酒而建造的。啤酒屋外面看起来不大，里面却很宽敞，可以容纳几千人，并且分成几个不同风格的大厅：一楼大厅非常宽敞，高耸的屋顶上绘有精美的绘画；二楼是宴会厅。1920 年 2 月 20 日，纳粹党的前身——民族社会主义德国工人党大型会议在这里举行，据说当年希特勒多次在这里进行演说。

庭院里，有一处栗子树环绕的露天啤酒花园，穿着巴伐利亚传统服装的男女侍者每人两手同时拿着多个超大啤酒杯在人群中不停穿梭，酒客们一边喝着啤酒，一边听着巴伐利亚风格的现场演奏，心情无比愉悦。我想，世界各地大量游客之所以在慕尼黑啤酒节涌入这里，不仅仅是为了喝上几杯口感绝佳的慕尼黑啤酒，还主要想领略这里独特的民族风情、感受那种欢快的热闹氛围。

慕尼黑位于德国南部，是巴伐利亚州首府、德国第三大城市，值得游览的地方很多。这里不仅有王宫区（包括王宫、王宫博物

慕尼黑啤酒节

馆、屈维利埃剧院等）、玛丽亚广场（包括慕尼黑新市政厅、老
市政厅、彼得教堂等），还有慕尼黑大学、奥林匹克公园等著名
景点。上述多数地方我们只是走马观花地看了一下，因为我国举
办北京奥运会不久，心中的奥运热情并未完全消散，我们特意重
点参观了奥林匹克公园。

　　那是1972年，德国迎来自1936年后的首次国际性赛事——
第20届夏季奥林匹克运动会。36年前的第11届夏季奥运会在
柏林举办，虽然组织得比较成功，但它为德国法西斯施放和平烟
幕起了推波助澜的作用，客观上替希特勒作了粉饰和宣传。奥运
会3年以后的1939年9月，德国法西斯发动侵略战争，给包括
德国人在内的全世界人民带来灾难。国际奥委会在事隔18年之
后，在纪念奥林匹克运动60周年发表的44号公报中，承认当

时在纳粹主义十分嚣张的德国举办奥运会是不适宜的。1972年，为了办好第20届夏季奥运会，慕尼黑专门建造了一座宏大的奥林匹克公园，设计者别出心裁地将拥有6200个席位的奥林匹克体育场、一座游泳馆和一座奥林匹克体育馆，用一个巨大的透明树脂玻璃建造的不规则帐篷形屋顶覆盖起来，成为设计史上的一大突破。同时还修建了一座德国最高的塔——290米高的奥林匹克电视塔，在其190米高的地方还建有3座瞭望台和餐馆。站在瞭望台上向南眺望，雄伟美丽的阿尔卑斯山脉清晰可见。

慕尼黑政府为了向世界展示联邦德国自信乐观的形象，对第20届奥运会进行了巨大的投入，并将奥运会口号定为"快乐奥运"，会徽设计成一个"明亮的太阳"。没想到原本顺利进行的奥运会在进入最后一周的时候，巴勒斯坦恐怖组织"黑色9月"的

慕尼黑奥林匹克公园

几名成员在奥运村射杀了两名以色列运动员，并劫持 9 名运动员作为人质，要求以色列释放关押的巴勒斯坦政治犯。德国安全部门虽然全力营救，但还是没有成功，最终导致所有人质被杀，大部分恐怖分子也饮弹自尽。奥运会本应该给人们带来欢乐，可这届奥运会却成为人们沉痛的记忆。

参观慕尼黑奥林匹克公园，想到这届奥运会的惨案，让我又想起南非第一位黑人总统、诺贝尔和平奖获得者纳尔逊·曼德拉。他曾经把一首诗送给即将出征橄榄球世界杯的本国队员。其中"命运的主宰""灵魂的统帅"这两句令人难忘，这既是他对 27 年囚徒生活中个人意志的总结，也是他渴望用体育来改造国民性的殷切期待。事实上，也正是在 1995 年那次橄榄球世界杯赛，曼德拉以宽广的胸怀把一度面临更名甚至解散的以白人为主的球队，变成了一支代表新生的祖国和全体国民的球队。他以体育为桥梁，用一场场体育赛事的胜利和荣誉化解了一触即发的新的种族冲突，使南非避免了冤冤相报的仇杀，让这个饱受种族隔离之苦的国家走上了种族和解、社会和谐发展的正轨。可见，体育的魅力可以勃发成为影响社会发展进程的动力！

我想，如果每一个国家的领导者、每一个组织的领导者都能有曼德拉那样的宽广胸怀多好啊！愿慕尼黑奥林匹克运动会上的惨案永远不再发生，让慕尼黑奥林匹克运动会"快乐奥运"的口号变为现实，让我们永远记住生活在"同一个世界"的人们，应该有"同一个梦想"。

奥运的圣火是不熄的，它将永远燃烧下去！

2012 年 9 月

行进在阿尔卑斯山脉

——洒落在阿尔卑斯山脉的明珠之三

早上 8 点，我们从慕尼黑出发，去新天鹅堡。

通往新天鹅堡的路，是一条带有一定坡度的弯弯曲曲的森林小道。行驶不久，转过几个大弯，就进入连绵起伏的阿尔卑斯山脉了。

这条耸立在欧洲南部的著名山脉，西起法国东南部的尼斯附近地中海海岸，呈弧形向北、东延伸，经意大利北部、瑞士南部、列支敦士登、德国西南部，东至奥地利的维也纳盆地。山脉长约 1200 公里，西边宽度 120 公里左右，向东渐宽，最宽处 200 公里左右。它除了主山系外，还有 4 条支脉伸向中南欧各地：一条向西，伸进伊比利亚半岛，称为比利牛斯山脉；一条向南，称为亚平宁山脉，它构成了亚平宁半岛的主脊；一条向东南，称为迪纳拉山脉，它纵贯整个巴尔干半岛的西侧，并伸入地中海，经克里特岛和塞浦路斯岛直抵小亚细亚半岛；

绿色的阿尔卑斯山

一条向东北，称为喀尔巴阡山脉，它在东欧平原的南侧一连拐了两个大弯，然后伸向黑海之滨。

汽车穿过一片杂木森林，又出现大片山坡草地和少量湖泊，时而见到少数村庄和几户、十几户农家，公路旁边为数不多的木房子孤零零地坐落在宽广的草地上，偶尔也看到较高的教堂。村庄与零散农家房屋的颜色大多是黄色和红色，与十分显眼的白色哥特式教堂交相辉映，点缀着起伏不定的巍峨青山，形成一条偌大无比的美丽山水画廊。

透过车窗的玻璃，凝望着眼前的阿尔卑斯山脉，我不由得想起《阿尔卑斯山：自然的巨人》这部电影片。这是一部纪录片，美国人拍摄的，一个美国人，不知为什么要跑到欧洲来拍这样的一部纪录片？是他们的祖先来自欧洲？还是阿尔卑斯山脉的美丽风光吸引了他们、打动了他们？影片取材于约翰·哈林三世的文学作品《艾格峰之困：面对杀害我父亲的山》，讲述的是他父亲约翰·哈林二世 1966 年在攀登艾格峰北壁时因绳索断裂而遇难的故事。影片中展现了瑞士境内的阿尔卑斯山脉奇丽的自然风景，并对阿尔卑斯山脉的形成、对欧洲气候的影响以及雪崩和救援作了详尽的说明。据说那些惊险的镜头都是现场拍摄的。40年后，当电影再现艾格峰往事的时候，导演说服哈林三世再到故事现场看一看，哈林三世带着妻子和女儿千里迢迢来到艾格峰下，心情复杂，感慨良多。此部电影通过哈林三世的心路历程，展示了人与山、山与山、人与人之间的关系，是依恋，还是敌对？给了人们深刻而有益的启示。

汽车一个转弯，把我从遐想中拉了回来。再看眼前山脉，又是一番景象：林木层层叠叠，五颜六色；山峦连绵不绝，层次分明；山脚下那长长的坡地，是大片的牧场，依着山势绵延而去。那些不知名的湖泊、河流，忽隐忽现地出现在树林中或草地上，颜色是晴空般的碧蓝，湖面、河

美丽的阿尔卑斯山

面倒映着林木和山峰。不过,山脉并不雄伟,海拔大多在千米左右。它不像同是第三纪时期的喜马拉雅山脉、安第斯山脉那样高大壮丽,但它对欧洲地理位置的划分却很重要。它的山脊将欧洲隔离成几个区域,又是莱茵河、多瑙河等许多欧洲大河支流的发源地。从阿尔卑斯山脉流出的水最终注入北海、地中海、亚得里亚海和黑海。由于其弧一般的形状,阿尔卑斯山脉将欧洲西海岸的海洋性气候带与法国、意大利和西巴尔干诸国的地中海地区隔开。不过,我们在出发前"做旅游功课"时从资料上看到,阿尔卑斯山脉的最高峰也达到 4000 米以上,坐落在从瑞士—意大利边界白朗峰以东的大圣伯纳山口到科莫湖以北的施普吕根山口这一地段,有的山峰高达 4200 多米,其中魏斯峰达到 4505 米,很多山峰岩石嶙峋、角锋尖锐、挺拔峻峭。我们的旅游安排上有瑞士—意大利的行程,或许能在那里一饱眼福呢。

2012 年 9 月

梦幻般的新天鹅堡

——洒落在阿尔卑斯山脉的明珠之四

上午不到 9 点，我们就到了新天鹅堡景区。

这里，距菲森镇约 4 公里，离德国与奥地利边界都很近。

新天鹅堡全名叫新天鹅石城堡，是巴伐利亚国王路德维希二世的行宫之一。路德维希二世是茜茜公主的表弟，据说他很喜欢茜茜公主，在这座城堡修建期间，茜茜公主送给他一只瓷制的天鹅以示庆祝，于是路德维希二世就将城堡命名为新天鹅堡。当然，这只是一种传说。由于它是迪士尼城堡的原型，因此也有人称它为白雪公主城堡。据说德国有 1.4 万多个城堡，世界上没有一个国家拥有这么多的城堡。在德国众多的城堡中，最著名的就是新天鹅堡了。

来到山脚下，远远地就望见绿色山腰上一座庞大的白色建筑，在蓝天白云的映衬下，犹如一只圣洁高雅的

远看新天鹅堡

白色天鹅从天空落下，场面令人震撼。我们在惊叹新天鹅堡雄伟壮观的同时，禁不住怦然心动也想化身天鹅马上飞临它的身边，近看它那绝世美丽的真容。

我心灵受到震撼，不仅是因为新天鹅堡的建筑之美，还受其主人公国王路德维希二世的故事感动。我很早就得知，新天鹅堡脚下有个旧天鹅堡，这是一座德国浪漫主义时期的经典建筑，是当年路德维希二世的父亲马克西米连二世花巨资购买下来的。路德维希二世出生于 1845 年 8 月 25 日，他从小就在这里学习和玩耍，在这里度过了生命中最重要的时光。这里的浪漫主义风格对路德维希二世的性格造成了一生的影响。他喜欢各式歌剧和舞台剧，并为德国著名的舞台剧作家瓦格纳的剧本深深打动，成了瓦格纳的忠实崇拜者，还写了不少歌颂善良战胜邪恶的剧本。也就在这里，路德维希二世接见了瓦格纳，竟然萌生了要修建一座城堡并在里面为瓦格纳建造一个歌剧厅的想法！或许正是出于这种执着，路德维希二世在登基后的第6年就开始修建新天鹅堡了。

我们急切地向山上走去。路上不时地有马车拉着上、下山的游客来来往往，各种肤色的游客谈笑风生，感慨兴奋之情无不溢于言表。上山的路是一条弯道，两边高大茂密的树木挡住了远望的视线，转过一个急弯后，雄伟高耸的新天鹅堡立刻呈现在面前。

由于游客太多，参观分时段进行。我们排队买到门票后，等了20多分钟才开始进入。新天鹅建于1869年，堡内共有360个房间，其中只有14个房间依照设计完工，其他346个房间则因为路德维希二世在1886年逝世而未完成。路德维希二世亲自参与了城堡的设计，将城堡建成了他梦想的童话世界，而他的设计

近看新天鹅堡

灵感则来自瓦格纳的著名歌剧《天鹅骑士》。在他的心目中，天鹅象征着纯洁，因此天鹅成了城堡内的装饰主题，日常用品包括帷帐、壁画都装饰着天鹅，连盥洗室的水龙头也制造成天鹅形状。城堡内的生活用水，是在堡上200米高山谷中建造的蓄水池里流出的清水，利用高处自然水压提供全堡的用水。此外，厨房内侧设有锅炉房，整个宫殿因此而变得温暖。设计者考虑冬季光靠暖风温度不够，另外增设了卷吊装置，将暖炉的燃料送至各个层楼。

参观从二楼"红色的回廊"开始。厅内地面覆盖着红色地毯。在路德维希二世生前，城堡中没有放置自己的肖像。直到1988年路德维希二世去世100多年后，人们才将慕尼黑的路德维希二世俱乐部铸造的一座他的塑像放置在此，让每一位游客能在参观前先目睹一下这位城堡建造者的尊容。厅旁是仆人房间，里面有五间双人房，房内都有成套的家具，两人共用一间。家具是用橡木为材料，可见国王对仆役的照顾非常不错。

参观新天鹅堡，不能不看歌剧厅。路德维希二世一生迷恋瓦格纳的歌剧，以至于在他的新天鹅堡里专门为演出瓦格纳的歌剧而建造一个歌剧厅。我们慕名来到四楼歌剧厅，只见前厅气度非凡，格调和装饰金碧辉煌，墙上的油画所表现的内容大多以婚姻爱情为主。歌剧大厅宽敞豪华，四周同样布满壁画，许多内容表现的是罗恩格林、帕西法尔等中世纪骑士的传说故事。瓦格纳就是以这些传说为题材，创作了同名大型歌剧。路德维希二世建造这个大厅，就是想在这里终生享受瓦格纳的歌剧，可结果并未使他如愿，他一生也没有在这里看过一场演出，直到他离世60年，才在这里演出了瓦格纳的剧目。

国王起居室是新天鹅堡的重要设施，也是最主要的参观点。

对没有电梯的 18 世纪来说，国王的房间设在二楼更为方便而合理。所以，参观者经常提出这样的问题，为什么路德维希二世将他的起居室设在四楼？原来，中世纪战争频发，当时的武器射程不远，敌人的袭击往往首先进攻较低的楼层，为了保证生命安全，每位君主都会把自己的生活与起居处设在武器的射程之外，路德维希二世国王也不例外，所以他选择了这样的设计。

起居室的一边是加冕堂，此堂富丽堂皇。马赛克地面上绘有状如地球的椭圆球体，还有很多动物和植物图案，象征着美丽富饶的大地。大厅穹顶上绘有太阳和星辰，象征着浩瀚无垠的宇宙。大厅中央高悬着一个枝状大吊灯。这个吊灯支架由黄铜所制，枝头上可以点 96 支蜡烛，象征着国王的权威。这个枝状吊灯重约 900 公斤，以铁制的链条和一个可以移动的滑轮锁安装在大厅顶端，可以自由升降，用来清洁吊灯和更换照明蜡烛。据说路德维希二世从未见过这个吊灯，因为吊灯是他死后的 1904 年才被放置在这里。加冕堂四周布满壁画，上边画的是耶稣基督、圣母玛利亚和约翰内斯，下边画的是 8 位国王。"立法者""耶稣的十二位门徒""圣格奥尔格屠龙飞图"等一幅幅巨型壁画环绕着加冕堂，赢得参观者啧啧赞叹。

起居室的另一边是卧室，装饰十分豪华。卧室的床盖是木制的，上面有哥特式的精致雕刻，雕刻工程由 14 位雕刻家用 4 年时间才完工。窗帘、床罩都采用深蓝色丝绸，上面布满了金银刺绣和镶嵌物，全都是路德维希二世喜爱的颜色和装饰品。卧室天花板上的壁画最为精美，华彩至极无以言表，参观者无不久久仰头观看。卧室里的壁画以"殉情""爱情之酒""女士阅读诗歌"等婚姻爱情故事为主，再现了《特里斯坦和佐尔德》传说中的爱情内容。当时，瓦格纳以歌剧的形式再现的这个传说，对路德维希二世影响很大。靠墙的那张床虽然装饰华丽，但却是个窄直的单人床。路德维希二世的感情生活充满悲剧色彩。他于1867年年初和茜茜公主最小的妹妹苏菲订婚，但在举行婚礼前两天，他突然宣布解除与苏菲的婚事，此后再也未娶，一生与孤独为伴。1886年6月12日，路德维希二世在这间卧室中被一群士兵带走，送到施塔恩贝格湖边的一座城堡幽禁。两天后，他去湖边散步时溺亡，只活了41岁。究竟是自杀还是谋杀或是意外，没人知道，这个童话国王到死都是个谜。

细心的参观者一定会发现，大厅墙边有个阳台。从阳台向外望去，湖光山色，秀丽如画：左边，近处是清澈的阿尔卑斯湖，远处是路德维希二世早年度过他大部分时光及后来登基的旧天鹅堡；右边，近处是一个不大的天鹅湖，远处则是德国和奥地利边界的阿尔卑斯山，沿着树木繁茂的小山丘经过阿尔卑斯湖之后，在旧天鹅堡城堡与阿尔卑斯湖间，是中世纪由古罗马人所建造的一条重要贸易路线，若隐若现地向罗马方向延伸而去……

新天鹅堡，这座可以与天堂媲美的帝王行宫，给后人留下一个梦幻般的时空。据说，路德维希二世希望新天鹅堡对公众永远保持神秘感，他宁愿摧毁这座城堡也不愿意让它失去神秘感。然而，在他离世六周后，正式完工的城堡就对外开放。如今，作为艺术家的路德维希二世与瓦格纳的歌剧以及阿尔卑斯山上的这座城堡，一起成为永存世间的不朽传奇。

2012年9月

因斯布鲁克的浪漫气质

——洒落在阿尔卑斯山脉的明珠之五

中午 11 点，自驾车从新天鹅堡向南行驶，向着正南方向的奥地利小城因斯布鲁克飞驰。

公路逐渐升高，两边是一幅天然的山水画卷，一派阿尔卑斯山脉的美丽风光。路上车辆不多，路边的村庄、牧场、古堡、山川、森林、河流、雪山不时地从眼前闪过，斑斓绚丽的景色如诗如画。天上朵朵白云在缓缓移动，像刚刚弹松的棉絮，把原本湛蓝的天空擦洗得更加清澈。汽车越向前走，山脉越高，云遮雾障，似入仙境，大概这里就是阿尔卑斯山脉的最高地段了。

一路美景看不够。不知不觉两三个小时过去了，一座美丽的小镇出现在眼前。

坐落在阿尔卑斯山南坡的因斯布鲁克，北临德国、南靠意大利、西挨瑞士，位于中欧的十字路口。这里的每个地方，都能看到巍峨壮观的阿尔卑斯山美景，都能

阿尔卑斯山最高峰

见到白雪覆盖的山峦。因为因斯布鲁克北面被山脉遮挡，所以小城气候宜人，是著名的国际旅游胜地。因斯布鲁克是一座有山有水的美城，因河穿城而过，是滋养这座城市的生命之源，因斯布鲁克这一城名意为"因河上的桥"。

因斯布鲁克仍然保持着中世纪城市的容貌，在狭窄的小街上，哥特风格的楼房鳞次栉比，巴洛克式的大门和文艺复兴式的连拱廊展现出古城的风貌，古色古香的建筑与阿尔卑斯山顶的白雪交相辉映。

玛丽亚特雷萨大街是因斯布鲁克最古老、最繁华、最主要的购物街，全街布满精美的古典建筑，很多著名景点都在这条南北走向的大街上。街道尽头直通海拔2300多米的高山，而大街南端是一座不大的罗马式凯旋门。这本来是玛丽亚·特蕾西亚女皇于1765年为庆贺其子烈奥波特（后来成为烈奥波特二世）和西班牙公主玛丽亚·露朵维卡的婚礼而建，但遗憾的是，玛丽亚·特蕾西亚女皇的丈夫弗兰茨在婚礼期间去世，所以凯旋门正面的浮雕是烈奥波特欢庆的婚礼，后面则是皇帝驾崩的悲哀葬礼，这是奥地利皇家的一段悲剧。

我们从凯旋门向北走，到了玛丽亚特雷萨大街中段，看到一根不同寻常的柱子高高矗立着，这就是著名的安娜柱，它是因斯布鲁克山城的象征。这座宁谧安详的建筑物记载的却是一件历史上的纷争。1706年，蒂洛尔州议会中享有特权等级的代表们共同出资建造了这根柱子，为的是纪念1703年巴伐利亚军队撤离因斯布鲁克。这根柱子建成于1706年7月26日，而这一天正好是安娜（神圣罗马帝国皇后）的命名日，纪念柱因此而得名。安娜柱是一根红色大理石，柱头采用古希腊科林斯式风格，柱头之上有一尊圣母玛利亚雕像，她神色凝重地眺望着远方的雪山。在安娜柱的基座上，还可以见到蒂洛尔的保护神和其他圣人的雕像。

我们继续沿着玛丽亚·特蕾西亚大街向北，在街的尽头看到因斯布鲁克的标志性建筑——金顶屋。这是一座5层的大屋顶建筑，外面装饰着浮雕，五楼凸出的阳台是哥特式穹顶的宫廷包厢，金光闪闪的遮雨屋顶耀眼夺目。这座从前被人们称为新王宫的建筑属晚期哥特式风格，是神圣罗马帝国皇帝马克西米利安一世迎娶米兰女公爵的地方，如今已成为因斯布鲁克的地标。金顶屋是弗里德里希四世于1420年修建，是蒂罗尔侯爵们的宅第，1500年皇帝要再婚，给屋顶贴上3000多块（有说2000多块）金箔铜板。金顶屋墙面及阳台采用浮雕和精美画栋装饰，包括马克西米利安一世皇帝和皇后的雕像，正面下端雕有标志着奥地利和匈牙

金顶屋

利的纹章，以及双头鹰和国王雄鹰，侧面还有施泰尔马克和蒂罗
尔的纹章，可谓精美至极。

漫步在因斯布鲁克老街，处处散发着迷人的古典气质，让人
犹如穿越时空，瞬间回到那个属于骑士和中世纪欧洲人的久远
时代。

离开玛丽亚特雷萨大街，我们驱车来到东郊 20 公里外的瓦
腾斯镇。这里是风靡全球的"玻璃天鹅"——施华洛世奇水晶世
界，它是全球最大、最著名的水晶博物馆。1895 年成立的施华
洛世奇公司经过 100 多年发展，水晶品牌已经闻名世界。我们沿
着高 11 米、宽 42 米的水晶墙进入博物馆内部，只见水晶行星、
水晶大教堂、水晶剧院等艺术品琳琅满目，令人眼花缭乱。这座
多媒体声光水晶世界是 1995 年为庆祝施华洛世奇公司成立 100

周年建造的，为因斯布鲁克增添了璀璨夺目的光彩。

　　游览因斯布鲁克，不能不去奥林匹克滑雪场。因斯布鲁克是著名的滑雪胜地，这里有完善的冬季运动设施，有设备齐全的滑冰场、设施优良的滑雪场，还有可容纳万名观众的体育馆，因其优越而独特的条件，曾在这里举办两次冬季奥林匹克运动会。第一次是1964年1月29日至2月9日的第九届冬奥会。开幕式上按惯例点燃奥林匹克火炬，与前几届不同的是这次火种不是取自挪威，而是与夏季奥运会一样，从奥运会发源地奥林匹亚点燃的。在这次奥运会的高山滑雪比赛中，奥地利获得3枚金牌。第二次是1976年2月4日至15日的第十二届冬奥会。这届冬奥会的举办权本来是美国丹佛，但是丹佛市民反对政府以发行公债的方式来筹集冬奥会举办资金，因此丹佛放弃本届冬奥会的承办权。因斯布鲁克随即向国际奥委会递出申请而获得批准，替补承办了这届比赛。为了纪念在因斯布鲁克举行的两次冬奥会，第十二届奥运会组委会将这次圣火台与上次奥运会圣火台相结合，打造出一个双圣火台的构造，开幕式上由两名运动员分别点燃这两个火炬。因斯布鲁克因举办两次冬奥会而载入体育史册。

　　因斯布鲁克建城于1239年，1363年由哈布斯堡王朝的一支旁系管辖，1420—1665年这里一直是皇帝的居住地。巴伐利亚对这片土地垂涎三尺，尽管蒂洛尔州在1809年的解放战争中进行了成功的抵御，因斯布鲁克仍然落入了巴伐利亚人之手，直至1814年维也纳会议期间，因斯布鲁克才重新回到奥地利的怀抱，成为蒂洛尔州的首府。

　　提到哈布斯堡王朝，令人想到那部曾经风靡中国的经典电影和动画片《茜茜公主》，但历史上真正的茜茜公主，即伊丽莎白公主与电影大相径庭。她出生于巴伐利亚的一个公爵家庭，端庄秀丽又带有几分忧郁，追求浪漫爱情和自由生活，人生经历颇为曲折。她的魅力几乎征服了整个欧洲。公元 1848 年，奥地利皇帝弗朗茨·约瑟夫一世与茜茜公主在因斯布鲁克的霍夫堡皇宫内邂逅，一见钟情，6 年后在维也纳奥古斯丁教堂喜结良缘。在茜茜公主的推动下，1867 年创立了奥匈帝国，弗朗茨·约瑟夫一世成为奥匈帝国的缔造者和第一位皇帝。

因斯布鲁克有太多的传奇，随着时光的流逝，一切都消逝在历史的长河中。留存于今的，是那宁静的街巷、古老的建筑、众多的遗址遗迹以及河水倒映着的雄伟山峦，还有那哈布斯堡家族昔日的辉煌，以及茜茜公主爱情故事铸就的浪漫气质。

2012 年 9 月

水城威尼斯

——洒落在阿尔卑斯山脉的明珠之六

早饭后，自驾车从因斯布鲁克向南出发，朝着意大利威尼斯方向行进。

公路逐渐下坡，两边依然是阿尔卑斯山脉的美丽景色。绿色的牧场、红色的村庄、肃穆的教堂、古老的城堡、山顶上的皑皑白雪，这一切都令人心旷神怡；天空的朵朵白云不时地从头顶飘过，两边郁郁葱葱的丛林绿浪般地掠过车窗，这情景又令人如痴如醉。

在如诗如画的山路上飞驰了四五个小时，便到了世界著名水城威尼斯。

进入城区，映入眼帘的是蜿蜒曲折的水巷，各式各样的小桥，多彩多姿的建筑，飞上飞下的海鸥……

这就是中学课本中的水城威尼斯？这就是朱自清散文《威尼斯》中描写的场景？这就是莎士比亚文学巨著《威尼斯商人》中记述的地方？我是在梦中，还是在

小桥及水巷两边的建筑

现实？

　　我在苏州上的大学，那里被称为"东方的威尼斯"，享受了多年的水城美景。但是，它毕竟不是真正的威尼斯，所以我曾有过这样的梦想——何时能到真正的威尼斯看一看，看看那里的水城，看看那里的容貌。没想到当年的梦想能够成真！

　　威尼斯，这座世界历史文化名城，是意大利东北部著名的旅游与工业城市，曾是威尼斯共和国的中心，被称作"亚得里亚海明珠"。

　　威尼斯最有名气的景点当数圣马可广场，这也是我们参观的第一站。圣马可广场东西长约170米，东边宽80米，西边宽55米，造型优美、和谐，石雕生动、逼真，是古罗马建筑中少有的杰作。广场四周都是文艺复兴时期的精美建筑，宏伟壮丽，令人叹为观止。圣马可广场一直是威尼斯的政治、宗教和传统节日的活动中心，是每年嘉年华最主要的场景，但是在平常也热闹得像一个舞台，永远不会冷场。广场上格外显眼的是建于15世纪高达97米的钟塔，每到整点的时候，两个机械人就会用槌敲钟报时，整个城市都可以听见宏亮的钟声。我们来到广场正是海水涨潮的时候，一片潮水如同在广场铺上了一面巨大的镜子，使所有建筑像镶嵌在玻璃中，显得更加玲珑剔透、光彩照人。成群的鸽子在地上觅食，游人和它们和平共处，有些鸽子见到有人走到跟前，又扑扑棱棱地飞向天空，或又飞到广场的另一个地方，起起落落、飞上飞下的鸽子，成为圣马可广场一道亮丽的风景，也给游人带来无穷的乐趣。

圣马可广场

圣马可广场东面是圣马可教堂。我们来到教堂前边，教堂是那样的雄伟壮丽，它是威尼斯的骄傲。威尼斯的荣耀、威尼斯的富足，以及威尼斯的历史、威尼斯人的信仰，在此得到充分的显现。有关资料记载，圣马可教堂始建于公元829年，重建于1043—1071年，它曾是中世纪欧洲最大的教堂，是威尼斯建筑艺术的经典之作，它同时也是一座收藏艺术品的丰富宝库。教堂融合了东、西方的建筑特色，原为拜占庭式建筑，15世纪加入了哥特式装饰，17世纪又加入了文艺复兴时期装饰。它的五座圆顶来自土耳其伊斯坦布尔的圣索菲亚教堂，而整座教堂的结构又呈现出希腊式的十字形设计，这些建筑上的特色让人惊叹不已。据说，圣马可大教堂是因为埋葬了耶稣门徒圣马可而得名。圣马可是圣经《马可福音》的作者，其坐骑是狮子。他于公元67年在埃及殉难。公元828年，两位威尼斯富商在当时总督的授意下，成功地把他的干尸从亚历山大港偷运回威尼斯，存放于圣马可教堂的大祭坛下。从此，圣马可成了威尼斯的保护神。他的标志是一只带翼的狮子。以后，威尼斯到处是狮子。广场入口处有两根高大的圆柱，东侧圆柱上挺立着一只展翅欲飞的青铜狮，它就是威尼斯的城徽——飞狮。飞狮左前爪扶着一本圣书，上面用拉丁文写着天主教的圣谕："我的使者马可，你在那里安息吧！"

走进教堂，我们见到墙壁上用石子和碎瓷镶嵌的壁画无比精致，大门顶上雕刻的四匹金色的奔马精美绝伦。教堂的华丽吸引着众多的世界游人，和我们同时参观的游人就达数百之多。

从教堂出来，我们登上旁边的一座百米高塔。向下看去，偌大的圣马可广场上游人点点、进进出出，鸟儿成群结队、飞来飞去；再向前看，威尼斯全城尽收眼底，一片红褐色的屋顶望不见尽头；极目远眺，阿尔卑斯山脉莽莽苍苍，层峦叠嶂，无不让人心旷神怡。

广场西面是总督宫。我们来到总督宫时，这里已聚集了大批游客，其中不少中国人，大家对这座独具特色的宫殿赞叹不已。

总督宫又称威尼斯公爵府，是以前威尼斯总督的官邸。总督宫最早建于公元 9 世纪，是 14—15 世纪的哥特式杰出作品。穿过与教堂相连的卡尔门，进入总督宫内院，见到 15 世纪建造的巨人阶梯，上立海神和战神的巨大雕像，从 1485 年起，总督就在这里加冕。1797 年拿破仑侵占威尼斯后，垂涎圣马可广场的景色，下令把广场旁边的总督宫改为行宫，一直到 21 世纪，人们还把它叫作拿破仑宫。总督宫内还有一处"金梯"通往总督的居室，金梯因其两侧涂金的墙壁而得名。宫内包括委员会厅、候

圣马可教堂

客厅、四门厅、议会厅、十人厅和大会议厅。各个厅都以油画、壁画和大理石雕刻来装饰，使整个总督宫复杂奢华、辉煌璀璨。其中有一幅被誉为世界最大的油画作品，取材但丁的《神曲》，名叫《天堂》，长22米、宽7米，有700多个人物，气势极为宏大，占据了大议会厅东面的整个墙壁。由于当时威尼斯与地中海东部的伊斯兰国家密切的文化贸易往来，大量阿拉伯人定居威尼斯，所以总督宫立面的图案明显受到了伊斯兰建筑的影响。

威尼斯有太多的故事，比如闻名遐迩的叹息桥，它是威尼斯最著名的桥也是最高的桥，就在总督宫的后面。

我们从总督宫来到叹息桥。看到的是一个与两座建筑相连的行人天桥，一边是象征着权力的总督宫，另一边是关押犯人的监狱。桥呈拱廊形，是封闭的，只有向着运河一侧有两个小窗。此桥建于1600年，一种说法是囚犯被提审时的必经之路，他们来到桥上，可以从窗口向外看看蓝天和河水，感到后悔无比，总要喟然长叹；另一种说法是死囚从监狱中被押赴刑场时经过这里，想到就此永别人世，透过小窗望望桥下在小船上等候与他诀别的亲人，百感交集涌上心头，不由自主地发出叹息之声，所以此桥便因囚犯的叹息得名。我们过去曾经看过的电影《情定日落桥》就是在这儿取景的。见到此桥，无不感慨万千、让人警醒。

说到桥，威尼斯的桥在全球最为密集，也很著名，城市面积不到8平方公里，却有400多座桥。这些桥的造型千姿百态、风格各异。有的如游龙，有的似飞虹，有的庄重，有的小巧。其中除叹息桥外，最著名的要数利亚德桥，这座单孔拱桥长48米、宽22米，用大理石砌成，建于1592年前后。莎士比亚的文学名著《威尼斯商人》记述的就是发生在这里的故事，几个世纪以来，

《威尼斯商人》不断被后人搬上电影、电视，改编成话剧、歌剧，影响之大，可想而知。

桥因水而架。威尼斯是全世界最负盛名的水上城市。全城由118个岛屿组成，更有117条河道纵横交错，居民临水而居、靠水而活，因而有"因水而生，因水而美，因水而兴"的美誉，享有"水城""桥城"之美称。整个威尼斯除了唯一的一个小岛（就是每年举办威尼斯电影节的丽都岛）通汽车，其余地方的交通全靠船，其中不少是一种名叫贡多拉、被称为"水上巴士"的小船。在马克·吐温笔下，这种小船形状像天上的新月，行动起来又像水沟里游走的水蛇，写得真是贴切。只不过马克·吐温在一百多年前到访威尼斯时，看到那些乘坐贡多拉的，是沿河做生意的商人，是带着孩子外出游玩的保姆，是夹着圣经去教堂做祷告的老人……现在的贡多拉，则多数是坐着为一睹威尼斯水城风采的各国游客。

我们发现，威尼斯河道两旁的很多房子都建在水中。很难想象，人们赖以生存的房子，这样的庞然大物可以建在水面上。开始的时候，当地居民将无数根木桩打进河底，作为房基，然后在上面盖房。因而有人戏称，如果把整个城市翻转过来，那么这里就是非常壮观的水上森林了。

为了体会在威尼斯水城坐船的感觉，我们特意登上游船，穿行于时窄时宽的河道。船过之处，清波拍岸，两边的景色扑面而来，到处建有14世纪到16世纪各式各样富丽堂皇的古老建筑，有摩尔式风格的住宅，也有哥特式风格的教堂，还有拜占庭式风格的宫殿，其中很多地基全都淹没在水中，看起来就像是从水下升出来的艺术殿堂一般，让人不由得赞叹威尼斯人巧夺天工的建筑技术。不过，也有不少建筑年头太久，高大的红砖墙体斑驳破旧，海水腐蚀相当严重，隐藏在水下的木桩都已破损，许多精致的庭院空寥寂静，看样子很久没有住人了。也许世事从来就是这样——繁华与衰败并存，发展与没落同行吧！

下船上岸，我们在独具风情的威尼斯街市上穿行。黄金宫、彩虹岛……一处又一处的知名景点让人流连忘返。

威尼斯不仅有很多有意思的建筑，有很多有意思的故事，还有很多有意思的活动，比如每年一二月都要举办为期半个月左右的狂欢节。其实在欧洲的德国、荷兰等国，每年也都有固定主题的各种狂欢活动。不过，威尼斯的狂欢节不仅历史悠久，而且形式独特。据说几百年前，威尼斯这个孤悬海外之地是罗马教皇很难管辖的地方，在那"天高皇帝远"的时代里，这个水城为居民们提供了一个尽情狂欢的舞台。每人戴上精美华丽的面具，不分男女、不分老少、不分富贵、不分地位，大家一起尽情玩乐、恣意狂欢。在狂欢节期间，你很难分清楚哪些是王子公主，哪些是绅士贵妇；哪些是组织者邀请的演员，哪些是卖艺的艺术家；哪些是自娱自乐的当地人，哪些是异国他乡的旅行者。我想下次再来意大利，一定把时间安排在一二月，也来尽情地欢乐一下。

威尼斯的一条条河道让人感叹不已，一座座建筑让人浮想联翩，一个个故事让人魂牵梦绕。上帝将眼泪流在了威尼斯，让它更加晶莹与美丽。威尼斯的容貌是无与伦比的，世界上再没有与它相同或相似的城市了，它是独一无二不可复制的，也是不可描绘的。

2012 年 9 月

爱情圣城维罗纳

——洒落在阿尔卑斯山脉的明珠之七

白驾车从威尼斯出发，沿着阿尔卑斯山脉南麓向西行进，山势比较平缓，车速越来越快，不到一个小时就到了维罗纳。

维罗纳位于意大利北部，北靠阿尔卑斯山，西临经济重镇米兰，东接水城威尼斯，城虽不大，但在意大利维尼托地区却是仅次于威尼斯的第二大城市。维罗纳自古就是一个兵家必争的军事要塞，同时也是意大利和欧洲铁路、公路相连的主要枢纽，因此有"意大利的门户"之称。维罗纳城内有一条起源于阿尔卑斯山脉的阿迪杰河，在城中形成一条弯曲的"S"形，蜿蜒曲折，静谧安详，倒映着中世纪的古老城墙，两岸美妙的风光和深厚的人文历史使这里充满了迷人的魅力。

维罗纳虽然风光秀丽，但因为城市不大，很多中国人并不熟悉，可是要提起罗密欧与朱丽叶，却是家喻户晓。其实，罗密欧与朱丽叶的故事就诞生在维罗纳。

我们这次来维罗纳，主要就是探访"罗密欧与朱丽叶"。

《罗密欧与朱丽叶》讲的是一个爱情悲剧。蒙太古和凯普莱特两家有世代仇恨。蒙家有个男孩叫罗密欧，品学兼优、一表人才。有一天，他戴上面具参加一个宴会，与凯普莱特年轻貌美的独生女儿朱丽叶一见钟情，双方得知是仇家之后仍彼此相爱。他们在神父帮助下秘密结为夫妻。后来罗密欧为朋友报仇杀死朱丽叶的堂兄而被当局驱逐，不得不暂时离开这座城市。罗密欧出走后，凯普莱特马上逼迫朱丽叶与出身高贵的帕里斯伯爵结婚。神父想办法让朱丽叶吃下一种让人假死的药物，42 小时后会苏醒，以帮助她和罗密欧远走他家乡。不知情的罗密欧来到朱丽叶墓前，杀死了阻拦他的帕里斯伯爵，掘开墓穴，亲吻了朱丽叶之后服药自尽。朱丽叶醒来后发现罗密欧死在自己身边，不想独活人间，用罗密欧佩剑刺向自己，倒在他的身旁。两家父母赶到现场，从神父口中得知两个孩子的故事，都深为感动，从此两家消除仇恨，并分别为罗密欧和

朱丽叶铜像

游客围着铜像争相与朱丽叶合影

朱丽叶铸造了一座金像。

　　这个故事的来源说法较多。一种说法是，当年莎士比亚到维罗纳旅游，听人讲起城内两大家族有仇，但两家的一对青年男女偷偷相爱、最后双双殉情。莎士比亚受到启发，便把这个爱情故事演绎成旷世之作。另一种说法是，13世纪的意大利有过蒙特奇和卡普莱蒂这两个世仇家族，前者住在维罗纳，后者住在100公里外的克雷莫纳，两家的两个孩子相恋并最后彼此殉情。这个故事在意大利流传了300年，小说家班德罗将之编写成书。此书内容很快被法国文人波斯图译成叙事诗，其中故事三的题目是《两位恋人的故事，一位死于服毒，另一位死于悲伤》。1562年，英国业余诗人布儒克将这首法文诗译成英文，标题改为《罗密欧与朱丽叶的悲惨故事》。1595年前后，莎士比亚以这首诗的内容为主要素材，添加了配角，写成了后来风靡全球的剧本《罗密欧与朱丽叶》。不管哪种说法准确，莎士比亚都是功劳最大的，他的名剧《罗密欧与朱丽叶》流传了一个世纪又一个世纪，不仅成就了罗密欧和朱丽叶，也使维罗纳一举成名。从此，每年到这个"爱情圣地"参观的世界游客成千上万。正像余秋雨所说："人们来到这里追寻的不是故事的真实，而是爱的信念。"

我们同大多数游客一样，来到维罗纳后就直奔小城西南角的卡佩罗路23号，这里是朱丽叶故居。这个幽静的院落建于13世纪，已经破旧，高墙大院，圆形拱门。院子四周很多地方的墙皮已经剥落，露出黑灰色砖墙，入口处用意大利语写着"卡普莱蒂之家"，卡普莱蒂是朱丽叶的姓氏。

故居有一个阳台，这个阳台是维罗纳当局按照莎士比亚剧作描绘的那样建造的，以供游客参观。庭院内人头攒动，挤满了来自世界各地的游客，很多人排队等待在阳台上拍照留影，据说当年朱丽叶伫立在

朱丽叶故居的阳台

阳台上，罗密欧站在下面对她倾诉爱慕之情，并爬上阳台展开了一段倾城之恋。现在世界各地的青年男女源源不断地来到这里，重温莎翁爱情故事的温馨情节。阳台下挂满各式各样锁住恩爱的连心锁，寄托着人们对爱情的美好愿望，墙上还贴满了他们表达美好祝愿的纸片。

庭院中离阳台不远处的下方有一尊与真人一样大小的朱丽叶铜像，她左手微曲，右手轻轻提起裙子的一角，深情而又略带哀怨地凝望远方，似乎在等待罗密欧的到来。我们看到很多游客围着铜像，争相与朱丽叶合影。朱丽叶是世人心中的情圣，据说触摸铜像的右胸会心想事成，给情侣带来好运，很多游客深信不疑，因此铜像的右胸被人们触摸得光滑锃亮。

院子的角落里有一个非常漂亮的"朱丽叶邮箱"。据说现在全世界每年都有成千上万为爱情所困的男女青年给朱丽叶写信，讨教解决感情上的种种问题，信封上只要写"意大利维罗纳朱丽叶收"，这里就可收到。不久，这里的志愿者就会寄回由朱丽叶署名的一张明信片，上面写着开导或勉励的话语。朱丽叶的志愿者们坚持这项工作已有70多年了。

"生命诚宝贵，爱情价更高。"爱情，是我们生命中和文艺作品里的永恒主题。历史发展到了今天，西方的罗密欧与朱丽叶、东方的梁山伯与祝英台这样的爱情悲剧（莎翁似乎不认为罗密欧与朱丽叶的故事是悲剧）不会重演，但现实生活中的爱情总会磕磕绊绊，总有酸甜苦辣，出现这样那样的不如意，很多男女青年向朱丽叶诉说衷肠，大概是想得到一种心理上的安慰吧。

朱丽叶故居门庭若市，热闹非凡，与之相比，罗密欧却成了被遗忘的人，甚至没有多少人知道他的故居何在。我们在寻找罗密欧故居的过程中问了许多人，都说不清楚，最后有人说在绅士广场后的塞西利亚大街 4 号，这里曾经归罗密欧家族所有。我们寻到这里，看到罗密欧故居相当冷清，不但坐落在偏僻的一角，而且还没有任何标志，断壁残垣，破败不堪，只有大门上方的一块牌匾提醒人们注意到它的与众不同，上面写着莎翁名剧中的一句台词："罗密欧，你在哪里？"

维罗纳老城规模不算小，但走起来一点也不感觉累，因为整个城市处处都是那么美。走入狭窄幽深的街道，仿佛来到了中世纪；走上宽阔的罗马大道，立刻能够感受到帝国时代的荣耀；这里还有罗马剧院、领主广场（也称但丁广场）、老城堡博物馆、圣洛伦佐教堂、圣彼得城堡、百草广场等，而最能代表城市气质的是古罗马圆形竞技场，有人称之为斗兽场，因为它和位于罗马的斗兽场一样的气势磅礴、雄伟壮观。

在维罗纳很多地方，我都看到这样的情景：十字街头，老年夫妇搀扶着过马路；大街小巷，青年男女手拉手前行；公园里面，一对对恋人依偎在长椅上……我似乎感到，这里的伴侣比其他地方更加恩爱，是否是受到家乡罗密欧与朱丽叶故事感染的缘故？

古老的建筑、绿色的草坪、和煦的阳光，真让我有点儿不想离开了。

"维罗纳"在拉丁语中意为"极高雅的城市"，维罗纳的美丽和荣耀配得上这个称号。而占据我心中重要位置的，仍然是罗密欧与朱丽叶的故事。

2012 年 9 月

米 兰 之 美

——洒落在阿尔卑斯山脉的明珠之八

　　汽车从维罗纳出发，继续沿着阿尔卑斯山脉南麓向西行进，两小时后就到了奥隆那河畔的米兰。

　　米兰位于意大利北部阿尔卑斯山脉南麓边缘的伦巴第平原上，是意大利第二大城市，始建于公元前 4 世纪，至今已有 2000 多年的历史。

　　据记载，高卢人于公元前 600 年左右来到这里，建立居民中心，后成为凯尔特人首府。罗马人对这一中心很感兴趣，公元 234 年占领米兰以后，米兰在军事、政治和经济上迅速发展，成为西罗马帝国科西米亚诺皇帝的宫廷所在地。公元 313 年，君士坦丁皇帝在此颁布《米兰敕令》，使基督教会合法化。罗马帝国灭亡之后，米兰被外族占领，直到 12 世纪才获得自治权，此后被维斯孔蒂等家族统治多年。文艺复兴时期，这一家族请来了达·芬奇等著名人文主义者，使这里的艺术、科学技术迅速发展，米兰成为重要艺术中心。16 世纪中期之后，米兰又先后被法国、西班牙、奥地利等国占领，拿破仑于 1805 年 5 月 26 日在米兰加冕。米兰人民进行了长期艰苦的反抗外国占领者的斗争，并于 1847 年年底发动起义，1848 年 3 月赶跑了奥地利统治者，成立了临时政府，1859 年加入意大利王国。第二次世界大战中，米兰一度被德国占领，1945 年 4 月 25 日，以米兰为首的意大利北方 100 多个城市同时起义，赶跑了德国占领军，米兰重新回到人民手中。如今，米兰不仅是世界历史文化名城，而且成为欧洲四大经济中心之一和世界时尚艺术中心、著名足球之城。

米兰最有名气的景点当数米兰大教堂，它是我们参观的第一站。米兰大教堂是世界上仅次于梵蒂冈圣彼得大教堂的第二大教堂，也是世界上最大的哥特式教堂，有"米兰的象征"之美称。它始建于 1386 年，历经 6 个世纪才完工。教堂外观华丽至极：

米兰大教堂

主教堂用清一色的白色大理石砌成，3159 尊雕像布满外墙，135
个尖塔像浓密的塔林刺向天空，而且每个尖塔上面都有真人大小
的雕像，雕像的主题多为圣经故事，各种雕像千姿百态、直立挺
拔，给人以飞腾升华、超脱尘世之感；中央塔高达 108 米，塔上
的圣母玛利亚铜质雕像镀金，抬眼望去，雕像在阳光下光辉夺目，
灿烂无比。美国作家马克·吐温形容它是"建筑师眼中的一团白
色火焰"。

　　我们走进教堂大厅，只见中厅高大，顶部最高处距地面 45
米。宏伟的大厅被 4 排柱子分开，大厅圣坛周围有 4 根 40 米高、
每根直径达 10 米的花岗岩砌叠而成的柱子支撑着中央塔楼，还
有 12 根 26 米高、每根直径 3.5 米较小圆柱，共同支撑着重达 1.4
万吨重的拱形屋顶。教堂厅内全靠两边的侧窗采光。侧窗共有 24
扇，高约 20 米，呈细长形，可能是全世界最大的窗户了。窗户
镶嵌彩色绘画玻璃，画面内容主要以耶稣故事为主题。这些彩色
玻璃及绘画制作于 500 多年前，至今仍光彩夺目、绚丽无比。教
堂东端的 3 个环形花格窗，高约 21 米，宽约 8.5 米，是意大利
花格窗户中的精品。教堂西端是仿罗马式的大山墙，众多的垂直
线条和扶壁将墙面分成 5 个部分，扶壁上布满神龛雕像。

　　教堂内藏有许多艺术珍品和米兰名人的陵墓。过去一些有名
的神父都将自己安葬在教堂之下，所以米兰大教堂堪称神圣的圣
殿。传说教堂屋顶藏有一枚钉死耶稣的钉子，教徒们为了纪念耶
稣，每年要到米兰大教堂朝拜，当时的科学家和画家达·芬奇为
取送这枚钉子还发明了升降机。教堂北耳堂中有一组雕塑，是由
7 个部分组成的青铜蜡扦。教堂南耳堂中耸立着一尊令人毛骨悚
然的圣巴塞洛缪的大理石雕塑，他是被活活剥皮而殉教的，雕塑

显示的是他手里拿着自己人皮的情景。教堂大厅中央供奉着15世纪时米兰大主教的遗体，头部是白银筑就，躯体是主教真身。祭台后排列着1542年制作的4座大型风琴，风琴有180个调音器、1.3万个音管，声音悠扬悦耳，雄浑有力。

参观米兰大教堂，最不能错过的地方是教堂的顶层。教堂下有两个电梯通往屋顶，游客也可以徒步爬过920级阶梯登上顶层。我们乘坐电梯来到屋顶，向下看去，古代殿宇和现代建筑鳞次栉比、交相辉映，成群的鸽子在教堂周围的蓝天白云下飞翔，米兰风光尽收眼底；向北远望，阿尔卑斯山余脉莽莽苍苍，连绵起伏，白云缭绕，隐约可见……

这时，我才真正知道，米兰大教堂是米兰的标志和精神的象征。

到米兰不能不看达·芬奇的画。《最后的晚餐》是达·芬奇的经典之作，珍藏此画的圣玛利亚感恩教堂离米兰大教堂不远，所以也在我们参观的计划之中。由于参观此画的游客太多，必须提前预约，而且即使预约，也要严格按照预约时间到场，否则预约就要作废。孩子出发前就预订了门票。到了圣玛利亚感恩教堂排队20多分钟才进入参观，我们在教堂旁修道院餐厅墙壁上目睹了这幅画的真容。画高4.97米、宽8.5米，画中的人物要比真人大一些，描绘的是耶稣和自己的12个门徒共进晚餐时的情景，画面精细入微，惟妙惟肖：吃饭时，耶稣说了一句话，你们中有人要出卖我。门徒们听了以后，神态各不相同，有人惊慌，有人担忧，有人愤怒，有人害怕，其中有一个人脸上表现出复杂情绪，还故意拉着一个人说话，并且不小心碰倒了盐瓶。人们通过此人种种表现，可以断定他的心虚，叛徒就是此人，名叫犹大。

据说，达·芬奇为了绘好这幅画，从 1495 年至 1497 年期间，每天清晨就爬上脚手架马不停蹄地开始工作，一干就是一整天，常常忘记吃饭。有时会连续几天不碰画笔，每天几个小时伫立在画下，双臂交叉放在胸前，左看右看，用挑剔的眼光审视着画中的人物。有时在其他地方工作突然想起画中某个细节，马上停下活动直奔圣玛利亚感恩教堂，拿起画笔爬上脚手架在墙上涂上几笔，随后又去原来的地方工作。《最后的晚餐》花费了达·芬奇近 4 年心血，开创了西方文艺复兴的崭新境界，并使之成为与米开朗基罗的《末日审判》、拉斐尔的《雅典学院》并称的文艺复兴全盛时期的三大杰作之一。此画历经磨难。1652 年，僧侣为了扩大门洞，把壁画中央人物的脚部挖去一块。1796 年，拿破仑一世军队侵占米兰，把食堂做了马厩，士兵把画中人物头部作为抛掷石块比赛的目标。由于达·芬奇选择材料不当，画面

达·芬奇纪念碑

没有打底就直接将颜料涂在干燥的壁面上，所以在壁画完成之前已经开始出现裂痕。此后又经过第二次世界大战的摧残和空气的污染，画面已经损坏剥落，目前此画伤痕累累，惨不忍睹。但是，这幅杰作仍保存 20 多幅临摹本，其中最佳的一幅存于巴黎罗浮宫。联合国教科文组织于 1980 将这幅画和圣玛利亚感恩教堂列入世界文化遗产，地方政府为保护好它还于 20 世纪 90 年代完成了抢救工作。

米兰是世界有名的足球之城，曾承办过 1990 年世界杯，著名的圣西罗/梅阿查球场是世界各地球迷们心中的圣地，两支著名的球队 AC 米兰和国际米兰世界闻名。米兰还是世界公认的四大时尚之都之一，并且是其中最具影响力的城市，有世界时装晴雨表之称。因时间关系，这些地方我们都来不及光顾。我虽然对足球兴趣不大，对时装也漠不关心，但是，曾在米兰两支球队效力的"世界足球先生"罗纳尔多、意大利超级射手克里斯蒂安·维耶里、世界著名后卫法比奥·卡纳瓦罗、阿根廷著名射手克雷斯波这些世界级球员，他们风靡球场的绝佳表现在我的心中永远挥之不去；米兰汇聚的阿玛尼、范思哲、普拉达、杜嘉班纳、莫斯奇诺等世界知名时尚品牌，也在我心中留下深刻印象。

米兰，在我心中，像它的名字一样漂亮、美丽。

2012 年 9 月

湖光山色卢塞恩

——洒落在阿尔卑斯山脉的明珠之九

汽车从米兰向西北出发，一路上从起伏不平的低矮丘陵到越来越高的雄伟山势，阿尔卑斯山脉的风景也越来越美。两小时后，到达了瑞士小城卢塞恩。

第一次知道这座城市，是看了马克·吐温的《浪迹海外》；第二次知道这座城市，是看了列夫·托尔斯泰的《卢塞恩游记》；第三次知道这座城市，是从报纸上得知泰国人将瑞士尤其是卢塞恩作为蜜月首选地，那里给无数泰国新娘留下了不可磨灭的幸福回忆。

说起瑞士，世人的联想便是一幅明媚秀丽的山水画卷，湍急见底的溪流，湛蓝如镜的湖面，挺拔幽深的杉林，雄伟峻峭的雪峰……在这片沁人心肺的大自然中，点缀着一个个玲珑别致的小城，而在这无数的小城中，瑞士人又公认最美的城市是卢塞恩。

卢塞恩又译"琉森"，坐落在山国瑞士中部罗伊斯湖

罗伊斯湖

出口与四州湖的汇合处。早在罗马时期，卢塞恩还只是一个没有几户人家的渔村，后来，为了给过往的船只导航而修建了一个灯塔，因此得名"琉森"，拉丁文便是"灯"的意思。

卢塞恩小城周围是连绵起伏、雄伟峻峭的阿尔卑斯山，三面山色葱茏、冈峦起伏，一面湖光粼粼、碧波荡漾，如同坐落在一幅明媚秀丽的山水画卷中。它的主要景点都散布在步行可及的范围内，我们行走在画卷中间的皮拉图斯大街上，中世纪的教堂和文艺复兴时期的建筑以及长街古巷、百年老店比比皆是；广场均以鹅卵石铺砌，"人"字形的小木屋涂上鲜艳的色彩，显得闲适与优雅；清澈见底的溪流、湛蓝如镜的湖面、挺拔幽深的杉林，点缀着这座玲珑别致的小城，使它显得更加迷人。

我们发现，这里既是著名的观光之城，也是购物的好地方。

瑞士的钟表、军刀、巧克力名扬全球，卢塞恩是它们的一个主要产销地，吸引了很多游客前来购买。我们刚到一家大型商店前，突然看到一辆大巴开来，从上面下来三四十名中国游客，直接向附近的商店走去。随着近些年中国游客的大增，当地面向中国的店铺也迅速增多。我们发现，很多店员不仅会说一口流利的普通话，而且还会用不同的中国方言打招呼，东北话、山东话、广东话说得都很地道，真是把生意做到了家。

从皮拉图斯大街向北，经过剧院大街便到罗伊斯湖畔，我们见到了著名的卡佩尔桥。世界各地的游客来卢塞恩往往都要目睹这座木制廊桥的风采，"卡佩尔"德语意为"小教堂"。因此桥不远处有圣彼得教堂也得名"教堂桥"。此桥始建于1330年前后，全长200米，但不是直线，中间有两个小的转弯，从湖的这一边

卢塞恩城区

蜿蜒伸展到对岸。廊桥顶部有 120 幅图画，叙述了卢塞恩州和瑞士联邦的历史，每幅画下还有一首德文题诗。桥两侧的木窗沿上挂满了鲜红色的天竺葵，宛如一条艳丽的彩带，和廊桥朱红色的主调相映成辉。桥的东侧连接一座八角形水塔，据说此塔曾经关押过囚犯，如今悉心守护着历经沧桑的廊桥。不幸的是，卡佩尔桥的大部分曾于 1993 年因一场火灾所毁，水塔未受损失，现存的卡佩尔桥是火灾过后修复的。罗伊斯湖两岸是一幢幢古典风格的建筑，一层层向外延伸，疏密相间、交相辉映，与远处的淡淡山色、蓝蓝晴空将卡佩尔桥映衬得更加美丽。经历了将近 7 个世纪的廊桥，如今已被视为卢塞恩的标志。

　　距离卡佩尔廊桥不足一公里处有一座狮子纪念碑。狮子纪念碑是世界最有名的雕像之一，雕刻在天然岩石上。这头长 10 米、高 3 米多的雄狮，痛苦地倒在地上，折断的长矛插在肩头，旁边

卢塞恩卡佩尔廊桥

卢塞恩狮子纪念碑

有一个带有瑞士国徽的盾牌。这座雕像是为了纪念1792年8月10日为保卫巴黎杜乐丽宫中的路易十六国王全部战死的786名瑞士雇佣兵。可怜的是，当时雇佣兵们并不知道这个国王已经逃离了这座宫殿。雕像下方有文字描述战事的经过。著名的描述来自马克·吐温的笔下，他说这座纪念碑是"世界上最悲壮、最动人的石头"。"狮子坐落在低矮悬崖的垂直面上，因为它是从悬崖的活石上雕刻而成的……破碎的长矛贴在它的肩膀上，它的爪子落在法国的百合花上……卢塞恩狮子会在任何地方都令人印象深刻，无论它身在何处。"

狮子广场周围的风景是那样的漂亮，但看着被断矛刺中濒临死亡的狮子和它那痛苦而无力的表情，我心情十分沉重。瑞士雇佣兵的故事在我脑海中挥之不去，他们忠于雇主、作战勇敢，可是荣誉和金钱掩盖不了雇佣兵制度的残酷。这次事件后，当时仍然贫穷的瑞士停止了向外派出雇佣兵的制度，仅保留了在梵蒂冈为教廷服务的近卫军。而瑞士的雇佣兵也由此一举成名，直到现在梵蒂冈的卫兵一直属于瑞士人。巴黎杜乐丽宫保卫战也使得瑞士重新思考了战争与和平，后来瑞士成为永久中立国，这些战死他乡的雇佣兵们起到了至关重要的作用，为他们的子孙们留下来200年的和平时代，并且使瑞士成为世界上最富足的国家之一。

带着忧伤的心境离开狮子纪念碑，向南行走不远，看到卢塞恩湖东面小山坡上伫立着一座雄伟的双塔教堂，这就是有名的霍夫教堂。这座教堂初建于公元735年，当时是罗马式建筑，到了14世纪改成了哥特式建筑，1645年的一次火灾之后，重建时又变成了目前的文艺复兴晚期的建筑风格。正面的大钟下有各式各样的雕塑，其中一个抱着圣子的圣母浮雕戴着皇冠、身披圣光，非常华丽。门口的小广场和背后的小花园里是一些喷泉雕塑、墓碑和树木。教堂内部的装修庄严肃穆，洁白的大理石墙面和镶金的祭坛，醒目的耶稣雕像和画像一应俱全。橙红温暖的烛光、色彩鲜艳的绘画，给这座教堂带来了极强的宗教神秘感……

卢塞恩周边同样风景如画。离开霍夫教堂，我们来到城郊，看到了一幅惹人心醉的美景图。时值金秋，阿尔卑斯山脉五彩斑斓。眼前的山谷上空湛蓝的天幕上飘动着朵朵白云，蓝天白云下边横卧着积雪盖顶的山峦，山腰间铺展着黄绿相间的松树和灌木，树林下边平缓而宽阔的山坡上是一大片点缀着野花的绿色草地，成群的牛儿或在低头吃草，或在悠闲漫步，清脆悦耳的牛铃声此起彼伏地在山谷中久久回荡……那种辽阔、那种纯净、那种安逸，实在难以用语言表述，只能靠镜头去赞美了。

山谷响彻牛铃声

　　卢塞恩的湖光山色是广阔的、坚定的、厚重的，不是一篇游记或者一篇文章能够描述的，它需要你停下脚步，然后用你的心去细细地品味。

2012 年 10 月

莱茵河畔的明珠斯特拉斯堡

—— 洒落在阿尔卑斯山脉的明珠之十

自驾车从卢塞恩向北出发，阿尔卑斯山北麓的风光美不胜收。大约 3 小时后，到达法国城市斯特拉斯堡。

斯特拉斯堡是法国第七大城市，东边隔莱茵河与德国相望，西边依孚日山区，北边是阿格诺森林，南边为莱茵河平原。第二次世界大战后，斯特拉斯堡凭借得天独厚的地理优势，驻有欧洲联盟许多重要机构，被称为"欧洲第二首都"。斯特拉斯堡属于法国领土，但是在历史上，德国和法国曾多次交替拥有对斯特拉斯堡的主权，因而该市在语言和文化上兼有法、德两国的特点，是这两种不同文化的交汇之地。

一踏上斯特拉斯堡的城区，我的感官顿时活跃起来。沿途处处是褐红色屋顶与黑木条交错的欧洲建筑，五颜六色的花朵装点着房屋的窗台，古意盎然的欧洲风味、满眼别致的风景，实在是美不胜收。

斯特拉斯堡城区

　　斯特拉斯堡作为一个旅游城市，引人入胜的景点比比皆是，最有名气的要数斯特拉斯堡大教堂。走近跟前，立刻被它的雄伟壮观所震撼。这是一座始建于1176年的哥特式教堂，法国著名作家雨果曾以"集巨大与纤细于一身令人惊异的建筑"来形容它。高142米的尖塔是在1439年加建的，教堂也于同年落成。前墙于1277年动工兴建，它那圆花窗及石花边巧夺天工，精美绝伦的神像布满了教堂的外墙，绚丽多彩的巨型玫瑰窗绘嵌在边墙。教堂内部的装饰极为华丽，中殿的彩绘玻璃窗及天使之柱气势非凡，再加上那精雕细琢的讲坛更加使人赏心悦目。教堂内有一个一层楼高的天文钟，每隔15分钟分别有儿童、青年、壮年及老人代表人生4个阶段的机械人依次出现，每个整点都有死神提着板斧出来报时，至今准确无误。每逢鸣钟报时之际，天文钟上就会出现生动活泼、风趣幽默的场景，这可说是斯特拉斯堡文艺复兴时期的精神象征。而大教堂正门以耶稣事迹"最后的审判"为题的浮雕，精工镂制的圆形玫瑰窗和彩绘玻璃都是值得仰头细观的艺术品。登上教堂塔顶，全城秀丽的风光、附近茂密的森林和那莽莽苍苍的阿尔卑斯山脉尽收眼底，壮美的景致无不让人心旷神怡。

沿着小城中的伊尔河往西走，就是斯特拉斯堡中心著名的"小法兰西"了。"小法兰西"名字听上去似乎有点浪漫，其实据说与梅毒有关。17世纪，当地一度梅毒肆虐，染病者聚集在此地疗养，德国人指称这种风流病是法国人惹来的，因此把这个地区取名为"小法兰西"。这一区域拥有中世纪以来的大量精美建筑，在第二次世界大战期间被完全摧毁，战后重建，1988年被列入世界文化遗产名录。如今看到的是重生后的建筑，风景秀丽，花团锦簇，有如童话般美丽，深受世界各地游客的青睐。数量

"小法兰西"

欧洲议会大厦

众多的栈桥可以让游人走到小河中间一览两岸风光，灯火辉煌的
法式餐厅也可以让一顿饭从下午吃到晚上的法国人享尽浪漫。临
街商铺密集，即使到了深夜，所有店铺仍旧灯火通明，彰显着小
城的温暖和生机。

斯特拉斯堡的地理意义远大于城市的美丽与繁华，因为它是
多个欧洲重要机构的会议中心，比如我们此行的主要目的地之
一——欧洲议会大厦就设在这里。

欧洲议会是欧盟三大机构之一，也是世界上独一无二通过直
选产生的跨国议会。第二次世界大战结束后，由 10 个会员国在
1949 年 5 月 5 日于伦敦建立了这个组织，它的功能是加强会员
国的民主政治及法治建设。自 1989 年东欧剧变后，欧洲议会的
会员国也增加至现在的 41 个，它的功能随着时代的变迁而深化，

不仅涉及会员国的政治、法治问题，也渐渐关心会员国的内部问题和社会问题，包括毒品、犯罪、移民、日新月异的科技发展等问题，希望使整个会员国进一步提高生活质量，成为共存共荣的欧洲共同体。欧洲议会每个月都会在斯特拉斯堡召开为期1周左右的全体会议。其各委员会、各党团小组会议以及特别全会则在比利时布鲁塞尔召开，欧洲议会议员经常在斯特拉斯堡和布鲁塞尔之间奔走。我们在欧洲议会大厦旁边，看到办公大楼前面插满了欧盟国家的旗帜，这些都赋予了斯特拉斯堡不同于其他欧洲城市的风采。

小城丰富多彩的建筑艺术、独具特色的城市风貌与阿尔卑斯山脉的秀丽风光浑然一体。斯特拉斯堡，这座世界名城像一颗玲珑剔透的明珠，在莱茵河畔熠熠生辉。

2012 年 10 月

魂牵梦萦海德堡

——再游德国之一

拥有丰富文化和众多遗产的德国，那连绵起伏的山峦、秀丽动人的湖畔、多彩多姿的城堡，无不令人流连；那浓郁的历史底蕴、特有的沃土良田，更是培育了一个个花园般的城市，厚重而温婉，沧桑而璀璨。

相隔 6 年之后，2018 年秋冬时节，我和家人再次踏上这块旅游胜地、走进德国部分城市，脑海里又留下一个个难忘的记忆……

海德堡是我们再次到德国旅游的第一站。

海德堡坐落于莱茵河支流内卡河谷地，环山抱水，古堡老城集自然美与人文美于一体，数百年来吸引着无数游客。

海德堡最为著名的游览景点当数气势磅礴的城堡。城堡坐落于内卡河畔树木繁茂的王座山上，始建于 13 世纪，历经 400 年才完工，经过几次扩建风格不断变化，形成哥特式、巴洛克式和文艺复兴式 3 种样式的混合体，是德国文艺复兴时期的代表作。城堡正门雕有披着盔甲的武士队，中央庭园有喷泉以及 4 根花岗岩柱，四周则为音乐厅等建筑物，现在多数房间开放供游客参观。城堡内部结构极其复杂，楼上楼下各种功能的房间很多，居室、宫殿、储藏间不计其数。城堡的防御工事非常坚固，墙体达到 1 米多厚。普法尔茨选帝侯在此居住并治理侯国长达 5 个世纪之久。17 世纪初，海德堡卷入战争，城堡受到了重创并且失守，选帝侯家族外逃。法军为攻占城堡伤亡惨重，对这座城堡恨之入骨，1689 年攻占城堡后用火药炸，未能将其重创。4 年后，法军恨意未减，运来大量火药垒放在城堡内部，终于将它劈成两半。城堡裂而不毁，大半仍然站立，另一小半塌陷。后

王座山上的城堡

来，城堡的部分建筑得以进行修复重建，至 19 世纪末主体建筑才恢复原貌并投入使用，未修复的部分仍为残垣断壁。

我们踏着石砌马路走近红褐色古城。首先看到的是一座没有了围墙的城门，人们称它为"伊丽莎白门"。此废墟中余留的城门是 1615 年建造的，弗里德里希五世为了庆祝伊丽莎白皇后的生日，下令在 1 天内完工。虽然城墙内外多已损毁，但城门依旧耸立，传说情侣若在城门前留影，能够姻缘美满。

进入城堡地窖，我们看到一个大酒窖。大酒窖内装满了一桶桶葡萄酒，这些大小不同的酒桶，据说总共可以贮藏 28 万升葡萄酒。此外，地窖里还有两个大木桶，一个直径 3 米，一个直径 1 米，迄今已经存放了 250 多年。传说在 16 世纪末，有一个名叫佩克欧的宫廷弄臣，受命专门看管这个大酒窖，他千杯不醉，平日以酒代水。大家为他的健康着想，劝他少喝酒、多喝水，想不到佩克欧却在饮下一杯水后暴毙。于是，城堡主刻了一个他的木雕像挂在酒桶上，在酒窖墙上也挂着他的画像，并封他为酒神，希望能让以后酿出的酒都很好喝。酒神因此出名，成了海德堡的守护神。此前，我们在外边看到比地窖内更大的两个酒桶，大酒桶高达 7 米、长达 8 米。据说为了建造这两个酒桶，砍伐了周围 130 多棵大橡树。

地窖内还设有药品博物馆，它是世界上唯一的药品博物馆，展示着 16 世纪到 18 世纪的药草和制药器具。在不大的空间里，一边整整齐齐地摆放着很多瓶瓶罐罐和一些药草，那些瓶瓶罐罐用以放置各种药品；另一边摆放着试管、烧杯、漏斗、研钵、蒸馏瓶，可能是做实验的器具。

现在海德堡人为了纪念城堡遭受的劫难，每年举行"火烧城堡"的节庆活动。当然不是真的放火，而是在晚上借助灯光和烟火技术，再现当年法军攻打和破坏城堡的情景。远远望去，残破的古堡、冲天的火光、缭绕的烟雾，壮观而惨烈。火烧城堡之后，要放 15 分钟的烟花，也许是为了表现城堡和平时期的繁荣昌盛。这个活动每年夏季举办 3 次，分别是 6 月、7 月和 9 月的第一个星期六的晚上，来海德堡的游人都想目睹这一盛况。可惜我们晚来 1 个月时间，错过了欣赏机会。

站立城堡旁，望着刻满历史沧桑的古堡残垣，不觉思绪万千：古堡虽然残毁，不完整也不精致，但它于断壁中埋下了岁月的故事，却足以让人震撼；它以缺憾之美打动人心，仍不失王者之气。

离开古堡向山下走来，就看到著名的海德堡大学。海德堡大学创建于 1386 年，是德国也是欧洲最古老的大学，原校名叫鲁普莱希特—卡尔大学，是为了纪念鲁普莱希特和卡尔这两位办学名人。16 世纪时，海德堡因有海德堡大学已成为欧洲的文化重镇。18 世纪末，因战争等原因海德堡大学曾一度关闭。19 世纪以来，学校大力发展自然科学和应用科学的学科，如今已由原来的 4 个学院发展成为拥有近 20 个学院的综合大学，其中医学系的临床医学和心脏研究在全世界享有盛誉。海德堡大学出了多位诺贝尔奖获得者，曾在此学习和工作的有思想家黑格尔、社会学家哈贝马斯等诸多名人，学生、浪漫主义诗人艾兴多夫还在 1817 年发明了自行车，他们造就了德意志的许多骄傲。

海德堡大学有新旧两个校区，新校区建于 20 世纪 30 年代，建筑也十分精美。许多人到海德堡要看海德堡大学却找不到大学校园，原来它和欧洲的一些古老大学一样并无明确校区，整个城市就是大学的校区，而各个院、系就散布在城内各地，如果事先未看资料或参观时无人指点，往往很难找到某个院系、某个教室。

穿过当年马丁·路德和奥古斯丁修士论战的大学广场，我们来到学生监狱。这座监狱位于老大学东侧，相当于禁闭室，在世界上绝无仅有。由于治外法权的关系，学生们犯下轻罪，警方也无法干预，市民们对大学当局表示不满，于是大学当局设立了这个监狱。犯罪学生白天必须去上课，晚上回来关押，这期间仅能得到面包和水，根据学生的罪过轻重关押时间从 1 天到 30 天不等。这里毕竟不是真的监狱，没有禁止购买食物，也没有禁止同学探望，因此这里很快成了学生乐园，晚上在这里大吃大喝大闹。不少学生故意惹是生非，争取到这里来接受关押。这座于 1712 年投入使用的学生监狱，在 1914 年第一次世界大战爆发时停止使用。我们在监房看到，室内仍有旧铁床和旧桌椅，墙壁和天花板上到处都是学生们的涂鸦之作。

从校园走出，我们来到老城北侧。这里有一座古老的石桥，人们亲切地叫它老桥。此桥建成于 1788 年，迄今已有 200 多年历史。它是海德堡美景中的点睛之笔。老桥长 200 米、宽 7 米，有 9 个拱门，架设在莱茵河三大支流之一的内卡河上。桥头有两座 28 米高的圆塔，塔里原是阴暗的牢房。桥面上有两座雕像，分别是选帝侯卡尔·特奥多和希腊雅典娜女神。南侧桥头还有一尊黄铜雕像，被一群老鼠包围的猴子手持小圆镜像在照镜子，又像在向路人炫耀着什么。有一种传说，过去桥头经常有猴子出没，并不停地向路人打招呼。看到此景，一位诗人写下一首诗，人们根据猴子的故事在桥头建起了这尊黄铜雕像，并在旁边镌刻了这首诗。还有一种传说，17 世纪的时候法军进攻海德堡，半途被一

老桥

群猴子袭击乱了阵脚，海德堡军队反败为胜，后来人们建了雕像纪念这群猴子。据说，人们摸一摸猴子手中的镜子可以带来幸福，如今，那个镜面被游客摸得锃亮。此桥在第二次世界大战中被炸毁，战后依照原样修复，桥面略见磨损。我们站立桥上，面前是清澈的河水，两旁是古堡和美丽的森林，老城依偎在山脚，山间蒸腾出阵阵雾气，古堡、云雾、森林、河流、桥梁构成了一道绚丽的风景线。此情此景，令人心驰神往。

海德堡不仅有着引以为荣的中世纪城堡、享有盛誉的海德堡大学、具有诗意和传奇的老桥，还有一条闻名遐迩的哲学家小路。我们来到内卡河北岸的山丘上，一条蜿蜒曲折的小路呈现在眼前。这里，与海德堡城堡隔河相望，黑格尔、歌德、荷尔德林等德国历史上很多诗人、哲学家曾经常在这里散步和思考。小路旁一个花园的门口竖着一只向上平伸的手掌模型，掌心写着："今天已经哲学过了吗？"站在小路上，我们一边观赏两边的迷人风光，眺望隔岸的青山、绿水、古堡，一边体会当年黑格尔与同事讨论哲学问题的情景，所见如画、所感如诗，别有一番情趣。

穿行在海德堡，骑士楼、市政大楼、俾斯麦广场、圣灵大教堂、选帝侯博物馆，还有那百花盛开的大学植物园，这些令人陶醉、充满诗情画意的地方，如同城堡、大学、老桥和小路一样，一一像难忘的电影镜头在脑海中挥之不去。我渐渐理解，为什么海德堡一直被世人宠爱，那是因为19世纪德国浪漫主义在海德堡发源并发展，它成为一种文化的象征和精神的圣地，因此每年前来参观的游客达300万人次以上。德国诗人歌德8次来到这里，说"把心遗失在海德堡"；美国作家马克·吐温说，海德堡是他"到过的最美的地方"；法国文学家维克多·雨果感慨道："我来到这个城市10天了……而我不能自拔。"

其实，何止是歌德、马克·吐温、维克多·雨果对海德堡魂牵梦萦，应该说凡是到过这里的人都会如痴如醉，都会把美好的记忆留在海德堡、把心丢在海德堡。对于我来讲，又何尝不是如此呢？

2018 年 9 月

花园城市明斯特

——再游德国之二

明斯特位于安河和多特蒙德—埃姆斯运河河畔，是德国北莱茵—威斯特法伦州北部一座集古典建筑艺术和自然田园风光于一体的美丽古城，也是德国最大的大学城之一。

来到明斯特，首先映入眼帘的是满城的自行车。据说，这座只有 30 万人口的城市拥有约 15 万辆自行车，被称为德国的"自行车之都"。明斯特环绕内城区的道路禁止汽车通行，唯一的交通工具只有自行车，每天约有 10 万人骑着自行车穿行于大街小巷，来来往往的自行车构成了明斯特一道引人注目的美丽景观。

我们发现，明斯特城内自行车虽多，但并没有乱摆乱放现象。明斯特当局十分注重对自行车的管理，城内设置了 10 多个自行车租借站点，每辆车每天租金约为 8 欧元，火车站旁的自行车停车站建有 3500 个停车位，是德国最大的自行车停车站。很多来明斯特观光的游客都要骑上自行车在市里转一转，看看小城特有的风光。明斯特城内有一条 17 世纪修建的 4.5 公里长的环形林荫大道，两旁不仅有各种花草，还种植了双排菩提树，环境幽静而美丽，但是禁止汽车行驶。我们到明斯特时正是星期天，在这条路边看到很多休息的当地居民在路上锻炼身体，有的快步急走，有的全副武装骑着自行车从我们身边飞驰而过。

　　明斯特是著名的大学城。游览明斯特，不能不去明斯特大学。明斯特大学是一所公立大学，也称明斯特威斯特法伦威廉大学，赋予它名字的人是德国皇帝威廉二世。学校拥有 5 万名左右大学生，是德国最知名的大学之一，有多人获得诺贝尔奖。该大学始建于 1631 年，因为缺少资金，直到 150 年以后才开始授课。

明斯特大学

1818 年，信天主教的威斯特法伦人反对普鲁士人的教育改革，明斯特大学再次失去其合法地位。20 世纪初叶，明斯特大学开始进入兴旺时期，但不久又因爆发第二次世界大战而停课，直到战后才复课，并逐渐发展到现今的规模。

明斯特大学管理着明斯特植物园。占地面积达 4.6 公顷的明斯特植物园属于城堡花园的一部分，对外免费开放，是明斯特市民呼吸新鲜空气、赏花观鸟、娱乐休闲的好去处。这个植物园是1803 年由明斯特大学医学系发起建造的，目前园内种植着大约8000 种各类植物，其中较多的是 230 多种天竺葵属植物。我们刚进园内，一阵花香扑来，让人神清气爽。人工小溪边绿草如茵、树木葱茏，百花吐艳、美不胜收。温室区有 10 个温室，总面积达 2000 多平方米，分为树木区、村舍花园区、高山植物园区、地中海植物园区、沼泽和草原区、种子植物园区、医药植物园区、热带植物园区等，规模之大，让人赞叹不已。

我们从植物园来到明斯特集市中心广场。闻名于世的圣保罗大教堂矗立在广场旁边，这是游人的主要参观点。事实上，整个明斯特城是围绕着这座大教堂建立发展起来的。圣保罗大教堂最早建于公元 805 年，现在的大教堂是它的第三代建筑，修建于罗马建筑风格向哥特色风格过渡的 13 世纪，在第二次世界大战中受到严重破坏，战后复原。教堂地下层陈列着法衣、权杖、手迹、书本等众多与礼拜仪式相关的金银器具和教士服饰；一楼的陈列主题是"神圣的遗物"，其中有众多雪花石浮雕；二楼陈列着大教堂建筑的历史。教堂内回廊里制造于 16 世纪的天文钟让人一饱眼福，它的日历一直设定到 2071 年，每天中午，伴随着悠扬的音乐，移动的画面上就会浮现出东方三博士伏拜圣婴耶稣

集市中心广场

的画面。

　　距离圣保罗大教堂不远处，是明斯特另一个著名大教堂圣兰贝蒂教堂。这座后期哥特式教堂建于1375年，其西塔楼为19世纪建成。塔尖上挂着3个空铁笼，有其悲惨的故事：1534年，基督教新教浸礼会一度占领明斯特并将其称为"新耶路撒冷"。浸礼会失败后，明斯特又成为天主教的一统天下，以凡来登为首的3位宗教改革领袖被处死，砍去头颅的尸体悬挂在铁笼里，让飞鸟啄食，3个铁笼就是新教与天主教抗争的惨剧。如今，高挂着的铁笼时时让人不忘这段血淋淋的历史。每周除星期二以外，每晚9点到12点，身穿黑袍的神职人员每隔半小时便在楼上吹响铜号角，悠长的号声响彻明斯特城区。

　　圣兰贝蒂教堂旁边是有名的明斯特市政厅。这是一栋建于14

圣保罗大教堂

世纪中叶的哥特式建筑，第二次世界大战被毁后又重建恢复原貌。一层市民大厅后面就是著名的和平礼堂。1648年，欧洲各国在这间礼堂里经过5年艰苦谈判，签署了《威斯特法伦和平条约》。当然，这只是《威斯特法伦和平条约》的一部分，但它却是欧洲著名的因宗教之争而引起的30年战争结束的里程碑，明斯特作为天主教联盟一方的大本营和谈判地点之一而载入史册。根据和约，德国部分领土割让给法国和瑞典，承认荷兰和瑞士的独立。从此，第一帝国分崩离析，皇权受到进一步削弱。我们在大厅看到，至今墙上还悬挂着当年谈判代表们的画像。

离市政厅不远处，矗立着毕加索版画博物馆，它是德国第一座也是迄今唯一一座毕加索博物馆。馆内藏有著名现代派画家毕加索各个时期创作的800多幅版画，包括肖像画、静物画、古代寓言和斗牛场面绘画等。600平方米的展馆除了陈列这些展品，还举办有关毕加索生平和创作的专题展览。我对毕加索的认识，除了中学课本上的文章外，还看过《毕加索的奇异旅程》这部电影，对它荒诞的喜剧效果至今记忆犹新。

历史悠久的明斯特，在漫长岁月的洗礼下，被赋予了丰富的文化底蕴和深厚的文化内涵。一马平川的田园风光、多达百座的古堡和无数的教堂、广场、博物馆，把明斯特打扮得多彩多姿。骑着单车出行、躺在草坪阅读，以及造型各异的店面、现代风格的建筑，都使这座城市显得生机盎然。明斯特虽然古老，但不显沧桑，是一座美丽、优雅而又极富活力的城市。

2004年，明斯特荣获国际公园协会颁发的"国际花园城市"奖，真是名副其实！

2018年9月

"童话之路"上的不来梅

——再游德国之三

　　德国有 3 个直辖市，除了柏林和汉堡之外，另外一个就是不来梅了。不来梅全称为"自由汉萨城市不来梅"，是德国"童话之路"的终点，位于德国西北部的威悉河两岸，距北海入海口大约 70 公里。不来梅在德国论城市规模排不上前三位，至少在慕尼黑和科隆之后，如按人口来排名只能排在第十，能够成为直辖市，肯定有其特别之处。不来梅在 8 世纪时是主教教区首邑，由于拥有市场特权而迅速繁荣，11 世纪时被称为"北方的罗马"，16 世纪成为自由帝国城市，不属于任何郡主，由王国直辖。不来梅的地理组成也很奇特，包括不来梅市和不来梅港，这两块地方是分离的。建于公元 182 年的不来梅港位于北海入海口，与不来梅市相距 65 公里，在对外贸易中发挥着重要作用。

　　迎着朝阳，我们慕名来到不来梅市的中心——集市广场。集市广场的闻名并不是自身有多宏大、有多繁华，而是坐落于它周围的建筑和景点颇有名气。站立广场上，辉煌壮观的新老市政厅、罗兰骑士雕像、圣彼得利大教堂、挚爱圣母教堂、州议会大厦和施廷楼等表现主义、历史主义的建筑与设施，一一呈现在眼前，犹如进入了繁华的博物馆世界。

我们首先走近不来梅老市政厅。不来梅哥特式的老市政厅始建于 1405 年至 1408 年，供城市议会使用。16 世纪末至 17 世纪初老市政厅改建，加入了荷兰文艺复兴的建筑元素。20 世纪初，在老市政厅旁建造了一座新文艺复兴风格的新市政厅。德国许多城市的市政厅在第二次世界大战中都被不同程度地炸毁，其中大部分进行了战后重建和结构改变，但不来梅老市政厅至今仍保留着它原始面貌，它的政治功能也仍然用于城市议会，并且是不来梅市市长和议会主席的驻地。不来梅新老市政厅的建筑不仅象征

不来梅市政厅

着不来梅同国王和主教的关系，同时也标志着由议会实行的自我管理的政治体制，表现了城市议会和公民权利的觉醒。市政厅上层代表城市的象征，下层供市民使用，市民可以直接和统治者对话，这种习俗一直沿用至今。

不来梅市政厅地下有个非常有名的酒窖，位于市政厅大楼、广场和周围建筑物下面，距离地面 4—6 米深，建造于 1405 年，距今已有 600 多年历史。酒窖作为不来梅市政厅大楼的一部分，在 2005 年被联合国列入世界文化遗产名录。这是世界上最大的唯一经营德国高级葡萄酒的酒窖，开始一直垄断德国葡萄酒的国内外市场，其产品远销俄罗斯和英国。酒窖占地 5000 多平方米，终年温度适宜，十分适合酒的保存。我们进入酒窖，发现里面分为许多小厅，入口大厅里可以观赏到制造于 18 世纪的 4 个大酒桶，其中最大一个可装 3.7 万瓶酒。在众多小厅中，最著名的莫过于玫瑰厅，厅内珍藏有 1653 年德国"吕德斯海姆"桶装葡萄酒。里面 1000 升历史久远的白葡萄酒可谓"镇窖之宝"，只有英国女王伊丽莎白二世 1978 年对不来梅进行访问时有幸品尝过。酒窖里还有一个珍宝厅，厅内珍藏着历代大师挑选的过去几个世纪每个年份的美酒，可以对外销售，但价格不菲。几百年来，许多文人政客是不来梅市政厅酒窖的座上宾，革命导师恩格斯自豪地描述了他在这里品尝过 1794 年产的"吕德斯海姆"；一代文豪海涅更是以市政厅酒窖作了一首题为《在港口》的诗；威廉二世皇帝从 1890 年到 1914 年期间，每年都特地到这里举办早宴，酒窖一个大厅至今名为帝王厅。

走出酒窖，我们看到市政厅正前面矗立着象征和平和权利的罗兰铜像。铜像建造于 1404 年，高 5.5 米，是世界上最古老的罗兰雕像之一，也是最具代表性的罗兰雕像，它象征着经济权利和市场自由，2004 年被联合国列入世界文化遗产名录。罗兰像塑造的是法兰克王国查理大帝的骑士罗兰的形象，罗兰是公元 8 世纪时查理曼大帝麾下十二圣骑士的首席骑士，为短暂而辉煌的查理曼帝国创建了不朽功勋，同时他也是查理曼大帝的侄子（也有说是外甥），史上第一位被称作"帕拉丁"（即圣骑士）的人。罗兰骁勇善战、为人正直，拥有无可挑剔的美德，身上折射出中世纪法兰西乃至整个欧洲的骑士精神。据说只要罗兰铜像立在这里，不来梅就能够保持它自由汉萨城市的资格，800 年来罗兰无惧风雨手持宝剑和盾牌，捍卫着不来梅的自由。

从罗兰铜像向右走，就是圣彼得大教堂。这是不来梅的福音派教堂，始建于 1403 年，为罗马式和哥特式混合建筑。圣彼得大教堂大部分用砖建造，是欧洲最大的砖结构建筑。该教堂在第二次世界大战中被严重摧毁，1950 年重新修建，1972—1981 年进行维修，丰富的彩绘装饰、绚烂的玫瑰窗和栩栩如生的雕刻让人赞叹不已。圣彼得大教堂经历了战争磨难和时代变迁，呈现出庄重与华丽、肃穆与轻盈、罗马与北欧的混合风格，有着一种庄严和神秘之美。教堂上建造于 1215—1253 年的高 99 米的双塔钟楼，被称为南钟楼和北钟楼，像两把利剑直插云霄，绿色的尖顶与市政厅的绿色屋顶遥相呼应，相得益彰。游客可以登上南钟楼顶部，饱览不来梅的美丽风光。

到不来梅不能不看"不来梅的城市音乐师"雕像。格林童话"不来梅的城市音乐师"故事背景就发生在不来梅，而且不来梅是童话之路的终点。童话之路以格林兄弟的出生地哈瑙为起点，然后顺着施泰瑙、阿尔斯菲尔德、马尔堡、卡塞尔、汉慕登、哈默尔恩，一路蜿蜒向北绵延了约 600 公里到达终点不来梅，格林兄弟在这条路上创造了一个又一个神奇而又浪漫的童话故事。"不来梅的城市音乐师"雕像就在圣彼得大教堂西北不远处。我们从圣彼得大教堂走了五六分钟就到了雕像前面。这尊两米高的青铜雕像造型生动有趣，几个动物的排列顺序和格林童话里的一样，驴在最下面，身上站着狗，狗身上站着猫，鸡立于最上面，正在昂首合唱。如果了解这个故事的内容，就不难理解这座雕像的含义了。

　　"不来梅的城市音乐师"讲述的是 4 个动物的故事，它们是一只鸡、一只猫、一条狗和一头驴。因为它们太老了，主人要将其宰杀，它们便逃了出来并意外地碰在了一起。根据驴的提议，它们决定一起去不来梅做城市乐师。去不来梅的路上，它们发现一间森林小屋，4 个强盗正在里面享受着他们的不义之财。动物们一个站在一个背上，决定演奏音乐

不来梅的城市音乐师雕像

乞求换来一顿饱餐。可是，它们的"音乐"产生了意料之外的效果，强盗们不知道这奇怪的声音是什么，撒腿逃命。动物们进屋美餐一顿，并决定在屋里过夜。当天晚上，强盗想回小屋并派其中一个进屋检查。屋里一片漆黑，强盗看到了猫的眼睛在黑暗中发亮，以为那是火炭，凑上前去想要借此点亮手中蜡烛。这时候，猫用爪子猛抓强盗脸庞，接着驴用腿踢他，狗咬他，最后鸡大声叫着将强盗赶出了小屋。逃出来的强盗告诉同伙，他被一群怪物围攻，有一个巫婆用指甲抓他，有一个巨人用棍子打他，有一个老虎用牙齿咬他，而最可怕的是有一个魔鬼对着他耳朵尖叫。强盗们听了非常害怕，再也不敢回来，而这些动物则在那里愉快地生活了下去。

　　这个故事发源于中世纪，有多个版本，但故事的精髓大体一样，那就是弱者通过团结协力能够战胜强者。19世纪初，格林兄弟记录整理了这个故事。后来，这个故事被许多国家改编成动画片、电影和戏剧，世界无数人听过这个故事、读过这个故事、看过这个故事、被故事情节所吸引，这个故事陪伴着世界上一代又一代的孩子度过了他们天真烂漫的童年，故事的家乡不来梅更为4个"乐师"塑了雕像。自从这座雕像建成后，全球各地的童话粉丝都前来瞻仰心目中的动物乐师，缅怀自己为格林童话疯狂的童年时代。我们看到，雕像因为时间的流逝呈现出深绿色与黑色的斑驳，只有驴子的两只前蹄异常锃亮，那是到此的游客都会用手触摸驴子的前蹄，据说这样可以带来好运。既然已经站到雕像前，我也伸手摸了一下驴蹄，不过我对"带来好运"的说法并不相信，只是觉得有意思，乐一乐而已。

　　"不来梅的城市音乐师"雕像附近有一条著名的街道，叫"伯切尔街"，也叫"箍桶匠街"，是集市广场通往威悉河畔的精致街道。走进街口，看到上方高悬着一幅镏金浮雕"光明天使"，它是著名雕塑家伯恩哈德·赫特格的作品。街道很短，从街头一眼就能望到街尾，说是街道，其实就是 110 米长的小胡同。但是这个小胡同却十分繁华，游客熙熙攘攘，建筑鳞次栉比，既有餐馆、剧院、电影院、美术馆、时装店、玻璃工艺店、首饰加工铺，也有赌场和咖啡厅，真所谓麻雀虽小五脏俱全。每天 12 点、15 点和 18 点，全街都能听到圣彼得大教堂钟楼美妙的音乐声。

走出街道，一条大河横在面前，这就是威悉河了。河上船只来往如梭，一片繁忙。夕阳之下，行船激起的浪花像顽皮的孩子跳跃不定，闪闪烁烁，一河碎银。下游 60 多公里处就是不来梅港，我想那里一定比威悉河上更加热闹非凡、美丽壮观。本来打算要去那里参观，当天的时间来不及了，等以后有机会，一定再去欣赏这个德国第二大港的繁华尊容吧。

不来梅，这个古老而又充满朝气的城市，相信它必将焕发出更加夺目的光彩。

2018 年 9 月

海涅故乡杜塞尔多夫

——再游德国之四

　　杜塞尔多夫位于莱茵河畔，是欧洲人口最稠密、经济最发达地区北莱茵—威斯特法伦州的首府，也是德国大诗人海涅的故乡。德语中 Dorf 是"村庄"之意，因此有人戏称杜塞尔多夫是"欧洲最大的村庄"。确实，杜塞尔多夫原本就是莱茵河畔的一个小渔村，开始并未受到人们的重视，直到公元 13 世纪，此地成为博格公爵的居所才逐渐有了城市的规模，后来因莱茵河水道交通便利经济得到快速发展，逐渐成为德国广告、服装和通信业的重要城市和欧洲的物流中心。

　　杜塞尔多夫著名景点大多在老城区。我们首先来到紧靠莱茵河的老城区。老城区古色古香，完整地保存着德国传统的民居。德国以啤酒闻名，这里酒馆极多，纵横交错的小巷随处都是喧闹的啤酒馆和酒吧，面积不到 1 平方公里，不足全市的百分之一，可啤酒馆、酒吧达一二百家，几乎门挨着门，被称为"世界上最长的酒吧"，精彩纷呈的夜生活成为这里的显著标志。当地特产的啤酒是"老啤"，这种老啤是黑啤酒的一种，为德国西部所独有，这里还可以畅饮到现场酿造的新鲜黑啤酒。

老城区中心是集市广场。广场虽然不大，可它与中国有缘，每年9月的第一个周六，一年一度的中国节在里举办。该活动自2011年以来，已经成功地连续举办了7届，每年都会吸引三四万名参观者。活动当天不但有丰富精彩的舞台节目，还有展示中国文化、中国企业风采和中国小吃等活动，为德国人民和世界各地的游客提供了解中国的窗口。

集市广场旁边的一座古老建筑是杜塞尔多夫市政厅，相比德国其他城市的市政厅要小很多。市政厅前面矗立着1711年雕成的约翰·威廉大公爵的青铜骑像，是他造就了杜塞尔多夫成为文化名城，后人对他永不忘怀。

离市政厅不远处就是德国大诗人海涅故居。海涅诞生在老城区最繁华的Bolker街53号。现在这里变成了一个小商店，很不起眼，很多游人都找不到，我们差一点儿走错了地方。因为门前没有显示海涅故居的文字，只有门楣上方的一个青铜浮雕做的标志牌，标志牌下方写着这里可以举行"文学活动、文学咖啡"这样内容的一行字。据说经常有一些文学爱好者在这里聚会。里面房间不大，开展活动也容纳不了多少人。海涅1797年出生后，在这里度过了美好的童年和少年时代，现在房子里几乎没有他的生活物件。一楼是书店，绝大多数书籍跟海涅也没有什么关系。角落里一个易拉宝印着海涅的像，据说是专供游人合影的。二楼供游人参观，但里面没有多少展品，只有一些简单的图文介绍，还有海涅母亲的一绺头发和海涅去世前制作的一个脸模，这两个物件算是"镇馆之宝"了。来到海涅故居，心中颇有感慨，在德国文学中既是作家又是思想家的不乏其人，但像海涅那样将二者完美地统一起来，而又没有让诗歌负担哲学的沉重，却并不多见。

由海涅故居我又联想到我国大诗人、大文人的故居。一是比海涅早出生 1000 多年的大诗人李白，新中国成立后，当地政府对其故居进行了精心修缮，还建立了占地 4 万平方米的纪念馆，馆外有"李白纪念馆" 5 个醒目大字的标牌，馆园宏伟壮丽，清流绕廊，每年吸引众多国内外游人前来参观；二是比海涅晚出生 100 多年的大文人鲁迅，他当年变卖了故居举家北迁，如今人们不仅对其故居进行精心修建，室内风物依旧，还把他部分旧宅辟为"鲁迅纪念馆"，连他小说中描写的"咸亨酒店"都修整一新

杜塞尔多夫莱茵河上的奥伯卡塞勒大桥

重新开业，附近还建立了鲁迅文化广场、雕塑了鲁迅铜像，几乎整条街都成了鲁迅纪念地。这些，与简单、低调而默默无闻的海涅故居形成了鲜明的反差。我想，这就是两个不同国家、不同制度、不同观念的区别吧。

　　思考之间，不知不觉进入附近的一条有名的林荫大道。传说1848年普鲁士国王威廉四世巡游到此，愤怒的市民向这个专制的国王扔马粪，惹得国王大怒，当地政府为谢罪将此街改名为国王大道。国王大道中间是一条水渠，清澈见底，碧波荡漾；水渠两旁是郁郁葱葱的树木，林荫密布，苍翠挺拔。国王大道西侧是银行区，耸立着德国西部主要银行分支机构大楼。国王大道东侧是在德国乃至世界上享有知名度的高档商业街，布满了鳞次栉比的世界顶级奢侈品专卖店，如摩登豪华的时装专卖店、珠宝店、

杜塞尔多夫国王大道边的小河

瓷器店以及古董拍卖行等。在这条商业街上，到处可见中国游客在采购商品。

　　国王大道紧靠莱茵河畔。走着走着，就来到莱茵河北岸，这就是杜塞尔多夫著名的滨河大道，也叫莱茵河畔散步道。这条沿着河岸的大道于1993年建成后，成为当地市民和游客最爱观赏的地方。站立莱茵河岸，一阵阵清凉的河风轻拂，令人神清气爽；河面上波光潋滟，游船不断，一只只白色水鸟时而掠过水面，时而跃上蓝天；眺望对岸，民居如画，丛林似烟，绿色草地上支撑着许多五颜六色的帐篷，一群群孩子一会儿钻进帐篷，一会儿在草木间嬉戏追逐；上游五六百米处是一座钢索斜拉大桥，如同壮美的长虹横跨在宽阔的大河上，两岸来往车辆川流不息……眼前的莱茵河畔，就像一幅舒展不尽的美丽画卷。

杜塞尔多夫莱茵河畔的草坪

　　沿着梧桐成荫的岸边大道散步，经过漂亮的城堡广场、美丽的莱茵公园，来到壮观的宫塔跟前。这座造型独特的古塔下半部为圆柱形，上半部为八角形，原本是一座1380年建成的公爵城堡里的建筑，19世纪一场大火将城堡的大部分建筑烧毁，只幸存下城堡一角的这座宫塔。现在，这一古塔辟为船舶博物馆，参观人员络绎不绝。

　　杜塞尔多夫有德国鲁尔区"办公桌"之称，位于鲁尔重工业区的中心，世界驰名的钢材、机械、化工等工业公司总部都在市区内。我曾认为，这里会和我们国内的工业城市一样受到污染和影响，没想到街区整洁优美、道路绿茵环抱、河水清澈透明、景点如诗如画，一点也看不出重工业城市的样子，他们的做法和经验，是否值得我们学习和借鉴呢？

2018年9月

科隆的魅力

——再游德国之五

科隆是德国西部历史文化名城和重工业城市，也是德国仅次于柏林、汉堡和慕尼黑的第四大城市。科隆横跨莱茵河两岸，有"北方的罗马"之称。公元前 38 年为罗马殖民城市，罗马帝国国王奥古斯都女婿阿格里皮在此地建城。公元 50 年，该城为罗马帝国皇后克罗迪娅的出生地，并把它正式命名为科隆。罗马时代是科隆历史上的第一个兴盛时期，这里商贾云集、街市繁盛。1815年，科隆纳入普鲁士版图。第二次世界大战中，全城几乎被夷为平地。战后，科隆在废墟上重建，这座历经沧桑的莱茵古城，如同灰烬中飞出的金凤凰，又成为一个兴旺发达的现代化城市。

科隆的魅力主要在于大教堂，我们科隆之旅将其作为开启之地。科隆大教堂又称"圣彼得大教堂"，坐落在科隆市中心，集宏伟与细腻于一身，以轻盈、雅致著称于世，是科隆市标志性建筑物，也是中世纪欧洲哥特式建筑艺术的代表作，被誉为哥特式教堂建筑中最完美的典范。教堂占地7914平方米，建筑面积约6000平方米，东西长144.58米，南北宽86.25米，中央是两座与门墙连砌在一起的双尖塔，南塔高157.31米，北塔高157.38米，高度在教堂中居德国第二、世界第三。站在高高的塔顶，莱茵河犹如一条白色绸带从身边静静地流过，两边鳞次栉比、绚丽多姿的风物名胜尽收眼底。

教堂始建于1248年，工程时断时续，直至1880年才由德皇威廉一世宣告完工。它为罕见的五进建筑，内部空间挑高又加宽，四壁装有描绘圣经人物的彩色玻璃，教堂内有很多珍藏品。1942年，英美联合空军轰炸德国，由于德国天主教向罗马教廷提出要求，这座古教堂才免遭大规模轰炸，但也中了10多枚炸弹，受到一定损

科隆大教堂

坏。战后重修，恢复了原来面貌，至今仍不断修缮。1996年，科隆大教堂被联合国列入世界遗产名录。

步入大教堂，看到里面分为多个礼拜厅。中央大礼拜厅穹顶高约40多米，中厅跨度为10多米，各厅都有整齐的座位，共有四五千个之多。教堂四壁彩画玻璃窗总面积达1万平方米，镶嵌图案描绘的是圣经故事。画面相当漂亮，但仅有金、红、蓝、绿4种颜色，据说金色代表人类共有一个天堂，红色代表爱，蓝色代表信仰，绿色代表希望和未来。这些玻璃在阳光反射下，金光闪烁，绚丽多彩，成为教堂里一道奇丽风景。

我们发现，教堂内有多幅描绘圣母玛利亚和耶稣故事的石刻浮雕，收藏许多珍贵的艺术品和文物，包括成千上万张大教堂的设计图纸，其中还有第一位建筑师哈德设计教堂时用的羊皮图纸。一些珍贵文物保存在一个金神龛内，此金神龛被认为是中世纪金饰艺术代表作之一。在教堂祭坛上摆放着由黄金和宝石组成的中世纪黄金匣，不远处还有一座11世纪德国奥托王朝时期的木雕《十字架上的基督》，以及最古的巨型圣经、比真人还大的耶稣受难十字架和无数精美的石雕。在唱诗班回廊，保存着15世纪早期科隆画派画家斯蒂芬·洛赫纳1440年为教堂所作的壁画和法衣、雕像、福音书等文物，这些珍藏品具有很高的艺术价值和宗教研究价值。

来时匆匆，没有注意大教堂外观，我们特意来到教堂外面，仔细打量着科隆大教堂面貌，整个教堂呈现灰褐色，特别是两座孪生连体的高塔更是显得灰头土脸，我的心情不免有些沉重。原来，科隆是欧洲最重要的工业城市，也是德国最大的褐煤生产基地，泛酸的空气和酸雨侵蚀着教堂外的每一块石头，尤其是处于高空的双塔破坏程度更为严重。此事引起了科隆市政府的重视，近年来出台了一系列政策措施减少污染，大力保护包括科隆大教堂在内的历史文化遗产，提出了"减少碳排放、节约能源、提倡绿色生活"的口号，严禁尾气污染严重的车辆进入市区，搬迁市内污染严重的企业，正式成立"环境保护区"。这些措施的贯彻，大教堂的状况将会逐步得到改善。

离开了大教堂，走到远处又恋恋不舍地驻足回望，它是如此雄伟壮观：两座尖塔高耸入云，还有成千上万个小尖塔像众星捧月般地在底下烘托，令人拍案称奇；几片白云在塔尖上拂拭了几下，又轻轻地飘走，不留一丝痕迹；秋日的阳光突然从一片厚厚的云层中照射下来，原本灰色的塔尖瞬间又变成了两把银剑直插云霄，在蓝天映衬下壮美无比。

带着感叹朝着莱茵河方向走了大约 500 米，便来到横跨莱茵河的霍亨索伦大桥。此桥 1907 年开始建设，1911 年建成通车，1945 年重新修建。主桥上有华美的大门，引桥两侧共有 4 座霍亨索伦王朝普鲁士国王和德国皇帝的骑马雕像，桥东侧是腓特烈·威廉四世和威廉一世雕像，桥西侧是腓特烈三世和威廉二世雕像，象征着普鲁士王朝对莱茵河的统治。这座超过 100 年历史的大桥不但承载着四面八方驶向科隆中心的火车、地铁、汽车和游人，还是浪漫爱情的见证地。从 2008 年夏天开始，有人在桥上悬挂爱情锁，据说这样爱情就可以天长地久。所以在桥上可以看到各种各样、大大小小的铜锁，这些铜锁成了桥上一道亮丽的景观。真没想到，追求务实的德国人也有这样一种浪漫之心。

近些年来，霍亨索伦大桥的爆红，还源于德国歌手 Hoehner 的《把心交给我》这首歌曲，歌词取材地正是这座大桥和来源于它的爱情故事。这支歌后来成了德国家喻户晓的歌曲，更是狂欢节上的保留曲目。

莱茵河畔，除了中世纪留下的那些古老建筑，还有一些新式建筑也引人注目，巧克力博物馆便是其中一座。沿着布满爱情锁的行人通道穿过霍亨索伦大桥回到莱茵河西岸，继续向南行走，那浓浓的可可味伴随着莱茵河畔的清风阵阵飘来，在巧克力香味中大约走了四五百米，就到了像军舰一样的大房子跟前。这座位于莱茵河边的巧克力博物馆颇受德国人喜爱。一进门，我们就获赠了一块巧克力，众多的展品和讲解又带着我们畅游了 3000 年的巧克力历史。馆内的玻璃橱窗简直就像把南美的可可园搬到了科隆，配上旁边的可可提炼过程图片展示，让人清楚地了解到整个巧克力的产生过程。在巧克力生产车间，我们被制作松露巧克

科隆城中的莱茵河

力的流程所吸引：溶化了的巧克力液体像瀑布一样倾泻而下，很快注满了一个个带方格的模具盒。随后机器带动模具盒上下、左右摇摆，巧克力在逐渐冷却过程中填满模具。随着巧克力外壳变硬，松露粉末注入进去，精美诱人的松露巧克力也就制作出来了。这里最令人感兴趣的就是博物馆中央的那座巨型巧克力喷泉，日夜不停地向外喷涌着如丝如棉的朱古力，朱古力特有的浓浓香味不断地向房间、向室外散发，一直弥散在美丽的莱茵河畔。

带着巧克力的香味，沿莱茵河一直向北便到了科隆繁华的老城中心区。这里的每一条小巷都值得游人观赏、探索一番，游人也可以在布满街道的博物馆、酒吧、餐厅、手工艺小店里发现独属于科隆的味道和惊喜。我们颇有兴致地在老城中心区转了几个店铺，就远远地看到了大圣马丁教堂。教堂像一座城堡，以宏伟壮观的塔顶而闻名，在以哥特式建筑为主流的德国教堂建筑中，这种样式比较罕见。如果说科隆大教堂总是散发着男人的香味，那它身边的大圣马丁教堂就像一位高贵而温柔的妇人，静静地躺在莱茵河畔散发着她独有的香味。如果站在莱茵河北岸往南看，要是少了大圣马丁教堂，整座科隆立马就会失去它特有的平衡感，科隆大教堂也会显得毫无韵味。大圣马丁教堂始建于公元 1 世纪，以后不停地施工，经过历次改建，直至 15 世纪中叶才有了今天这个样子，但地下墓室仍保留着 2 世纪罗马时期遗迹。在欧洲，以生于 4 世纪的圣人马丁名字所命名的教堂、学校、修道院很多，科隆大圣马丁教堂便是其中之一。

大圣马丁教堂在 19 世纪修复中，从内到外作全面更新，室内重新装潢、彩绘，外观将象征罗马建筑的塔帽增加了关于威尔特的爱情故事。威尔特年轻时爱上了富家小姐格蕾特，但他认为自己出身贫穷，以为格蕾特不爱他，所以未向格蕾特表达爱意。威尔特参军后，能征善战，升为将军，之后与另一位贵族小姐结婚。威尔特回到科隆，得知格蕾特一直没有嫁人，心中无限感慨。格蕾特看到威尔特后喃喃地说："哦，威尔特，我一直在等你，你却从未发现。"这个悲伤的故事，使人明白了这样一个道理："爱，一定要大胆讲出来。"

听说老集市广场和市政厅是科隆的主要景点，而且离大圣马丁教堂很近，我们理所当然地要去浏览一下。从教堂没走多远，就看到一片繁华的建筑，这就是古集市广场和市政厅了。从古罗马时期至今，这里都是非常热闹的城市中心。文艺复兴时期这里曾是热闹的集市，现在仍保留着当时的很多建筑，商业街、酒吧、餐馆在这里依然井井有条，一如旧时的繁华。古今的交融与碰撞，使得这座在古老历史上成长起来的城市更加有情调。我们看到，广场中间有一个喷泉雕像，这个雕像就是当地传奇人物威尔特，雕像下面描绘着他在征战中的传奇故事。

古集市广场的西侧是科隆市政厅塔楼。建于14世纪的科隆市政厅结构复杂，在第二次世界大战中被严重损坏，只有建筑物突出的阳台和门廊部分比较完整地保留了下来。战后，市民们对部分建筑物进行重建，并且修复成了现代风格。高达61米的市政厅塔楼上共有124座雕像，从耶稣和他的门徒，到古罗马的将军，甚至还有近代的政治家和音乐家。他们神态各异，因为距离较远，我们难以看清楚雕像上的具体形态。

在科隆乃至于整个德国，参加者最广泛的传统节日要算狂欢节了，古集市广场就是科隆狂欢节举行开幕式的地方。狂欢节的日期每年都不一样，它随着复活节的早晚而定。复活节是纪念耶稣受刑死后 3 天复活的节日。它定在从春分（3 月 21 日）起第一个满月后的第一个星期天，这样它的日期就在 3 月 22 日到 4 月 25 日之间不断变动。复活节前有斋期，斋期前人们总要狂欢一番，这样就产生了狂欢节。不过，早在头一年的 11 月 11 日 11 点 11 分，科隆就宣布进入狂欢季节，这时就会在古集市广场上举行开幕式，开幕式结束后进行大游行。游行是狂欢节的重头戏，路线长达 7 公里，在浩浩荡荡的队伍中，有成百上千个表演队，每个表演队都有自己的乐队、花车和独具特色的服装，令人目不暇接。身着 18 世纪军服的士兵会进行滑稽的军乐队表演，盛装的狂欢者不停地向观众抛掷花束、糖果，分发小瓶香水。这样的狂欢场面一直持续 5 个小时，平时一向严谨的德国人，在这天竟然也疯狂起来。

科隆还有"香水博物馆"，香水俗称花露水，花露水在法语中是"科隆之水"的意思，尽管巴黎香水远近闻名，但科隆香水比其更加古老，科隆香水是世界香水的鼻祖，名冠全球；科隆还有"路德维希博物馆"，里面收藏有大量 20 世纪出现的后现代艺术作品，包括很多罗伊·利希滕斯坦、安迪·沃霍尔的作品和 900 件以上的毕加索作品。科隆有太多的地方值得人们去欣赏，这就是它的魅力所在。可惜时间已经不早，怕还要下雨，来不及去这些地方了。

2018 年 9 月

汉诺威的韵味

——再游德国之六

汉诺威位于莱纳河畔的北德平原和中德山地的相交处，是德国下萨克森州的首府。它的历史曾与英格兰密切相连，从1714—1837年，两地每代的统治者都是同一人，"一君治二国"给汉诺威带来不同于其他城市的独特风格。

我们从汉诺威主火车站向前步行不远，最先看到的景点是汉诺威歌剧院。这是汉诺威最经典、最漂亮的建筑之一，也是德国顶级剧院之一，剧院内可容纳1200多人。歌剧院在第二次世界大战中受到严重破坏，1948年重建，在德国享有很高声誉。

离开歌剧院后没走几分钟，便来到阿吉迪恩教堂。这座教堂建于14世纪，名字源于十四救难圣人之一的"阿吉迪恩"，是汉诺威最古老的教堂之一。但令人奇怪的是，教堂没有屋顶。从一位做过"功课"的中国游客口中得知，原来，这座教堂同汉诺威歌剧院一样，在第二次世界大战中被盟军飞机炸得面目全非，战后重新修建时，当地政府特意保留了原貌，告诫人们不忘战争、捍卫和平。得知这一情况，不禁感慨起来，第二次世界大战中，多少善良无故的人们遇难，多少名胜古迹被毁，这是人间悲剧。为了让人们牢记战争教训，很多地方在战后重建时都保留了残骸。德国是战争主要发动者，能够醒悟和反思，其态度值得肯定，但是也有的国家至今仍然对过去的侵略罪行拒绝认错，这是我们需要高度警惕的。

"好壮观的建筑啊！"一句赞叹打断了思索。不知不觉跟随人们向南走不多远，就到了汉诺威新市政厅。这座酷似皇宫的宏伟建筑，是汉诺威最具代表性的地标。它名为"新市政厅"，其实修建时间并不新，古色古香的建筑造型显示着它的悠久历史。

汉诺威新市政厅

它于 1901 年动工，1913 年 6 月建成，据说使用了 6026 棵山毛榉树，造价昂贵，高达 1000 万马克，而且都是现金支付。新市政厅建成后，老市政厅停止使用，行政主管部门全部进入新市政厅，市长也在此办公。新市政厅同附近其他建筑一样，在第二次世界大战中多次遭受盟军飞机轰炸，损毁严重，战后进行了修缮。市政厅室内有 4 个城市模型，展示了从中世纪到今天不同时期的城市面貌，并且显示着汉诺威在第二次世界大战中的受损情况。最值得一提的是，新市政厅有通往顶层观景平台的电梯，电梯沿着穹形屋顶倾斜 17 度角向上爬升 50 米，是欧洲唯一一座倾斜上升的电梯。观景平台高 98 米，上面视野开阔，可以俯瞰全城。

从新市政厅出来，我们顺便游览了马路对面风景如画的玛狮湖后，便驱车来到莱纳宫。金碧辉煌的莱纳宫曾经是汉诺威国王的居住地，目前为下萨克森州州议会所用。这里最初的建筑是 1300 年修建的一座修道院，1533 年宗教改革将其废弃。1636 年在原址建设王宫，1816—1844 年进行了大规模改建。第二次世界大战期间又被彻底毁坏，20 世纪 60 年代重新建造了现在这个宫殿。

说起汉诺威王朝很有意思，它是 1692—1866 年统治德国汉诺威地区和在 1714—1901 年统治英国的同一个王朝。英国在本土由于最后 3 位斯图亚特君主均无子嗣活到成年，但斯图亚特家族一位公主嫁到德国汉诺威后生儿育女，她的后裔因此拥有了英国王位继承权。1707 年，英格兰和苏格兰议会合一，两国正式合并为大不列颠王国。1714 年，安妮女王驾崩，根据《1701 嗣位法》，汉诺威选帝侯乔治一世路易继承大不列颠和爱尔兰的王位，是为英王乔治一世。自此，斯图亚特王室男嗣对英国的统治正式终结，改由斯图亚特家族女性后裔的汉诺威王朝统治。王室人员以国为姓氏，亦即汉诺威王朝。

我们在汉诺威的最后参观点是海恩豪森花园。这座被誉为绿色明珠的偌大花园位于城市西北部，1666年动工，1714年建成。

汉诺威海恩豪森花园

据文献记载，它的修建倾注了选帝侯夫人索菲娅的不少心血。这位夫人文化教养深厚，酷爱园林艺术，曾说"海恩豪森花园，这就是我的生命"。为了建好这个花园，她专程去荷兰学习园林技术，对园林建筑有很深的造诣，建造时亲自过问，精益求精，在她去世前夕终于完工。

花园细分为4个独立部分，由葛罗萨花园（也叫大花园）、乔治花园、贝格花园（也叫山地花园）和韦尔芬花园4个部分组成。其中葛罗萨花园最大也最漂亮，按照当时荷兰流行的巴洛克花园模式而建，面积达到 50 公顷。一眼望去，但见林木葱茏，繁花似锦，草坪、花坛、雕塑、水池、路径的排列非常整齐，而且对称于中轴线，就连树木都修剪成几何形状，设计之精准、安排之科学令人赞叹。中心喷泉高达 82 米，为欧洲之最。乔治花园草地开阔，花径蜿蜒，顺其自然，浑然天成，里面坐落的乔治宫如今成为德国 19 世纪著名画家威廉·布施的纪念馆，深受德国儿童喜欢。贝格花园有汉诺威王室陵墓，1750 年变为植物园。韦尔芬花园原为巴洛克园林，1797 年改建为自然风景公园，19 世纪中叶建有韦尔芬宫，如今是汉诺威大学的校舍。

3 个世纪以来，海恩豪森花园的主人不断变换，花园也因此不断地改建和扩建，越变越大，越变越漂亮。如今，已被联合国列入世界文化遗产名录，成为人们旅游休闲、修身养性的好去处。

当天下午，天气晴朗。站立大花园旁边，只见巨大的喷泉直冲高空，四散的水珠似烟又似雾，在阳光的反射下形成一道美丽的彩虹，与上面的蓝天白云和下面的繁花绿草、白色群雕组成了一幅绮丽的图案，让人如痴如醉。我想，当人们看到这美轮美奂的景色时，一定不会忘记一个人——花园的建造者选帝侯夫人索菲娅，是她把这如诗如画的花园永留人间。

汉诺威很有韵味。它的韵味是一种历史的厚重感，是一种回味无穷的甘甜，还有着一些酸甜的柠檬味。

2018 年 10 月

绿色都市多特蒙德

——再游德国之七

多特蒙德地处鲁尔工业区东北部。该城首次载入史册时间要追溯到公元 880 年至 890 年，中世纪时因优越的地理位置和繁荣的商业贸易而加入汉萨同盟，很多富商权贵定居于此，为这座城市留下大量弥足珍贵的建筑遗产。后来随着旧罗马帝国的衰落，一度被法国占领。1845 年巴伐利亚的啤酒酿造技术引入多特蒙德以后，现代大型啤酒酿造工业体制的建立，使这座城市重新焕发生机，20 世纪初成为鲁尔地区最大的工业城市。第二次世界大战时多特蒙德遭到炸弹袭击，将近95% 的老城区及 60% 的住宅区被摧毁，20 世纪 60 年代重建，成为威斯特伐利亚地区工业及研究、文化的中心。

多特蒙德位于鲁尔河之北，美丽的埃姆斯河从市区悠然而过，市内有一半地区布满水道、树林和绿地，被誉为"绿色都市"。

勾留多特蒙德，我们在一天内连走了几个著名景点。

圣诞市场是参观的第一景点。据说德国共有大大小小 150 多个圣诞市场。名气大的有这么几个：始建于 1434 年的德累斯顿圣诞果子面包市场，是德国历史最为悠久的圣诞市场；纽伦堡圣诞天使市场拥有"天下第一圣诞之城"的美誉，是德国最有名气的圣诞市场；多特蒙德圣诞市场，以伫立在老市场的德国乃至世界最大的圣诞树而闻名于世。

欧洲各国一年中的节日虽多，但最隆重最热闹的当属圣诞节。正如我们国家的春节一样，最受民众的重视和喜爱。亲人朋友之间趁此节日互赠礼物，加深感情，孩子们就像我们小时候盼望过年一样，盼望"圣诞老人"将圣诞礼物偷偷藏在圣诞袜里给他们一个大大的惊喜。

虽然离圣诞节还有一段时间，但是欧洲各国的圣诞市场大多是 10 月底就开始筹备，早早拉开了活动序幕。许多城市都以自己别具一格的设计吸引旅客，将圣诞气氛渲染得如火如荼，多特蒙德也不例外。

各地圣诞市场的布置大同小异，通常由圣诞小木屋或屋顶摊位组成，售卖各种与圣诞装饰有关的用品和各种各样的美食。

多特蒙德圣诞市场位于城市中心的老市场，有 300 多个摊位，是德国最大的圣诞市场之一，每年游客数量达到 300 万左右。来到圣诞市场，只见很多圣诞小木屋装饰得十分可爱，充满想象力。摊位上，除了摆有圣诞挂件，还有各种手工品和五颜六色的圣诞水晶球，让人目不暇接。

走没几步，就远远地看到一棵偌大的圣诞树。德国人说，如果没有圣诞树，圣诞市场是不完整的。据说这株圣诞树是世界上最大的圣诞树，占地三四百平方米，高达 45 米，基底重达 140 吨，树本身重约 30 吨，由 1700 棵冷杉树堆叠成一个金字塔形状，树上有近 5 万盏灯，最顶端的塔尖站着一个 4 米高的金色天使，为整个市场增添了浓厚的节日氛围。圣诞树四周，围满了不同肤色的游人，很多人对圣诞树指指点点，赞叹不已。

离圣诞树不远，我们看到一个巨大的倒数日历牌。倒数日历牌最早起源于 19 世纪的德国，是当时人们用它来记录 12 月 25 日耶稣诞生日的。前 24 天，人们每天拆开一个格子获取一份小礼物，用这种方式来迎接全年最重要的节日，把所有格子都打开后圣诞节也就到了。我们看到的这个倒数日历牌，据说是世界上最大的倒数日历牌，由 30 个海运集装箱堆放到一起，长 15 米，高 13 米，采用各种颜色装饰喜庆的节日气氛，从 12 月 1 日至 24 日每天 18 点开一个格子，往往能够获得重大惊喜。

在圣诞市场走饿了，可以吃到各种诱人的圣诞小吃，如烤香肠、圣诞姜饼、圣诞热红酒等，这些美食也是圣诞市场里的一景，吸引了大量的游人。

教堂在多特蒙德占有重要位置，也是游人必看的景点。建造于 13 世纪的圣莱诺尔特大教堂是多特蒙德市的象征。这座教堂是多特蒙德的教徒圣莱诺尔特捐赠修建的，将 13 世纪早期哥特式主体建筑和 15 世纪后哥特式风格的祭坛融为一体，别具特色。建于 12 世纪的玛丽恩教堂、14 世纪的彼得教堂以及 15 世纪的博斯泰尔教堂，都各有特色，我们无不为其辉煌壮观而感叹不已。

多特蒙德市是一个博物馆城，拥有 14 座不同类型的博物馆。奥斯瓦博物馆收藏了 20 世纪和 21 世纪绘画、雕塑、摄影等众多的艺术品，以表现主义、非定型艺术、流变艺术、零点运动为重

点，不少藏品出自贝克曼、夏加尔、坎丁斯基、克莱、马克、罗
丹等名家之手。1990 年，我国西安市在这里成功地举办了秦始
皇兵马俑展，受到德国和世界各地游人的赞叹。

在多特蒙德市诸多博物馆中，艺术和文化史博物馆最为著
名。该馆建于 1924 年，原来是储蓄银行，1983 年改建为艺术和
文化史博物馆，宏伟壮观的馆舍位于城市中心，距离火车站只有
举步之遥。博物馆通过绘画、雕塑、工艺珍品以及各个时期的家
具，展示史前至今的文化发展史和城市历史，吸引了无数游人前
来参观。

多特蒙德音乐厅是我们的又一个参观点。音乐厅历史不长，
落成于 2002 年 9 月，但它模仿了维也纳音乐大厅建筑风格，采
用现代化钢铁和玻璃建筑，设备非常先进，音响效果极好，当属

多特蒙德威斯特法伦公园

欧洲最佳音乐厅之列。厅内设有 1550 个座位，216 平方米的舞台可以分区升降。室内各种辅助设施俱全，既有舒适的休息区，也有宽敞的美食厅和饮品厅。

多特蒙德音乐厅使用后，吸引了世界数不清的知名音乐家前来，很多演出一票难求。德国汉堡广告公司还为多特蒙德音乐厅策划了独出心裁的推广活动——推出"多特蒙德音乐厅"牌牛奶。他们在距离多特蒙德 68 公里处的一家知名农场雇用了 180 头奶牛，每天让奶牛听着各种古典音乐，然后对其产出的牛奶采用精美的玻璃瓶包装，并将音乐节目名称、音乐家简介及演出信息印制在标签上。这一推广活动获得空前成功，音乐厅的预订量增加了 19%，平日上座率达到 72%。

多特蒙德是举世闻名的体育活动中心。到多特蒙德不能不看

多特蒙德威斯特法伦体育场

威斯特法伦体育场。这个体育场能够容纳 5 万名观众，有室内田径运动场等近百处体育设施。威斯特法伦球场是德甲豪门多特蒙德的主场、欧足联五星球场、德国第一大球场。每当多特蒙德在主场比赛的时候，南看台上的黄色波浪最为动人心魄。

对这些宏伟漂亮的体育设施我并未产生多大兴趣，而是对 1959 年在此举办的第 25 届世界乒乓球锦标赛念念不忘。

1959 年 3 月 27 日（农历二月十九），多特蒙德第 25 届世界乒乓球锦标赛开幕。这次比赛集中了 38 个国家的 240 名顶级优秀选手。4 月 5 日，我国年仅 21 岁的容国团过关斩将，先后战胜美国名将迈尔斯、日本名将荻村后，又打败曾 7 次获得世界乒乓球男子单打冠军的匈牙利运动员西多，一举荣获男子单打冠军。这是中国在世界性体育比赛中获得的第一个世界冠军，为中华民族争得了荣誉，从而结束了我国在世界冠军榜上无名的历史。为了纪念这一历史性突破，中华人民共和国邮电部专门发行了一套邮票，图案为容国团挥拍抽球的英姿。

这是一个具有里程碑意义的冠军！具有比乒乓球运动更大的意义，远远超出了体育运动的范围。从此，或者说从容国团这一冠军开始，中国乒乓球运动掀开了新的一页；"小球转动大球"由此奠定根基、开启帷幕，打开了中国外交更为宽广的大门。

多特蒙德，谢谢你为中国创造了这样一个机会！

2018 年 11 月

桑斯安斯风车村

——荷兰掠影之一

荷兰，这个昔日世界上强悍的海上霸主，如今又以千姿百态的绮丽风光吸引着世界各地的游人。那坚实的海堤、古老的风车、娇艳的郁金香和宽容的社会风气，点缀着多彩的城市和乡村，还有那碧绿的原野、湛蓝的天空、满眼的牛羊，足以让人沉醉。

匆匆走进荷兰，去领略那别样风情的世界……

在很多人眼里，风车是荷兰的标志，而在我的心中，那是童年世界里一幅最美的图画。

从荷兰阿姆斯特丹向北开车 20 分钟，就隐隐看到几座转动着的风车，慢慢靠近，那风车越来越大，越来越高，桑斯安斯风车村到了。

桑斯安斯村位于荷兰北荷兰省桑河岸边，距离首都阿姆斯特丹大约 15 公里。走进村庄，首先映入眼帘的是一片翠绿的草地，远处水沟两边是保留着中世纪特色的风车，偌大的十字状叶片架设在一座座旧式碾房基座上，秋风吹来，微微转动。300 年前荷兰人赖以生存的装置，如今在桑斯安斯村成为一道奇美的风景线，在这片田园风光里昂然挺立，沧桑而又壮丽。

　　风车就像荷兰的一张名片一样，代表着世人对荷兰的印象。在荷兰一直流传着这样一句话："上帝创造了人，荷兰风车创造了陆地"。荷兰现存千座左右各式各样的风车，另一个有名的风车村在南荷兰省，距鹿特丹也是 15 公里左右，叫"小孩堤防"风车村，有 10 多座风车，还被列入了世界文化遗产。

　　为什么荷兰风车名扬世界呢？原来，当年数以万计的荷兰人居住在古世纪的湖床上，同时荷兰坐落在地球的西风带，具有得天独厚的风力资源。为了生存，荷兰人利用风车来

傍晚的风车村

排水治涝。后来他们对风车进行技术改造，由排水治涝发展到加工小麦、锯木、造纸等。当时阿姆斯特丹已发展成为全球的商业中心，桑河两岸也进入繁荣时期，阿姆斯特丹的主要商品都在这里生产，这一带建成了 1000 多座风车，于是风车便成了荷兰和阿姆斯特丹的象征，也成就了今日的风车村。1776 年，美国《独立宣言》便是写在来自荷兰桑河地区羊皮纸上的，从而创造了一个属于荷兰人的灿烂时代。

风车，是荷兰民族的骄傲。这个国家靠着风车的动力使得伐木业与造船业繁荣发展，直到蒸汽机的产生，风车才开始慢慢地退出历史舞台。但是，因为风车利用的是自然风力，没有污染，所以它在一定范围内还是被人们沿用至今。我小时候在家乡就看见过风车，尽管尺寸比荷兰的小，样式与荷兰的也有所不同，但

壮丽的大风车

我看见桑斯安斯村风车，仍然感到十分亲切。现在桑斯安斯村还矗立着 5 座风车，有 3 座向游客开放，在那里唱着古老的船歌，原汁原味地重复着它们的光荣历史。

走近风车，一个高达几层楼、叶片长达 20 米的庞然大物呈现在眼前：叶片对开，形成一个十字形状，雄伟而壮观；旋转时在空中形成一个巨大的圆圈，发出"呼""呼"地响声。由于风车的功能不同，造型也都各不相同，很难找到一模一样的。

在河堤旁边，还矗立着一个专门供游客登高远望的木制瞭望塔。爬上瞭望塔，周围风景一览无余：近处，河边的长堤下，风车、小船、芦苇倒映在水面上，形成了上下对称、静中有动的绮丽景观；远处，蓝天白云下是辽阔的田园风光，河网密布，湿地环绕，牛羊在绿茵草地上悠闲漫步，望着那纯净无染、自然清丽的景色，心情豁然开朗。

我这时才感觉到，来到风车村，不但是一次美好的旅行，更是一次灵魂的回归。那种天人合一、人景相融的力量，如丝丝春雨、润物无声，时时在温暖着人心。

看完风车，我们从长堤往回走，一进村子就看到一家木鞋制造厂，店员正向游人展示木鞋加工流程，墙上挂满各种式样的木鞋。风车村的这种木鞋是荷兰人在同大自然斗争中适应地理环境的产物，由于荷兰海拔低，一半左右的土地浸泡在水中，正是由于这样的条件，促使荷兰人在几百年前就发明了木鞋。荷兰很多地方有这样的习俗，孩子出生后，父母要为宝宝准备一双小木鞋，表示一生要与木鞋为伴；男人结婚前必须自己动手做一双木鞋送给女友，并刻上女友姓名；很早时候荷兰王室还有一条规定，凡是谒见国王，必须身着礼服脚蹬木鞋，以示对国王的尊敬。看到荷兰的木鞋，我又想起小时候我在苏北老家见过的木屐，下雨时大人小孩都穿木屐，作用与荷兰木鞋差不多，所以我看到这里的木鞋格外感到亲切。

再向村里走，我们又看到奶酪和乳制品作坊。风车村盛产奶酪与盛产木鞋一样，已有几百年的历史。荷兰奶业闻名世界，乳酪制品更是全球著名，一是种类丰富，除了外表像红苹果的艾登乳酪、黄色圆饼状的高达乳酪、火腿造型的烟熏乳酪，还有加了香料的胡椒乳酪、茴香乳酪、蓝莓乳酪等；二是产量高，乳酪制品年出口量超过 40 万吨，出口总值可达二三十亿欧元。

走出奶酪和乳制品作坊，只见太阳西沉，天际一片橘红色，不知不觉 3 个小时过去了。

同伴们都已坐上返程汽车，我还站在停车场边的草地边久久不愿离去，还要望一望风车村，望一望绿色的田野，望一望那些古老的风车，回味着荷兰祖先们的智慧和勤劳，多少有些感慨。古老的风车生动地记录了二三百年前荷兰人的生活，让人有种空间和时间的穿越感，更让人体会到荷兰几百年积淀的文化内涵。风车、木鞋制造厂、奶酪和乳制品作坊，让人一生难忘，难忘荷兰有个桑斯安斯村，桑斯安斯村有几座古老的风车……

2018 年 11 月

"荷兰威尼斯"羊角村

——荷兰掠影之二

清晨 6 点，我们从荷兰首都阿姆斯特丹出发，一路向北，行车 1 个多小时就到达荷兰著名小镇羊角村。

羊角村位于荷兰的自然保护区内，距离阿姆斯特丹 120 公里，河网东西交汇，水路南北贯通，素有"荷兰威尼斯"之美称。

早晨的羊角村如梦如幻：村外，是开阔的运河，一头连着小桥流水的村落，一头通向阡陌纵横的原野；村内，如画的水乡笼罩着一层轻薄的白纱，小桥、流水、野鸭在静谧的晨雾中时隐时现，木船在清澈的小河中穿行，蓝天、白云、鲜花、别墅的倒影在河水里飘摇……眼前美轮美奂的田园风光，令人如痴如醉、宠辱皆忘。

看到这一景象，我像是回到了祖国的江南水乡古镇，周庄、同里、南浔、乌镇那湖光山色、荷池飘香的美景又呈现在脑海之中。然而，羊角村又别具一格，有着和江南小镇不一样的美：几百年来这里从未修筑公路，至今没有汽车，只有纵横密布的河网和 176 座连接各户人家的小木桥。交通工具全凭一叶扁舟，舟楫泊在水边，就像汽车停在门前一样。乘船出行，是当地老辈人一成不变的生活方式，这不由得让我想起了东晋五柳先生陶渊明笔下的诗句佳境："结庐在人境，而无车马喧。"

"羊角村"这个名称得益于 18 世纪。当时，这里还是一片只长芦苇的荒芜沼泽，而且很多地方是沙土。所幸的是地上虽然不长庄稼，地下却储藏着丰富的泥煤，一群地中海难民辗转来到这里，依靠挖煤谋生。他们在挖煤过程中发现了许多羊角，因此人们便将这里称为羊角村。曾为谋生而苦苦挣扎的先民们，他们做梦也没有想到，这片沼泽后来竟成了名扬天下的游览胜地。

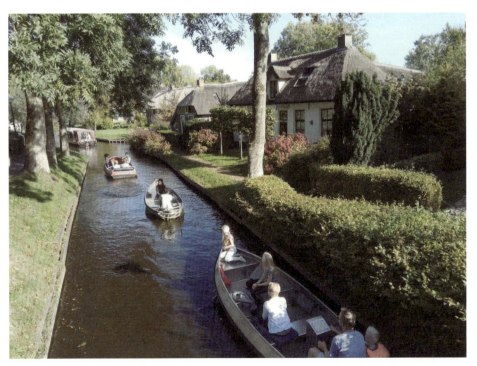

漂亮的小船荡漾在羊角村的河道上

难民们挖煤的贡献不仅使这块无名之地得来一个漂亮的名字，而且还把这片无用之地改造成美丽的河网之乡。开始，为了运煤，他们开挖了一道道沟渠，并把挖出的弃土垒砌成堤岸，作为居住之地，逐渐形成了水上孤岛。他们感到往来不便，又将其搭桥相连，天长日久，这里便形成了波光粼粼的湖泊和纵横交错的河道。

我们兴致勃勃地坐上小船，在这美丽的河道里畅游。小船划开平静如镜的水面，船前的水中晃动着蓝天、白云的倒影，水面上野鸭扑楞楞地四散飞开，两岸一片片五颜六色的郁金香、一座座各种样式的小木桥、一个个鲜花簇拥的小木屋急速向身后闪过，欢声笑语洒满河道。

羊角村户户家舍都有"护城河"。小船停靠在一个小木屋前，

美丽的羊角村田野

船夫兼向导向我们介绍了房子的历史文化与建筑特色："这里当初是芦苇荡，早期的移民没有财力建造砖瓦房，只能就地取材，屋顶都用芦苇编成，这种做法一直沿用至今。现在，手工编织的茅草屋顶反倒造价昂贵，是砖瓦的 10 多倍，已经成为欧洲豪宅的象征。茅草屋顶经久耐用，更换一次大约可使用 40 年。地价也是今非昔比，只有富人才能买得起这里的房子，所以大部分居民是医生、律师等高收入者。"小船离木屋很近，我仔细打量着绿色屋顶，完全是厚厚的芦苇覆盖。小时候我们苏北老家也有少量芦苇屋顶，遮阳挡雨，冬暖夏凉，优点很多。羊角村的茅草屋顶，也是早年北欧农村古朴的建筑风格。满眼是淳朴典雅的茅屋，增添了羊角村世外桃源的韵味，坐着小船欣赏两岸美不胜收的风光，好像进入了人间仙境。

羊角村不只有美丽的风景，更有一份自己悠闲的生活。我们在村中看到，这里有商店、民宿、教堂、酒馆和咖啡厅，甚至还有贝壳美术馆、农场博物馆、老地球博物馆等文化建筑设施。小小村庄竟然有三座博物馆、美术馆，这是我们完全没有想到的，可惜时间不够，未能前去参观。

羊角村在 19 世纪 50 年代以前并不出名。1958 年，荷兰人在羊角村取景拍摄了电影《吹奏》，它才开始闻名于世。据羊角村管理人员介绍，近几年羊角村大约每年接待 35 万中国游客。要知道，羊角村每年接待世界游客总数大约 80 万人，中国游客占到了 40% 以上！这也是让中国人感到自豪的一件事，说明中国富裕了，中国人的口袋鼓起来了，他们对精神生活的要求更多、更高、更丰富了。

郁郁葱葱的树木、平平整整的草坪、绿意盎然的村落、清澈见底的河流，羊角村的这种美完全是自然形成的吗？带着疑问，我询问了当地居民，他们介绍说，19世纪90年代以来，荷兰乡村建设主要以"土地整理"和"土地开发"两种形式开展。颁布《土地整理法》，注重自然保护、景观发展、户外娱乐统一协调发展，明确了景观规划必须作为土地整理的一个组成部分，使乡村景观建设有法可依。我这才知道，羊角村的美不完全是天然的，与政府主导、法制约束和居民共治密不可分。

这时，我又想起我国一些乡村旅游景点的开发，有的搞政绩驱动下的外部输血，有的"千村一面"地仿造别处的景点，有的完全是随心所欲的人工造景，这样的效果可想而知！要想取得好的效果，我们需要按照"农业＋旅游融合发展"的理念，将乡村景观规划从立法层面予以刚性要求，才能实现类似羊角村那样融乡村经济活力、文化魅力、景观特色于一体的良好效果。

蓝天碧野，花木扶疏，小桥流水，曲径通幽，如诗如画的羊角村，便是这样的一个童话小镇。这里就像避风港，每个人都能找到内心深处的静谧和温馨。

2018年11月

美丽与丑陋：阿姆斯特丹二者兼具

——荷兰掠影之三

　　阿姆斯特丹是荷兰最大城市，位于该国西北部的荷兰省。12 世纪晚期，这里是一个小渔村。后来由于贸易的发展，在荷兰黄金时代一跃成为世界上重要的港口。阿姆斯特丹市内地势低于海平面 1—5 米，共有 160 多条大小水道，由 1000 余座桥梁相连，被称为"北方威尼斯"。

　　阿姆斯特丹是个美丽的城市，它有 60 多座富丽堂皇的宫宇和举世闻名的博物馆、美术馆。荷兰王宫是 17 世纪荷兰黄金时代的精华建筑，也是我们游览的第一景点。荷兰王宫位于阿姆斯特丹市中心水坝广场的西侧，毗邻新教堂，正对着战争纪念碑，造型庄重威严。1648 年，荷兰与西班牙的战争结束，《明斯特和约》签订，阿姆斯特丹市政府自诩自己的城市为"北方的罗马"，因此，期望建造一幢恢弘的大楼作为市政厅，以彰显城市地位。

按照计划，整幢建筑要到 1665 年才全部完成，但官员们早已迫不及待。1655 年 7 月 20 日，市长宣布新市政厅投入使用。由于水坝广场这一带曾是运河码头和水坝，为了建立牢固的地基，在地下 14—16 米处打下 13659 根挪威云杉制成的木桩做地基，仅此一项就耗资 850 万荷兰盾。因此，阿姆斯特丹王宫被称为世界第八大建筑奇观"木桩上的宫殿"。

荷兰王宫原为市政厅和法院，曾是阿姆斯特丹乃至整个共和国的政治和经济中心。拿破仑战争之后的 1807 年，法国皇帝的弟弟路易·拿破仑迁居阿姆斯特丹将此作为王宫来使用，他将王宫内的市政厅改成他喜欢的风格。路易·拿破仑在荷兰的统治一直维持到 1813 年，其后奥兰治王室重掌荷兰政权，威廉一世将王宫归还阿姆斯特丹，从此它成为荷兰国王的居所。1935 年，王宫被收归国有。根据国会法案由贝娅特丽克丝女王使用，但荷兰女王常住海牙，这里实际上

阿姆斯特丹中央火车站

是荷兰女王的行宫。现在此宫主要由官方使用，比如迎接外国元首来访、庆贺女王生日等。多年的历史让它完成了各种转变，其丰厚的文化底蕴和古典主义建筑风格赢得了人们赞美。

荷兰王宫主立面宽达 79 米、高 55 米，在落成后的两个世纪里是欧洲最大的行政建筑。步入王宫，在一楼大厅里观看了一段简短的王宫视频介绍。2014 年 3 月，古老的阿姆斯特丹王宫举行盛大国宴，威廉·亚历山大国王、马克茜玛王后、贝娅特丽克丝前女王共同欢迎习近平主席和夫人彭丽媛到访荷兰。

走上二楼市民大厅，这个长 120 英尺、宽 60 英尺、高 90 英尺的空间装饰豪华，气派非凡。地面上有 3 幅用铜杆围起来的圆形图，东西两端分别为描绘东西半球的地图，中间则是一幅天象图，这 3 幅图寓意阿姆斯特丹市民放眼包括天与地的整个大千世界。东西两侧的雕像与建筑外的铜像保持一致，东边最上方是手持橄榄枝和商神杖的和平女神，下边门框上方坐着的阿姆斯特丹少女手持橄榄枝和棕榈叶，象征着和平与胜利。左边身披狮皮的女子象征力量，右边戴着头盔的女子象征智慧。西边最上方是阿特拉斯托着天球，下边门框上方坐着手持利剑与天平的正义女神，她的脚下踩着一个长着驴耳朵的老头，那是代表贪婪的古希腊国王迈达斯。传说迈达斯评判阿波罗与潘神的音乐比赛，他不懂音乐错判潘神获胜，阿波罗乃音乐之神，恼怒后大骂迈达斯耳朵有问题，将其耳变成了驴耳。酒神狄俄尼索斯为答谢迈达斯的款待曾许诺帮他实现一个愿望，没想到迈达斯竟请求让自己碰到的东西都变成黄金。结果他饭也没法吃了、水也没法喝了，因为他碰到的东西全都变成了金子，连他自己的女儿都被他点成了黄金。最后他只好央求酒神解除这一魔法，但他的名字已成为贪婪的代名词。

二楼市民大厅向西正对的房间是共和国时期的法庭，现在叫王座厅。从空中垂下的豪华吊灯是威廉三世专门订制的，其中一个吊灯上方还装饰着王冠。王座厅向南紧邻的房间叫小接待室，共和国时期作为法庭审理较小的案件使用。整个南区都是王室公寓，客房在北区，主人在南区，男性住东边，女眷住西边。向北走，通过市长办公室可以来到阳台。这个阳台是君主加冕后亮相的地方，也是王室成员婚礼当天向公众致意的地方。从阳台向水坝广场望去，只见远处的国家纪念碑庄严肃穆，巍然耸立。

离开荷兰王宫，便来到不远处的国立博物馆。该馆是荷兰最大的博物馆，也是世界十大博物馆之一，外貌保留着 19 世纪古建筑的哥特风貌，格调典雅，别具一格。博物馆内共有 80 个展厅，根据编年顺序展示 8000 件艺术品和历史文物，讲述着荷兰从黄金年代到现代 800 多年间的精彩演变，其中 30 多个展厅专门展示荷兰政治、经济、文化的辉煌成就。一层和地下一层是现代展品，二层中央画廊的"荣誉廊"收藏着声名显赫的梵高、伦勃朗、维梅尔、弗朗斯·哈尔斯等荷兰艺术大师们的杰作，梵高的《向日葵》、伦勃朗的《夜巡》《犹太新娘》、维梅尔的《倒牛奶的女人》、阿威坎普的《冬景》吸引着众多的游人。

伦勃朗的《夜巡》存放在夜巡展厅，是国立博物馆的镇馆之宝。伦勃朗是荷兰历史上最伟大的画家，他的作品涉及的题材广泛，有人物肖像、风景、宗教和历史等。他的一生既幸运又不幸，幸运的是年纪轻轻就已出名，不幸的是个人生活经历坎坷曲折。但不幸和贫困激发他更加深刻地去观察了解社会，在艺术创作上走向一个个高峰。传说《夜巡》这幅不朽之作刚创作出来时曾一度受到抵制。当时有 16 个保卫城市的民兵凑钱请伦勃朗为他们画一幅群像，按照当时的惯例，油画中所画的人应该都能露出头面和身体，而伦勃朗设计了一个动感的场景：这 16 个民兵接到了巡逻的命令，各自在做着不同的准备，画面突出了带队的首领几个人，结果那 16 人中大多数对自己在画中的位置不满意，有人认为自己成为陪衬、有人更因为连脸都没露而反对，甚至闹上了法庭要求赔偿。伦勃朗成为整个城市的笑柄，因为此事一度没有人请他画集体肖像画。这些民兵拿回画后，因为太大无法悬挂竟然将原画周边裁掉，影响了画面的平衡，而且在挂画的房间里烧劣质煤取暖，画上积落了厚厚的煤灰，使得画面色彩变得暗沉。当 18 世纪人们看到此画时误以为这个原本是白天的场景是夜晚，因此为它取名《夜巡》。几个世纪过去了，当时为难他的那些人恐怕谁也没料到，这幅画现在却是伦勃朗的代表作，成为世界名画。

国立博物馆旁边不远处是著名的梵高美术馆。梵高美术馆收藏着梵高 200 多件油画和 600 多件其他作品及信件，其中有梵高的许多名画，是世界上珍藏最丰富、最全面的（各个时期各种风格）梵高作品之地。藏品主要来自他家人的捐赠。美术馆中还有许多其他名人的画展，都是历史上"荷兰画派"的代表作。

美术馆分为三层。第一层是按时间顺序布置的梵高作品，从中能够看出画家一生短暂而艰辛的经历：梵高（1853—1890 年），荷兰著名的后印象派画家。他出生于牧师家庭，断断续续接受过教育，曾在商行从事过艺术品经销，还做过牧师。在蹉跎岁月之后，最终他决定做一个艺术家。他教过书，1880 年开始作画。他绘画的初衷就是"以素描或绘画作品的形式留下一种纪念品，不是为了将其悬挂，而是使人们从中体会到真实的人情"。当梵高作出要当艺术家的决定时，他自己都没有料到自己潜藏着非凡的艺术天赋。他以令人称奇的速度很快就从一个笨拙但充满激情的初学者成为一位名副其实、富有创造力的大师。梵高的代表作《向日葵》陈列在第一层。他一生画了11幅不同的向日葵，他笔下的向日葵突出太阳、突出阳光，画面上不单充满了阳光下的鲜艳色彩，而且不止一次地去描绘令人不敢直视的太阳本身。后期的一幅名作是他搬到精神病院后创作的《喧嚣的麦田》，画的是从起居室向外眺望时所看到的奇异景致。他说他看到了死亡的意象，这幅画创作不久，梵高就在麦田里开枪自杀了。

第二层是梵高的自画像。自画像惟妙惟肖。据说是因为他太穷请不起模特只能画自己和田野里的鲜花。画自己不要钱，阿姆斯特丹到处鲜花盛开，为画家提供了无穷无尽的灵感源泉。

第三层是收集的手稿和书信。

梵高在世37年，在他作为画家的生涯中生活始终是贫困的，在生命的最后两年还饱受精神疾病的折磨，但他最精华、最著名的作品却大都是在发病的间歇完成的。有人说他是疯子作画，其实他发病时完全不能拿起画笔。可惜这样一位天才画家的作品在他生前并没有得到应有的重视，他去世后作品才成为世界各大博物馆和收藏家们最抢手的珍藏品。

阿姆斯特丹是美丽的水城，河道纵横、桥梁交错、波光如缎、状似蛛网。领略水城的风味一定要乘船观光。离开梵高博物馆，我们没走多远就坐上了观光游船。乘船游览阿姆斯特丹真正体会到了水城的独特韵味。游船穿行在河道间，河道两旁是典型的荷兰传统民居。房子正面和窗户都是细长的，这是因为当时此地有

河道两岸的风光

一条奇怪的法律，征收房产税按门面的面积征收，门面越大缴税越多，精明的荷兰人为了逃税都尽量将门面做小。由于门面狭小，所以装饰的心思都放在了屋顶的山墙上，仔细观察会发现各家的山墙都不相同，而且都很漂亮。由于门面狭小，各家都把窗户做得很大，大型家具物品都从窗户吊运进出，为此房顶上都设有突出的吊钩，用以固定吊运物品所用的绳索。

阿姆斯特丹人巧妙的逃税办法，让我想起以前在电视上或旅行中见识到的其他一些类似的奇葩：法国阿尼维翁以前是按窗户多少来收税的，所以那里的人建房尽量少留窗户，但为了房外美观，就在原本应该开窗的地方画上个窗户。还有埃及的开罗，不管在哪里都能看到"烂尾楼"，外墙裸露，门窗未刷漆，房顶钢筋外露，可是主人早已安居乐业，进住几年乃至几十年了。这是因为没有完工的房子不需要交纳房产税，所以很多房子永远不会完工，一直停留在建设之中。

阿姆斯特丹城内河道两边的咖啡馆和茶楼不多，更多的是酒吧。酒吧面积不大，几平方米到十几平方米不等，一个吧台，几个吧凳，几张小桌，透过巨大的玻璃窗你可以把酒吧内的情景看得一清二楚。酒客们有的坐吧台，有的坐小桌，有的站立，三三两两，大声交谈，嬉笑打闹，无拘无束，爵士乐震耳欲聋，一副完全放松的模样。随性、自由、宽容，这是人们对阿姆斯特丹的评价。数百年来，岁月带给阿姆斯特丹人博大的胸襟，这个城市一直像磁铁一样不断吸引着欧洲各国受迫害的人前来寻求庇护，特别是从法国或其他天主教国家而来的犹太人或异教徒，因而有人便把阿姆斯特丹比喻为寻求庇护者的"诺亚方舟"。

河道两边的房屋基本都是建于17世纪中期，大多为红砖建筑，梯阶尖顶的外形精致优雅。河道两边的酒吧、餐馆、礼品店鳞次栉比，工艺品店里摆满了木屐和风车，有的店门面也以风车做装饰。这座填海而成的"水下城市"曾用风车抽干堤坝内的积水，风车为阿姆斯特丹乃至整个荷兰创造了陆地。

阿姆斯特丹是座美丽的城市，不仅有古老的风车，还有遍布城乡的鲜花，是举世共睹的"风车和鲜花的王国"。这里有世界最大的花田，举办过世界上最大的花博会。每年春天，阿姆斯特丹都是花海如潮，被万紫千红的鲜花"淹没"。我们来时虽然不是春天，但这里的辛格鲜花市场一年四季怒放。

辛格鲜花市场紧邻热闹繁华的卡尔佛购物街，位于铸币塔到国王广场之间的河道岸边，是阿姆斯特丹最鲜艳、最芳香的地方，也是世界上唯一的水上花市。我们下船没走多远，就到了这个鲜花市场。这里可以买到各种类型的花卉。阿姆斯特丹人的勤恳浪漫、闲情逸致，在对鲜花的钟爱上显现得淋漓尽致，他们每家每户都不可缺少鲜花。在城市街道的一些公共场所和民居的院前屋后，都可以看到各式各样、五彩斑斓的鲜花竞相斗艳。鲜花是阿姆斯特丹人生活中必备的装饰，自然也成为他们的一种日常消费品。花市每天上午开市，店主们用船把他们精心培植的奇花异草和花苗种子运至河边的店铺销售，把这条七八百米长的河边街道打扮成了香飘四溢的花卉世界。

鲜花市场内一个挨着一个花铺，摆放着色彩斑斓的鲜花，最耀眼的当属郁金香和百合、水仙等。郁金香是荷兰的国花，每到郁金香盛开的季节，阿姆斯特丹到处姹紫嫣红，美不胜收。每年10月前后是郁金香播种时节，经过秋霜和冬雪，慢慢发芽，在春天的暖阳中悄然绽放。作为荷兰的国花，花市上郁金香种子更是花样繁多、琳琅满目。许多都是用金属罐包装的种子，保鲜效果好，又便于携带，很受顾客欢迎。

夕阳西坠，游客们手中一束束被彩色皱纹纸或透明包装纸裹着的鲜花，在落日余晖下闪烁着五颜六色的光亮；浓郁的花香随着四散的游人飘洒在河道两岸，飘洒在阿姆斯特丹的大街小巷。

阿姆斯特丹的美丽令人陶醉。然而夜幕降临时，这个城市又呈现出它的另外一面，以阴暗和丑陋的方式吸引着世界各地的游客。

从辛格鲜花市场返回城中已是7点多钟，这时候已经可以明显感受到阿姆斯特丹白天跟夜晚展现出那种非常不同的气氛。城中不少人正在等待日落的那一刻，迫不及待地想一窥红灯区的声光美色。

　　行走在红灯区纵横交错的窄巷，两旁暗红玻璃窗格子房内的女郎们几乎都是身穿"三点式"内衣，有的不停地对人搔首弄姿，有的漫不经心地抽着香烟，有的只是低头在滑动手机。格子房聚集的地方就是红灯区，有的地方挂着红灯，有的地方是霓虹灯。随着这种色情事业有利可图，其规模渐渐扩大，一条街连着一条街地发展着。红灯区地界没有严格的划分，现在这里共有二三百间格子房，运河两岸的街边，格子房连成了一片。据说红灯区里的女郎荷兰人不到10%，大部分是东欧国家的，这些国家比较贫穷，她们赚了钱以后就回去，没有人认识她们，可以开始新的生活。

　　随着黑夜的到来，光线越来越暗，人潮也逐渐汹涌起来，用摩肩接踵来形容毫不为过。人们游逛红灯区时，不可对着那些女郎拍照，拍照是对她们的不尊重行为，时常会被女郎、管理人员或警察严厉制止。

　　阿姆斯特丹红灯区的性工作者每天要将工作所得的20%以上缴税，每年还要缴纳较高所得税，当地政府收入不菲。

　　由此我想到，阿姆斯特丹等世界上少数国家或城市建立红灯区，主要目的不就是发展当地经济吗？这种目光短视行为，从长远来看，不会给国家或城市带来真正的繁荣和幸福。

　　说完红灯区，再顺便提一下与之内容有着关联的阿姆斯特丹性博物馆。这座博物馆成立于1985年，坐落在繁华的中央车站大街上，是欧洲唯一以色情为主题的博物馆，大概也是全世界最大的以色情为主题的博物馆。这座博物馆门面并不张扬，占地面积也不大，但里面和"性"有关联的展品却是琳琅满目，淋漓尽致地展现着人类最原始的情欲。博物馆说它成立的宗旨是"让性回归最初单纯的面貌"，这种说法可能不足采信，毕竟馆里大量的各种各样的性照片令人难堪。

阿姆斯特丹丑陋的一面里自然还包括两种招牌特产——大麻和迷幻蘑菇。这两种招牌特产都不是在特产商店售卖，而是堂而皇之地在大大小小的商店里出售。须知，大麻和迷幻蘑菇这两种毒品在世界上几乎所有国家都是禁品。大街上，经常可以撞见神情恍惚的"瘾君子"；马路边，永远能够闻到比汽车尾气浓烈得多的大麻和迷幻蘑菇的味道，二者兼而有之而且政府公开允许存在的，世界上大概只有阿姆斯特丹了。

如同捷克斯洛伐克小说家米兰·昆德拉笔下的阿姆斯特丹一样：神的世界和肮脏的世界只有一河之隔。阿姆斯特丹，就是一个这样美丽与丑陋相融的地方，有使人沉醉的郁金香和辉煌灿烂的文化积淀，也有魅惑的红灯区和合法的抽大麻、吃迷幻蘑菇这种在伦理道德层面阴暗的黄毒聚集，这种矛盾着的两面，不可谓不神秘，不可谓不吸引人；这种矛盾着的两面，让人充满好奇，让人无尽思考。

2018 年 11 月

"皇家之城"海牙

——荷兰掠影之四

海牙位于荷兰西南部海岸，是荷兰南荷兰省省会，也是荷兰第三大城市。海牙虽然不是荷兰的首都，但它是荷兰中央政府和外国使馆所在地。13世纪以来，荷兰国王和皇室成员的官邸也都一直在这里，因此海牙也被称为荷兰的"皇家之城"。

欧洲城市的老城区大多有一个中心广场，广场上有雕塑，四周是宫宇、政府部门的建筑等。海牙也是如此，有一个中心广场，但这个广场不大，广场周围是国会大厦等壮丽宏伟的建筑。

国会大厦始建于13世纪，是一座砖结构的建筑，左右各有一座塔，自建成后一直作为荷兰伯爵的住宅。13—17世纪，这里不断兴建新的建筑，逐渐形成了今天的样子。国会大厦在荷兰语中是"内庭"之意，因为这里被众多古老建筑围成了一个方形的庭院。1585年变为国会所在地，并成为荷兰政府的象征性标志。访客要穿过这座古堡外院的大门，才能进入国会大厦的内院中。内院原来是伯爵的庭院，这里完全觉察不到国会建筑的肃穆，却让人感受到像是参观历史悠久的古堡那般随意。

国会大厦有 3 个入口和 4 座大门，中央是最著名、最漂亮的骑士厅。骑士厅是国会大厦内庭的主要建筑，荷兰女王年度演说、国会开幕、官方接待以及国会内部会议都在这里举行。骑士厅左右两侧的房子曾是总督的住所，而现在则是议会的上议院和下议院。骑士厅下面的接待厅常年进行展览。我们看到的展览有国会大厦的模型，还展示着荷兰过去 12 个世纪的政治历史年代以及许多骑士的墓碑。这些墓碑是在修建国会大厦时拆毁原址上的小教堂过程中发现的。国会开会期间，部分建筑物不对公众开放。

国会大厦外围环绕着清波荡漾的河水，河中设有喷泉，天鹅和鸭子在河中悠闲地畅游，不时地还有鸟群飞过，这样的情境为庄严而富丽豪华的国会大厦增添了诸多轻松、浪漫的氛围。

国会大厦不远处，就是举世闻名的和平宫。和平宫位于海牙市郊，是联合国国际法院、国际法图书馆和国际法学院所在地。和平宫建造于 1907 年至 1913 年之间，主要来自美国"钢铁大王"卡内基捐资兴建，之所以取名"和平"，是因为它寄托了世界各国人民对维持世界和平的希望。

和平宫是一座两层棕红色的宫殿式建筑，带有两座耸立的高塔。正门右侧竖立着一座不起眼的和平纪念碑，高仅 1 米左右，碑顶上的和平之火永不熄灭，碑文写着"愿和平充满世界"。纪念碑周围铺设着由 197 颗代表世界各国的石头组成的世界和平之路，一块翠绿色的玉是中国赠送的。和平宫正面是由 9 个大拱门组成的走廊，西边耸立的钟塔是附近最高的建筑物。底层的拱顶大厅全部采用大理石修建，并饰以金色浮雕，地面由乳白色和浅蓝色大理石组成图案。楼下两侧有一个大法庭和两个小法庭。走廊里陈列着各国捐赠的礼品，象征着每个国家共同致力于和平事业。我国赠送的是 4 个红木底座的景泰蓝大花瓶，其中有一个比人还高，格外耀眼。大法庭正面中间为法庭席，后面排列着 10 余把高背椅，这是法官和助手的席位。审理重大案件时，全体法官都出庭。法庭内有 100 多个座位，供公众与记者旁听。一楼的两个小法庭都只有 4 个法官的座位，主要处理一般性纠纷和预审。二楼有法官会议室和办公室。

　　和平宫建成后的第二年就爆发了第一次世界大战，战后成立的国际联盟在这里设立了国际司法常设法庭。它与原来的国际仲

海牙和平宫—国际法院

裁法庭都是国际联盟下属的司法机构。第二次世界大战后，这两个法庭改名为国际法院，成为联合国的司法机构。联合国的会员国都是国际法院的成员。国际法院设立 15 名不同国籍的法官，包括正副院长各一名，分别由联合国大会和安理会投票选举产生。法官不代表任何国家，任期 9 年，连选连任，每 3 年更换三分之一。当选的法官应具有在本国担任最高司法职务资格或者是公认的国际法权威，任职期间享有外交特权、外交豁免权和相关便利。

和平宫是世界著名国际法专家荟萃之地，许多重要的国际公约都是在这里审议通过的，如《和平解决国际争端公约》《中立国在海战中的权利和义务公约》等。

小时候听说荷兰海牙有个国际法庭，没想到今日得见，非常兴奋。

离别和平宫，逛完海牙一些街景，自驾车驶向席凡宁根海滩。车窗半开，离海滩很远的地方，就闻到了略带咸味的大西洋潮湿空气。

席凡宁根濒临北海，位于大西洋东北边缘，原来是个独立的市镇，归海牙管理后，逐渐发展成为荷兰最大的海滨旅游胜地，被爱尔兰航空官方杂志评选为欧洲最美、最值得去的五个海滩之一。

一踏进海滩，就看见不远的海面上有一艘行驶的轮船，还有两三艘帆船在漂荡，我脑海里立刻浮现出一幅油画，那是梵高的《风平浪静的席凡宁根海滩》，画面上正是这样的风景：两艘木船停泊在离海滩不远的地方，也许梵高当时的心情是忧郁的，海水中船体的轮廓都是深棕色的，深棕色一直延伸向大海的远方直至灰蒙的天空。船上有渔人在扯帆，他们是准备出海还是捕鱼归来？海边上还站着几个人，大概是他们的亲人吧，是为亲人送行还是迎接亲人回家？他们身上涂抹的是黎明的朝霞还是落日的余晖？

席凡宁根海滩像一条长长的金黄色地毯，铺设在北海的边缘上。海滩上，有供游人玩乐的蹦极、飞索和摩天轮，据说这个摩天轮是欧洲第一座建于海边的摩天轮。海滩旁边，有餐厅、商店、剧院、赌场、电影院、博物馆、保龄球馆、冲浪学校、沙滩别墅、沙滩俱乐部等非常齐全的各种旅游建筑设施。一座 100 多米长的栈桥伸向大海，与海水中的瞭望塔相连。我们登上瞭望塔，近处，无声无息的海浪轻轻拍打着海岸，迸发出白色的泡沫，又悄悄地向下退去，接着后一排海浪又马上追逐上来；远处，大海烟波浩渺，渔帆点点，北海油田的钻井平台隐约可见；再远处，大海那

席凡宁根海滩

边就是荷兰邻邦英国了。

海边的一座大酒店格外醒目，名叫库尔豪斯大酒店，建于1884年，后因年久失修差点被拆除，由于当地人的反对，进行重新改建和装修，并被一家酒店连锁公司收购，现在成为五星级酒店。因为李鸿章于1896年到访海牙，荷兰两位女王（当时荷兰女王威廉明娜16岁，由她的母亲艾玛摄政）就是在这个酒店接待了他，所以当地华人一直把它叫作"李鸿章大酒店"。光临这个酒店和附近海滩的，还有丘吉尔、奥黛丽·赫本、帕瓦罗蒂、戈尔巴乔夫等诸多国家政要和世界名人。

李鸿章、丘吉尔等人都已远去，可豪华的库尔豪斯大酒店与美丽的席凡宁根海滩还在，仍然日复一日、年复一年地拥抱和接待着四方来客。

2018 年 11 月

"欧洲门户"鹿特丹

——荷兰掠影之五

鹿特丹在荷兰的南荷兰省，位于莱茵河与马斯河汇合处，是荷兰第二大城市、欧洲第一大港，也是亚欧大陆桥的西桥头堡，素有"欧洲门户"之称。

我们一进鹿特丹地界，我就止不住地兴奋起来：几十年的愿望终于实现了！

我家住在连云港，很早就听说鹿特丹是亚欧大陆桥的桥头堡。亚欧大陆桥东起中国海边城市连云港，西至荷兰名城鹿特丹，距离 1.08 万公里。连云港是亚欧大陆桥的东桥头堡，鹿特丹是亚欧大陆桥的西桥头堡。我常常寻思，什么时候到鹿特丹看看多好啊！可是又一想，1 万多公里，太远了！大概一辈子也实现不了这个愿望。

"我住长江头，君住长江尾。日日思君不见君，共饮长江水……"思念一个人如此，思念一座城不也是如此吗？相距长江两头是这样，相距铁路两头不也是这样吗？

"啊！好大的停车场啊！"孩子的话打断了我的思绪，汽车进入一个地下停车场。这是鹿特丹拱形室内市场的附属设施。市场地面上是公寓和特大型拱形购物场所，这个停车场共有4层、1200个车位，全天24小时开放。这种市场＋公寓＋停车场的组合方式在世界上是罕见的。市场坐落在城市中心，河流与铁路从旁边经过，古老的大教堂与其遥相呼应。市民和游人可以通过地铁、公交车和自驾车等交通方式，很方便地进入市场。

坐电梯上到一层，走了几十米到了市场，令我十分惊叹：空间大而华丽，长达120米、宽70米、高40米，可以容纳96个农产品销售台、20个其他商品零售台。两头是透明的玻璃幕墙，顶部和四周是绚丽多彩的绘画。市场内货物齐全，商品琳琅满目，包括荷兰传统食物、时令蔬果、面包甜点、鲜花、酒类、海产品等应有尽有，尽管蔬果等物价较贵，但买的人还是不少。市场里的人员摩肩接踵，其中游客很多，不少人仰着脸久久地看着顶部的彩画，比比画画，对富丽堂皇的奇特装饰赞叹不已。

走出市场几十米，就是立体方块屋。这排黄色立体方块屋建于1956年，也叫"魔方楼"，荷兰别出心裁的建筑非此莫属。38座尺寸、形状和功能都一样的立方屋，倾斜45度建立在六角形的塔楼上，连成一道特别的"天桥"，穿越马路一直连接到马斯河边。建筑师说："在鹿特丹这个工业城市里，人们一天到晚只顾埋头工作，缺乏活力和生活气息，所以我们要创造一个趣味性很强的建筑，为城市增添一点生气。"

立体方块屋共有四层，底层是六角形塔楼部分，有房屋的入口及储物间，室内还有通往二屋的楼梯，外面两旁则是和相邻方块屋公用的平台；第二层是下三角立方部分，包括客厅和厨房；

第三层是两个房间和浴室；顶层也就是上三角立方部分，是卧室和小花园。由于顶层三面墙都装有玻璃窗，可以向外观光。室内总面积大约 100 平方米，但是四分之一空间被天花板覆盖。立体方块屋有些是民居，有些作为旅馆为游客提供住宿服务，里面都有完整的生活设施。

立体方块屋旁边是铅笔楼，因外形像铅笔而得名。这两个建筑被誉为"露天建筑博物馆""现代建筑的实验场"，是鹿特丹最具特色的标志性建筑。

立体方块屋和铅笔楼旁边是马斯河，河下游三四百米处就是著名的伊拉斯谟斯大桥。此桥 1990 年动工，1996 年竣工，单臂高 139 米，桥身长 802 米，是荷兰最高的桥，也是当时世界上最长的斜拉索桥。因为外形简洁利落，雪白的桥身修长挺拔，像一只优雅的白天鹅站立在马斯河上，因此人们称誉它为"天鹅大桥"，并被当时有关方面评为世界上最美的 13 座大桥之一。在桥头看到，桥面很宽，单向可以并列行驶两三辆汽车，各种车辆、行人及溜滑板的运动人士都可畅行。

离开天鹅大桥，顺着马斯河来到鹿特丹港。此港位于莱茵河与马斯河河口，西依北海，有"欧洲门户"之称。港区面积约 100 平方公里，码头总长 50 公里左右，航道无闸，冬季不冻，泥沙不淤，吃水最深处达 22 米，最大可停泊排水量 50 万吨的特大油轮。鹿特丹港历史悠长，几经兴衰，第二次世界大战后，随着欧洲经济复兴和共同市场的建立，凭借优越的地理位置得到迅猛发展。1961 年，港口货物吞吐量首次超过纽约港，达到 1.8 亿吨，成为世界第一大港。此后 40 多年，一直保持世界第一大港的地位，虽然 2004 年上海港货物吞吐量超过鹿特丹港，但是鹿特丹港年货物吞吐量最高达 3 亿吨、装卸集装箱达 400 多万只标准箱，仍居世界第四位、欧洲第一位。

行走在港口，只见河中大小船只来往穿梭，一艘艘大型集装箱货轮停靠在码头；岸边远处堆放着一排排集装箱和各种货物，一辆辆货柜车隆隆驶向码头，各种式样的吊车或是装船或是卸货，将一个个集装箱、一件件货物吊上吊下，一派有条不紊的繁忙景象；有的码头还有铁路，锃亮的钢轨伸向岸边的远方。看到鹿特丹港的铁路倍觉亲切，并且自豪而兴奋，从老家连云港通过亚欧大陆桥运来的货物，有很多不就是到达这个港口又通过水路运往欧洲各国的吗！

走出港口，我们在市中心逛完世界上第一条步行商业街——林班街后，原打算参观市郊的小孩堤防风车村，一看时间来不及，

鹿特丹老港口

站在欧洲塔上眺望鹿特丹新港

又考虑到此前参观过桑斯安斯风车村，内容大体相似，便放弃了这个计划，改去参观欧洲塔。说起小孩堤防风车村，还有个民间故事：15世纪时荷兰发生大洪水，有一个睡在摇篮里的孩子在洪水中漂流到鹿特丹南边10多公里处的一个堤防被人救起，此地便得名"小孩堤防"。因为这里有很多风车，人们便将这个地方称为小孩堤防风车村。现在，这里还保存有1740年修建的19座风车，吸引着世界各地的游人。1997年，小孩堤防风车村被联合国列入世界遗产名录。

我们登上了著名的欧洲塔。这座电视塔被誉为"欧洲桅杆"，1960年修建，最初高100米，后加85米，达到185米高，是荷兰最高的地标建筑。欧洲塔上面96米处的瞭望台内有一个形如鸟巢的餐厅，可以边品美食边赏美景。我们从餐厅搭乘360度旋转的"太空冒险"观景电梯上到塔顶，鹿特丹的老港面貌和新港英姿清晰地尽收眼底，城区景象一览无余。

我的目光久久地停留在较远处的一座宽大矩型屋顶的建筑物上，那是鹿特丹中央火车站。这个车站于2014年建成，不仅先进，而且漂亮，2.8万平方米的屋顶上装有13万个太阳能电池板，大大减少了二氧化碳的排放量。车站目前可以容纳1.1万名乘客，以后经过改造可以容纳3.2万名乘客，每天有大量国内外火车出入。如果列车从连云港开来，它就是终点站。早在1992年12月1日，亚欧大陆桥已通货车，目前客运还未开通。现在，我国从连云港到西部边境阿拉山口这段4200多公里线路正在逐步修建高铁，过几年高铁建成后将会大大缩短行车时间。但是，这条横跨欧亚的铁路全线通行客车还有很多事情要做，其中之一就是客车从我国出境后要经过哈萨克斯坦等很多国家，这要解决好签证等一系列问题。但我相信，有关问题终会逐步得到解决，总有一天，我们会从东桥头堡连云港坐上亚欧大陆桥的客车，沿途观赏欧洲各国的美好风景，最终到达美丽的西桥头堡鹿特丹；即便我们这一代人享受不到这个福气，相信后辈们一定会如愿以偿。

我深情地眺望着东方，眺望着东方的祖国，眺望着祖国的东部——我的家乡亚欧大陆桥东桥头堡连云港，期盼着这一天早日到来！

2018 年 11 月

第三辑

谈游记写作

　　游记写作，我至今还是"门外汉"，最多算是"学徒工"，没资格谈写作方法。所写几篇，只是根据自己的写作实践谈几点粗浅体会，起抛砖引玉之用。

游记及其写作特点

游记，指记述游览经历的文章或著作，是散文园地中的一朵奇葩。游记属于记叙文范畴，是我国传统的文体，源远流长，概括地说，它开始于魏晋，成熟于唐宋，盛行于明清。

魏晋南北朝时期，由于政治黑暗、社会动荡不安、一些文人不满现实，对当时占统治地位的玄言文学感到乏味，因此，他们在生活道路和写作兴趣上，逐渐转向对大自然的欣赏和追求。再加上当时很多文人名士与佛教有关系，常常避居于深山僻地和风景美丽的地方，客观环境给他们提供了写作素材，所以在逐步积累艺术经验的基础上游记文学应运而生。现在看到的早期作品，如北魏郦道元的《水经注》、东晋僧人慧远的《庐山诸道人游石门诗序》、陶渊明的《游斜川诗序》、南朝谢灵运的《游名山志》等，都一改玄言文学的颓废之风。唐宋时期，王维的《山中与裴秀才迪书》、柳宗元的《小石潭记》、欧阳修的《醉翁亭记》、王安石的《游褒禅山记》、苏轼的《石钟山记》，都是长期以来为人传诵的作品。明代著名文学家、地理学家徐弘祖的游记更是脍炙人口。他30多年旅行，写有《游黄山日记》等很多著作，还遗有60余万字游记资料，死后由他人整理成《徐霞客游记》，对地理、水文、地质、植物等现象均作详细记录，在地理学和文学上具有很高价值。意大利著名旅行家、商人马可·波罗的游记在中国和全世界都有很大影响。他17岁时跟随父亲和叔叔途经中东历时4年多来到中国，在中国游历了17年，足迹遍及西北、华北、西南和华东等地区，回国后出版《马可·波罗游记》，记录了他在中国和其他东方国家的旅途见闻，激起了很多欧洲人对东方中国的向往。

当代人越来越重视游记的写作，名家如林，佳作似海，叶圣陶的《游了三个湖》、刘白羽的《长江三日》、郭沫若的《峨眉山下》、袁鹰的《北固亭》、臧克家的《镜泊湖》、李建吾的《雨中登泰山》、钟敬文的《重阳节游灵隐》等，都给人留下深刻的印象。

写游记，可以提高写作能力、增长知识阅历、分享旅游快乐、利于身体健康。随着我国人民生活质量的不断提高、旅游事业的快速发展，写游记将会越来越成为人们的爱好。

游记，可以分为很多种。以记录行程为主的是记叙型游记，以抒发感情为主的是抒情型游记，以描绘景物、景观为主的是写景型游记，通过游记来说明一个道理的是说理型游记。但是，几乎所有游记都离不开写景、写物、写事、写人，只是各有侧重罢了。

游记写作主要有以下几个基本特点。

一是要素清楚。也就是说，要有游览的时间、地点、对象。其中，游览对象的特点、地理方位、游览的行踪要有详细准确的描述。

二是第一人称。游记是一种记叙文，写的是自己所见之事、所见之物，不能道听途说，必须是自己亲历，这就决定了用第一人称去叙述，决不能用第二人称或第三人称去叙述。

三是按照顺序。写作顺序必须合乎情理。游记常用的写作顺序有两种，一种是按照时间顺序来写，另一种是按照空间顺序来写。按照见到景物的次序来写景物，这样才能做到条理清楚、自然、明白，不至于杂乱。例如，《参观人民大会堂》这篇游记，按参观的顺序依次写了5处景物，先写大会堂正门的国徽和柱子，其次写中央大厅的天花板和地面，接着写大礼堂，然后写宴会厅和会议厅。这样，就有条理有重点地写下了在大会堂所看到的景物，让读者看起来脉络清楚，如同身临其境。

四是自由灵活。由于游记是按顺序、以游踪为线索来写，这也就决定了游记写法的灵活性。游览是自由的，每个人的兴趣、审美观点甚至于游览目的各不相同，可以看这个地方，也可以看那个地方；有的可以重点看，有的可以简单看，所以写作时的侧重点也就各不相同，写法自然也就应该多种多样。此外，游记虽然是记叙文，但它又融多种写法于一体，在体裁上，可以是日记、书信、散文；在行文上，可以叙述、描写、议论、抒情，可以顺叙、平叙、倒叙、追叙，只要能说清楚自己所见之事、所见之物，充分表达出自己认识、想法，达到最佳效果，都行。

五是要有趣味。游记写的内容往往是山水名胜。山无外乎高险，水无外乎清绿，翻阅古往今来的游记散文，大致如此。但是，游记如果仅是描写自然山水，便没有了趣味与深度，人们也就不愿意去看。因此，在描写景物时，合理、巧妙地穿插一些与景物相关的历史、传说、趣闻或故事，则会给山水点染一些灵气，增添一些人文性、趣味性。例如，杨朔的《画山绣水》，从在漓江上观赏山水自然风景出发，一处风景引出一个美妙动听的神话故事，添加了许多生动的传说，故事与景物的结合相得益彰，在读者欣赏风景的同时，景情相生，又能得到文化的熏陶，产生愉悦的精神享受。

掌握基本方法　努力写好游记

如何写好游记？对这个问题，恐怕不是一般人所能说得清楚的。但是，要写好游记，需要掌握一些基本方法。

细心观察

观察是写好游记的第一步，也是写好游记的基础。游记写作犹如蜜蜂采花酿蜜，素材主要来源于游览见闻。因此，游览时，对重点景物不能走马观花，需要细心观察。所谓细心观察，就是要看景物的形状、颜色、质地是怎样的，静态下是什么样，动态下又是什么样的。如果是建筑类，还要细心观察它的内部结构。另外，在观察的时候，还要按照一定的顺序，或由近到远，由远到近；或从上到下，从下到上；或从里到外，从外到里；

或从中间到两边，从两边到中间；或从整体到局部，从局部到整体。按照这样的顺序去观察，才会全面，描写时才能做到有条理。另外，游览过程中还要善于运用比较的方法，捕捉眼前的景物与其他地方的景物有什么不同之处。要注意观看、收集景点中的人文资料，如神话传说、乡风民俗、名人轶事、诗词典故、碑文楹联等。只有掌握了大量的、丰富的材料，在写作时可选的东西才多，才能随心所欲、信手拈来，把景物写得具体、写出特点来。

做好笔记

俗话说，好记性不如烂笔头。游览的时候，往往不止一个地方，去的地方比较广，看的东西比较多，单凭脑子一时很难记住，就是当时记住了，过后也难免遗忘，或抓了皮毛丢了骨肉，或抓了芝麻丢了西瓜。为了避免这种情况，游览时要带上纸笔等记录工具，边观察、边记录，随看随记。同时，有些游览地方有人讲解或有资料介绍，如某建筑是何时建造的、经历了哪些发展阶段、占地面积是多少、有哪些动人的故事和美丽的传说等，这些情况如能及时记录下来，对写作很有用处。此外，游览结束后，要及时查看记录资料，并尽快将材料整理归类，为动笔做好充分准备。

突出重点

一次游览，看到的景物往往很多，内容丰富多彩，但是不可能什么都写进文章里。如果都写进来，就是一笔流水账。所以，下笔前首先要理一理自己的思绪，想一想本次游览的重点是什么、主要感受是什么，确立一个中心，然后围绕中心，决定哪些内容详写、哪些内容略写、哪些内容不写。题材的取舍，要突出重点，要选择新颖有趣的内容，选择有个性、有特色的材料。对于重点的景物，要注意详细描写出它们的位置、大小、动态、静态、颜色、特点等，尽量写得细一点，做到主次分明、详略得当。孙犁在《和青年谈游记写作》中说，"一篇短文，不能面面俱到，抒发感情也要含蓄……一篇文章要有一条明显的线索，要告诉读者一个主要思想。从山门写到后院，全写，就是下乘了。"

注入情感

写景，不仅是客观事物的再现，更是作者主观感情的外露。古人说得好，"文章是案头的山水，山水是地上的文章"。景是外在的，情是内在的，正所谓"情随物迁，物以情发"。景是情产生的基础，情是景的产物、景的升华。从目前来看，游记大多写名山秀水，写好的关键是注入自己的真情实感。我国古代、近代、现代众多游记名篇，所写的"案头的山水"绝不仅仅是自然山水的反映。作者游踪所至，美景在目，心有所感，形诸笔墨，往往物中有我、景中见情，不仅写出了山水的壮阔美景和无穷妙趣，还能含蓄蕴藉、意味隽永地把作者的观点和人生哲理表现出来，达到直抒胸臆、情景交融的效果。当然，抒发的这种感情必须发自内心，而不是无病呻吟。

要运用多种表达方式

写游记除了要掌握基本方法外，还要学会运用多种表达方式。这些方式主要有记叙、描写、说明、议论、抒情、联想和想象等。

一是记叙。记叙，是写游记乃至所有记叙文中最基本、最常见的一种表达方式，主要是把人物的经历和事物的发展变化过程表达出来。游览了什么地方，游踪如何，看到了什么景物或事物，这条线应该交待得明明白白。游踪，就是作者游览所留下的踪迹，或游览所经过的路线。按照游踪来记叙，文章就层次清楚、脉络分明。层次清楚、脉络分明是写好游记的关键。作者以游踪为线索，有中心、有层次的记游，把游览时先到了什么地方、接着到了什么地方、最后到了什么地方，或什么时间游了何处，以及看到了什么风景名胜、听到了什么传说故事，都要准确无误地交待清楚，同时把景物所处的地点、方位、形状、特点具体详尽地记叙好，这样游记就会脉络清楚、次序井然，读者就会有如闻其声、如见其形、如临其境的感觉。

二是描写。描写，就是通过一定的写作手段（如生动形象的语言、朴素直白的对话等），把人物或景物、事物的状态具体形象地描绘出来。任何游记，都离不开对景物和事物的描写。描写能够为文章增添色彩。借助描写，激发读者对某一景物或事物的了解和赞美。例如，苏轼在《赤壁赋》中描写了这样的赤壁：在"清风徐来，水波不兴"的长江边，作者心情愉悦。面对长江美景，诗人不禁吟诵起关于明月的诗文。"少焉，月出于东山之上，徘徊于斗牛之间。"月亮慢慢地升起，月光洒在江面之上。这时，"白露横江，水光接天"，置身于朦胧月色中的作者也恍惚起来，油然而起"纵一苇之所如，凌万顷之茫然"的奇幻想法，此景此情，也难怪苏轼要"遗世独立""羽化登仙"了。苏轼以风清、月明、露白、水渺、舟荡，为我们描绘出一幅美妙恬静的"秋江月夜图"。作者通过生动形象的描写，将景色迷人的赤壁展现于我们面前。再如，柳宗元在《小石潭记》中，首先交代小石潭的位置及周围景物，接着分层描写了潭水、潭石、潭岸青树、潭中游鱼和潭外小溪，并且以水、石、鱼为描写元素，勾画出小石潭及其周围清幽秀丽的风景，在给人一种幽深冷寂感觉的同时，也抒发了作者内心凄怆的感受。

近些年，我在游记中也注意对景物和事物的描写。如《航行在茫茫大海上——船行东南亚之一》一文中这样写道："第二天清晨……眼前烟波浩渺，海水一片深蓝；向西望去，两三艘渔船像是几片羽毛轻悠悠地漂动着；向东望去，海天之间透着一抹亮光，像是大海里刚刚点燃的火把，燃烧着下面蓝色的海水、照耀着上面灰色的云絮。不一会儿，火势向上蔓延，整个东方的天空都被燃烧得通红。接着，一轮红日缓缓地升出海平面，把海天交界处染成一片红霞，霞光在海面上闪烁着、跳跃着，继而整个海上金光粼粼、绚丽辉煌……"通过这样描写，就把一幅"海上日出美景图"生动形象地呈现在读者面前。

三是说明。说明，就是介绍情况、解释旨意、讲明原因。游记中的许多景物和事物需要在文中加以介绍、进行解释，以帮助读者增加了解，拓展对这个景物或事物和整个世界的认知。写游记，写好说明很重要。一个景物或事物在何方位、多少面积、多大规模、如何布局、怎样构造等，都要说明清楚，或解释明白。这些基本要素说明不清、解释不明，读者很难对你所写的景物或事物有一个清晰的了解与认识，你的游记就成了"夹生饭"。

四是议论。议论，就是对人或景物与事物的好坏、是非等表示意见。客观的景物和事物给作者内心世界以触动，引发作者的感悟思考，而凝聚了作者感悟思考的精华，则会提升一篇游记的价值。一般说来，好的记叙文多有议论。唐宋时期的诗文作家就开始喜欢在诗歌和记叙文中发表议论。这种表现方法也反映在游记文学的写作中，影响较大的有苏轼的《石钟山记》、王安石的《游褒禅山记》等，前者借对石钟山命名的考察，发表做事情必须注意调查研究的议论；后者以游山探险为喻，说明干一番事业必须有百折不挠的精神，浅尝辄止只会一事无成。这些议论，无疑增强了文章的效果。

我在《姑苏城外寒山寺——最忆是苏州之二》中，游览枫桥后这样议论："今天的枫桥，带给人们的不仅是行走的方便，更带给人们的是美好的回忆。千百年来，凡是来寒山寺的人，都要领略一下枫桥的诗情画意，感受其中的文化氛围，寻找一下当年张继在《枫桥夜泊》所感受的那一份寂寥与惆怅。我又何尝不是如此？"显然，这样的议论或多或少地丰富了文章的思想，提升了游记的价值。

　　五是抒情。抒情，就是抒发情感。抒发情感是游记不可或缺的重要内容。游记的生命来自于抒情，抒发一种对自然、社会、人文、历史的热爱和关怀之情，只有让这种感情融化在文章的有关细节中，游记才会有更强的生命力。一般说来，与其他记叙文体相比，游记的抒情色彩更浓、更强烈。这是因为，游人目睹了壮丽的山河或宏伟的建筑之后，往往自然而然地会兴叹、会放声赞美。比如游览黄河，当看到那"惊涛拍岸，卷起千堆雪"的壮观景象，看到"滚滚东流不复回"的伟大气魄，无疑会产生爱我中华、爱我山河的思想感情，抒发"黄河——母亲""黄河——中华民族的摇篮"这样的感慨。刘白羽在《长江三日》的最后写道："我看着，我觉得在这辽阔无边的大江之上，这正是我们献给我们母亲河流的一顶珍珠冠呀！……再前进，江上无数蓝的、白的、红的、绿的灯光，拖着长长倒影在浮动，那是无数船只在航行，而那由一颗颗珍珠画出的大桥的轮廓，完全像升在云端里一样，高耸空中，而桥那面，灯光稠密的简直像是灿烂的金河，那是什么？仔细分辨，原来是武汉两岸的亿万灯光。当我们的'江津'号，嘹亮地向武汉市发出致敬欢呼的声音时，我心中升起一种庄严的情感，看一看！我们创造的新世界有多么灿烂吧！……"由于作者看到了武汉两岸的亿万灯光，产生了"新世界有多么灿烂"的情感，这种情感的抒发，对文章思想的升华起到了重要的作用。

议论与抒情是游记中常见的表达方式，这两者是紧密联系、不可分割的。有的是先写景抒情，后议论；有的是先议论，后写景抒情；有的是夹叙夹议。如苏轼的《记承天寺夜游》，全文仅仅80多字，写景部分只有"月色入户"，"庭下如积水空明，水中藻、荇交横，盖竹柏影也"。在这短短几句的基础上，作者进行议论，生发出"何夜无月？何处无竹柏？但少闲人如吾两人耳"的感慨。文章流露出作者仕途失意被贬黄州的无限伤感、感叹壮志难酬的复杂情怀，这就是所谓"言为心声"。再如范仲淹的《岳阳楼记》，在充分描写岳阳楼胜景的基础上进行议论，水到渠成地揭示出"先天下之忧而忧，后天下之乐而乐"的政治抱负，让读者从中感受到作者广阔的胸襟与非凡的气度。

六是联想和想象。先说联想。联想，就是由于某人或某事物而想起其他相关的人或事物，或由于某概念而引起其他相关的概念。写游记要富于联想。游记在写景的时候，如果仅仅只描写景物的外在特征是不够的，还要写出景物的内在特征。而内在特征有时难以描绘，这就需要借助于联想，即借助相关、相似，甚至相反的事物进行类比，从而突出所写景物的特点，使文章达到物中有我、我中有物、物我相融的境界，从而体现出作者的世界观、人生观、价值观。其中，联想的最大特点是由此及彼，它可以跨越时间的界限，可以冲破空间的阻隔，它可以使文章的思路开阔，让景物描写更形象、更感人，更能出神入化地反映出景物的内在特征。例如柳宗元的《小石城山记》，小石城山地处僻野，很少有人涉足，虽有奇石异景却不被人们知晓，更无人赏识，自然拨动了作者的心弦。于是，作者由奇石的命运联想到被贬谪到永州多年的自己，虽有济世安邦之才，然而横遭放逐，谪居荒蛮，壮志难酬。作者表面上是说对造物者不满，而字里行间却饱含着对当时统治者昏聩不明的强烈讥讽，更表达了渴求摆脱现状以施展才能的心态。又如李白《望庐山瀑布》中的"飞流直下三千尺，疑是银河落九天"，这也属于联想，由飞流直下的瀑布，联想到横亘夜空的银河，它突破了空间的限制，既表现了庐山瀑布落差之大的特征，又给人留下难忘的印象。这种丰富的联想，是任何实景描述都难以达到的效果。

我在《慕尼黑的啤酒节和奥林匹克公园》一文中，描写完酒客们畅饮啤酒的狂热场景后，联想到他们平时酷爱啤酒和牛奶配面包、猪肘香肠配土豆的饮食习惯，又联想到我不习惯西方饮食的情况，将中西方不同饮食习惯展示在读者面前人，无疑增加了文章的信息和趣味。

再说想象。想象，就是对于不在眼前的事物想出它的具体形象，或在脑子中凭借记忆所提供的材料进行加工，从而产生新的形象的心理过程。写游记要富于想象。爱因斯坦说过："想象力比知识更重要"，此话不无道理。通过想象，可以避免游记呆板、枯燥无味。我曾看过《云游白鹤"仙景"》这篇游记，文笔算不上出色，内容算不上丰富，但想象不错。当作者看到两棵高大的白鹤树矗立在柳叶湖边时，这样写道："我仿佛看见两只漂亮的白鹤，一会儿用嘴叼弄着湖中的鱼儿，一会儿在附近的山上飞来飞去，一会儿在高空相互追逐、翩翩起舞。我多么想坐在她们的背上，带我遨游世界，带我飞向那蔚蓝的天空……"作者大胆的想象，使读者也受到感染，好像两棵亭亭玉立的白鹤树真的变成了两只漂亮的白鹤。这一想象不仅深化了游记的主题，而且增加了游记的情趣，让人读起来津津有味。

我们在一些文章中发现，不少人把想象和联想混为一谈。其实，联想和想象是两种不同的思维活动。想象和联想相同、相通的地方，就是都要调动思维去想。但是，联想是由一事物想到另一事物的心理过程，这个"另一事物"应该是生活中经历或者存在的事物，它是一种由"实"到"实"的思维过程；而想象则是在原有形象的基础上创造出"新形象"的心理过程，这个"新形象"应该是过去没有直接感受过或现实生活中不存在的事物，它是一种由"实"到"虚"的思维过程。比如郭沫若《天上的街市》中，从"街灯"想到是"明星"，又从"明星"想到这是"街灯"，这属于联想；而想到天上的街市上陈列着一些奇珍异宝，牛郎和织女骑着牛儿、提着灯笼在闲游散步，这就属于想象了。

事实上，在很多游记中，记叙、描写、说明、议论、抒情、联想和想象等多种表达方式往往同时运用，尤其在一些优秀游记作品中，经常看到这种情况。比如，梁衡在《清凉世界五台山》这篇游记中，就使用了多种表达方式：记叙，如"我"的游览经历、五台山的传说故事；描写，如镇海寺的石松、碧山寺的白杨树、各寺的泉水，以及坐在车上在几个台顶之间飞驰时看到的风景；说明，如对五台山方位、面积、布局和寺庙规模、位置、构造的介绍，去五台山南北两路的介绍；议论，如对传说故事的评价，"这自然是传说，但这个美丽的传说，反映了人们对美好生活环境的向往和改造自然的威力"；抒情，如"好一个清凉世界""从这数千米高的台顶到那飞鸟盘旋的谷底，从台怀镇这一点圆心，到周围二百平方公里的山川，这是多么大的一个清凉世界啊""听取美丽的传说故事，实在是一件快事"；联想和想象，如"显通寺大院里有一泉，依山势从上落下，流过院心，又一直淌到寺外的石板路上，亮亮的，像一条项链"。丰富的表达方式，大大增强了《清凉世界五台山》这篇游记的意境，增强了文章的可读性。

写好游记，还要注意多种修辞手法的运用。比如，运用比拟可以使景物或事物生动逼真、化静景为动景，更好地烘托气氛；运用比喻可以使景物或事物形象化、深奥的道理变得浅显，给人鲜明深刻的印象；运用引用可以增强文章的说服力、感染力，丰富景观的文化内涵；运用比较可以凸显景物或事物的特征，给人留下深刻的印象；运用夸张可以突出事物的本质、显露深刻的道理，张扬景物或事物的个性……总之，修辞手法的运用，可以使描绘的景物或事物更加具体、更加形象、更加生动。

学习写游记　多练基本功

　　游记说好写也好写，说难写也难写。为什么这么讲呢？因为无论写作水平高低，旅游回来根据头脑中的想象，把旅游过程用笔记下来，就是一篇"游记"，谁也不能说它不是游记，你说好写不好写？但是，要写得好，并不是一件容易的事。

　　写出一篇好的游记，是需要功力的，也就是说是需要基本功的。我看到过网上不少游记，面对国内外一些非常好的景点，常常用"啊！真美丽啊！""啊！真壮观啊！""啊！真辉煌啊！"这类语言来表达，翻来覆去就是这么几句话，除此之外，再也想不出其他溢美之词了。这和我开始写游记的情况差不多。究其原因，主要是缺少基本功，缺少知识、缺少词汇，或者说是基本功不到家。基本功是什么？毫无疑问，主要是知识的积累、词汇的积累。

　　如何积累知识、积累词汇呢？根据我的写作实践，关键需要"三多"：多读书、多积累、多练习。

多读书

欧阳修说："作文无它术，唯勤读书多为之自工。"杜甫说："读书破万卷，下笔如有神。"阅读好处很多，不仅能够开阔写作思路、掌握写作规律，还能丰富各种知识。阅读的内容，除了包括名家游记在内的写作方面的书籍，揣摩名家的写作技巧，还要阅读社会科学和自然科学方面的各种书籍，因为游记涉及的内容很多、很广泛。历史上很多有名的游记，都是既包含社会科学方面的知识，又包含自然科学方面的知识，如郦道元的《三峡》带有科学色彩；《徐霞客游记》里对地理、水文、地质、植物等现象均作详细记录，徐弘祖如果没有这方面的知识，就写不出这一千古名著。

多积累

高尔基曾经说过："语言是一切事物和思想的外衣。"他把语言列为"文学的第一个要素"。我们写游记也是这样，虽然不能把语言列为"第一个要素"，但可以这样说，语言是游记中不可缺少的一个重要要素。写好游记，往往需要丰富语言词汇外，还需要掌握一些典故、诗词等，这些从哪里来，就需要靠我们平时去积累。如何积累呢？一是阅读背诵，不管是近代、现代、当代还是古代，只要是精彩的东西，都尽量熟记下来，有些特别好的最好能够背下来，努力达到朱熹所言的"使其言皆若出于吾之口""使其意皆若出于吾之心"境界。二是精心收藏，可以将精彩的语言词汇抄在自己专用笔记本上，随时翻看，熟记于心。三是归纳整理，将好的和有意思的典故、诗词、警句、俗语等分门别类地整理归类，这样使用起来才能得心应手。

多练习

多练习就是多写。俄罗斯著名作家契诃夫说："我们大家都应该写，写，写，写得尽量多……写到手指头断了为止。"有志于写游记的人，同写其他体裁文章一样，应该多写多练。多写是写好的关键。要把练习写游记当作生活中的一件乐事、趣事。当然，我们绝大多数人不会把写游记当成自己的营生，只是一种爱好，所以这种练习、这种写作，不一定非要顽强拼搏、绞尽脑汁。平时有时间多练一练、多写一写即可。正如古人所说，"读十篇不如作一篇"。一般说来，一个人的写作水平常常有这样四道关——练习关、顺畅关、发表关、风格关。

练习写游记，开始写不好没关系，可以模仿。模仿往往是写作教学的必经阶段。我们都知道，学习绘画要求临摹，学习书法要求临帖。从古到今，模仿写作的例子可以说数不胜数，特别是不少大作家都是这样。汉代扬雄的《太玄经》模仿《易经》、《法言》模仿《论语》。唐代王勃模仿庾信的诗句"落花与芝盖同飞，杨柳共春旗一色"，写出"落霞与孤鹜齐飞，秋水共长天一色"

这样的千古名句。郭沫若的诗歌开始也曾模仿世界大诗人的作品，他曾爽快地说，我有一个写作秘诀，就是先看人家的书再写。历代文学大家都不排斥模仿，我们更没有理由自负高傲地反对模仿。但模仿不等于抄袭，也不能抄袭，人家的作品需要经过学习、消化、吸收才会真正变成自己的，才能使自己的写作水平不断提高。另外，不要老是模仿。摸到"门道"、写作水平有所提高以后，就需要自己"走路"，需要突破和创新，即便不能突破和创新，最起码要有自己独特的东西，总不能一辈子模仿、一辈子墨守成规。鲁迅先生说过，"依傍和模仿，决不能产生真艺术"，这话是有道理的。

第四辑

作者编著书籍及获奖作品等目录

一、作者编著书籍

1. 编著主要书籍

2021 年 9 月，《王开忠作品选与写作谈》第 14 卷《难忘的地方》，学习出版社。

2021 年 9 月，《王开忠作品选与写作谈》第 13 卷《无尽的思念》，学习出版社。

2016 年 6 月，《王开忠作品选与写作谈》第 12 卷《建言四十载》，学习出版社。

2015 年 11 月，《王开忠作品选与写作谈》第 11 卷《网评一年间》，学习出版社。

2013 年 5 月，《王开忠作品选与写作谈》第 1—10 卷，学习出版社。

2004 年 9 月，《春风吹暖玉门关》，甘肃教育出版社。

2003 年 12 月，《现实与祈盼》，红旗出版社。

2003 年 12 月，《调查与研究》，新华出版社。

1999 年 12 月，《风尘墨迹》，经济日报出版社。

1998 年 1 月，《学习与思考》，中国工人出版社。

1991 年 1 月，《壮志撼山岳》，经济日报出版社。

1990 年 12 月，《铁路获奖新闻选评》（主笔，韩恭成、华明芳参与），中国铁道出版社。

1988 年 6 月，《通讯员之路》，国防大学出版社。

2. 主编、与他人合编书籍

2002年11月，《第二批百个爱国主义教育示范基地图集》（编委副主任），中国地图出版社。

2002年6月，《第二批百个爱国主义教育示范基地丛书》（编委副主任），中国大百科全书出版社。

2001年10月，《企业职工道德修养读本》（编委副主任），中共党史出版社。

1996年4月，《用思想政治工作推动企业改革和发展》（副主编），经济日报出版社。

1996年4月，《学习〈关于加强和改进企业思想政治工作若干意见〉问答》（副主编），中共中央党校出版社。

1995年6月，《深化国有企业改革百题问答》（主编），中国工人出版社。

1993年4月，《邓小平生平著作思想研究集成》（主要统稿者），吉林人民出版社。

3. 参与编著书籍

2009年10月，《第四批百个爱国主义教育示范基地巡礼》。

2009年9月，《第三批百个爱国主义教育示范基地巡礼》。

2008年9月，《新形势下革命文物工作的实践与思考》。

2008年2月，《中国红色旅游》。

2005年5月，"'三绿工程'科普宣传系列丛书"。

2005年4月，《发展红色旅游，开展爱国主义教育》。

2004年7月，《弘扬和培育伟大的民族精神》。

2003年9月，《公民道德教育与实践100例》。

2002年5月，《全国爱国主义教育示范基地故事》。

2001 年 4 月，《新形势下思想政治工作的实践与思考》。

2000 年 8 月，《培育爱国之情，激发报国之志》。

2000 年 8 月，《思想政治工作新方法 100 例》。

1999 年 12 月，《贯彻落实四中全会精神，推动国企改革和发展》。

1999 年 6 月，《百个爱国主义教育示范基地图集》。

1999 年 6 月，《学习英雄事迹，立志振兴中华》。

1998 年 9 月，《百城万店无假货活动巡礼》。

1998 年 7 月，《自强自立创新业》。

1997 年 12 月，《神州魂》。

1997 年 5 月，《抓好三百，带动万千》。

1997 年 3 月，《记者眼中的和平区》。

1996 年 5 月，《有益的探索，成功的实践》。

1995 年 7 月，《党章学习讲话》。

1995 年 2 月，《党员学习建设有中国特色社会主义理论和党章辅导》。

1994 年 12 月，《从道德看民族》。

1994 年 9 月，《爱国主义教育实施纲要读本》。

1994 年 3 月，《适应新形势，开拓新思路》。

1994 年 1 月，《学习〈邓小平文选〉第三卷——基层党员干部读本》。

1993 年 2 月，《学习建设有中国特色社会主义理论中小学教师读本》。

1993 年 1 月，《学习建设有中国特色社会主义理论》。

1993 年 1 月，《转换企业经营机制百题问答》。

1991 年 3 月,《情系山川》。

1989 年 12 月,《铁军风采》。

1988 年 6 月,《不能忘却的岁月》。

1987 年 12 月,《优秀共产党员事迹》。

1987 年 7 月,《大秦精神大秦人》。

4. 担任《塞北春早》《南国木棉红》《倾听大地的呢喃》等文艺书籍特约编辑

5. 担任《中华孝道》《企业思想政治工作概述》等书籍审定工作

二、书籍收入作品

2012 年 3 月,《百花齐放映山河》收入《饮马密峡河》。

2011 年 12 月,《心中的旗帜》收入《中国红博》。

2008 年 5 月,《东固的贡献》收入《东固走进人民大会堂》。

2004 年 7 月,《推进诚信建设的成功实践》收入《新世纪党政干部理论学习文集》。

2003 年 10 月,《新形势下思想政治教育要重视心理学知识的运用》收入《机关党建理论与实践》。

2003 年 7 月,《道德建设的一个缩影》收入《道德建设在基层》。

2001 年 10 月,《社会主义道德建设与职工道德修养》收入《企业职工道德修养读本》。

1998 年 9 月,《人民满意的派出所》收入《一面永不褪色的红旗》。

1997 年 8 月，《党政联手抓两手，努力改变企业落后面貌》收入《党政联手抓两手》。

1996 年 2 月，《下功夫把党的基层组织建设好》收入《党员学习实用手册》。

1995 年 2 月，《党员要在建设有中国特色社会主义伟大事业中发挥先锋模范作用》《共产党员要自觉加强党性锻炼和修养》收入《党员学习建设有中国特色社会主义理论和党章辅导》。

1994 年 12 月，《严律己，常修身》收入《从道德看民族》。

1994 年 5 月，《无私奉献的好工人潘从富》收入《风雨十年路》。

1994 年 1 月，《坚持两手抓、两手都要硬的基本方针》收入《学习〈邓小平文选〉第三卷——基层党员干部读本》。

1993 年 4 月，《"科学技术是第一生产力"》《邓小平对外开放思想》《建设具有中国特色的社会主义教育体系》收入《邓小平生平著作思想研究集成》。

1993 年 1 月，《改革是一场解放生产力的新的革命》《实现现代化分三步走的战略目标》《允许和鼓励一部分地区一部分人先富，逐步达到共同富裕》收入《学习建设有中国特色社会主义理论》。

1991 年 3 月，《清江壮歌》《痴心赤胆》《延伸的轨迹》《"土工程师"》《岷江第一桥》收入《情系山川》。

1990 年 7 月，《孙光育花 6 万盆》收入《人物新闻写作》。

1990 年 4 月，《魅力》收入《企业灵魂的塑造者》。

1990 年 3 月，《痴心赤胆》收入《向潘从富同志学习》。

1990 年 1 月，《"傻人"傅士宝》《敢挑大梁的硬汉子安熔南》收入《闪光的里程》。

1990 年 1 月，《楼下有位养花工》收入《新产业在这里崛起》。

1989 年 10 月，《纵马驰骋新战场》收入《铁路改革十年新闻通讯集》。

1989 年 8 月，《笔耕于而立之年》收入《情凝笔端》。

1989 年 5 月，《大秦铁路工地传来又一曲艰苦创业之歌》《大秦铁路大同至沙城全部铺通》《大秦铁路二期工程动工》《900 多名大学毕业生在大秦铁路建设中做出贡献》《大秦铁路施工占用的 3000 多亩农田提前归还农民》收入《大秦风雨》。

1989 年 5 月，《海一样的胸怀》《壮志撼山岳》《飞沟越谷献韶华》《大秦战歌》《年轻的改革家杜顺生》《征服塌方的"薛孔明"》《"心比天高"的彭道富》《扎根铁路工地的肖克亮》收入《大秦风采》。

1988 年 10 月，《生活的第一站》收入《不散的军魂》。

1987 年 12 月，《魂系铁路》收入《大山之子》。

1987 年 12 月，《荷尖初露吐芳华》收入《优秀共产党员事迹》。

1977 年 8 月，《无私无畏救亲人》收入《震不断的钢铁运输线》。

三、主要获奖作品

2011 年，《心中的旗帜》获中宣部机关"纪念中国共产党成立 90 周年"征文二等奖（除理论文章外其他文体中最高奖）。

2008 年，《见证南京大屠杀》（4 集电视纪录片，担任总策划）获第 24 届中国电视金鹰奖最佳电视纪录片奖。

2006 年，《推进诚信建设的成功实践》，获中国社会科学院文献信息中心等部门评选的"优秀论文奖"。

2002 年，《新形势下思想政治教育要重视心理学知识的运用》获中宣部机关"马克思主义发展史理论"征文三等奖；获中直机关优秀论文二等奖。

1996 年，《关于爱国主义教育情况的调查报告》（主笔人之一），获《人民日报》《求是》杂志、新华社等 11 家中央权威媒体评选的"首届全国优秀调研报告奖"。

1995 年，《加强党建与企业改制并不矛盾》获《经济日报》"加强和改进国有企业党的建设"征文二等奖。

1991 年，《不当百万富翁，立志为国修路》获铁道部政治部和《人民铁道》报联合举办的"我身边的共产党员"征文三等奖。

1990 年，《王扬善血洒岗位》获铁道部好新闻二等奖。

1990 年，《华东铁路建设进展喜人》获铁道部好新闻二等奖。

1989 年，《"聊天主席"》获《工人日报》三等奖。

1989 年，《一个普通人的奉献》获铁道部好新闻一等奖。

1989 年，《痴心赤胆》获《中国青年报》好新闻三等奖。

1988年,《飞沟越谷献韶华》获铁道部好新闻二等奖。

1987年,《纯洁爱情绽蓓蕾》被《铁道工程报》评为年度好稿。

1986年,《海一样的胸怀》获铁路好新闻一等奖。

1985年,《"口不离"瓜子创牌记》获《人民铁道》报好新闻二等奖。

1981年,《游览花果山》被《铁道兵》报评为好稿。

1981年,《丢钱包宁愿忍饥饿,拣钱物如数交失主》被《铁道兵》报评为好稿;获江苏省有关媒体好新闻评选一等奖。

此外,还有多篇作品获地市级媒体好新闻;参与组织(主要组织者之一)拍摄的269集系列电视专题片《爱我中华——全国爱国主义教育示范基地巡礼》,多次受到中央领导同志好评。

后　记

此前，我先后出版过消息、通讯、论文、言论、调查报告、散文、报告文学、网络阅评报告、建议书9种体裁的专著及其写作体会和写作方法，受到广大读者欢迎。现将我所写的部分游记整理成集并附写作体会出版，敬请读者指正。

收入本书的67篇游记，有些发表在中央和省市级报刊上，入集时对个别文字略作改动。

学习出版社扶持本书出版；在本书结集出版过程中，特约编辑中国铁路作协主席、《人民铁道》报社原社长王雄，责任编辑张俊精心策划编排；韩耀先同志提出有益建议；曹福志、梅梓祥、成海忠同志提供有关照片。在此，我向他们表示衷心感谢！

作　者

2021年9月

莱茵河畔遐想

（代全书后记）

"一个幽灵，共产主义的幽灵在欧洲游荡……"我过去不知道看过多少遍背过多少遍的这一千古名句及其《共产党宣言》，终于见到了它最早出现在人世的宝贵珍本，见到了它主人降临人间的神圣之地。

今天是新中国第63个生日，不知是过节高兴还是实现多年夙愿激动的原因，我凌晨4点钟就睡不着了，5点来到科隆大教堂边的莱茵河畔。

我望着夜幕中静静流淌的莱茵河水，凝眸上游不远处昨天去过的特利尔小城，又回想起年轻时就开始崇拜的诞生在那里的伟大哲人……

我与共和国一起成长，19岁参军，正是红色年代，和绝大多数年轻人一样，非常崇拜马克思，认真学习马克思著作，还梦想到马克思家乡看一看（真没想到多年的梦想成为现实！这得感谢我的家人。我文集的整理工作进入尾声，本想利用中秋、国庆这个长假把它搞完，无奈家人拉着我到德国旅游）。由于本人努力和领导、同事的帮助，当年就入党了，指导员说我是全师新兵中入党最早的一个。我忘不了入党申请书中的话语："我从《共产党宣言》中认识了马克思，要像他那样，为共产主义事业不懈奋斗……"

这是"大话"，但却是心里话。几十年来，我一方面尽力做好本职工作；另一方面利用几乎所有业余时间为党报党刊写稿，为宣传马克思主义、宣传党和人民的事业留下1400多篇习作。现在要将其中的主要作品和写作体会汇集成书了，我的心情很不平静。我深知，这些成果不能归我个人所有，我忘不了在业余写作岁月中，各级领导、周围同事和我家人的支持；我忘不了在通讯员工作中，新闻单位同志的指导；我忘不了在一些卷本（初版）中，多位党和国家领导同志及权威专家拨冗赐序，我要永远感谢他们。特别是云山同志工作极度繁忙，春节假期为我的拙作写序，使我终生难忘……

我望着晨曦中幽幽流淌的莱茵河水，隐约从河中央的游船上传出一阵亲切而熟悉的话音，又让我想起近两天在科隆、慕尼黑、法兰克福、海德堡等地看到的一批又一批中国游客，看到他们大把大把花钱的情景。其实，不仅在德国，而且在整个欧洲、整个世界，中国游客的人数也是数一数二的，消费水平也是数一数二的，这是中国人民富裕的一种表现。这一切，又让我想起了那位大胡子，感谢那位大胡子，因为他所创立的思想，成为照耀人类社会向前发展的理想之光，成为照耀中华民族由衰变强的指路明灯。想当年，在那山河破碎的旧中国，在那被人称为"东亚病夫"的年代里，封建王朝丧权辱国，帝国主义横行霸道，社会动荡不已，人民饥寒交迫。为了摆脱凌辱和压迫，为了摆脱贫困和落后，中国人民一次又一次地奋勇抗争，可都一次又一次以失败而告终。是"十月革命一声炮响，给中国送来了马克思列宁主义"，从此起起落落两千年农民起义的中华大地卷起一股崭新的风暴——共产主义风暴。在那血雨腥风的夜晚，在那风雪弥漫的黎明，那些在油灯下捧读了《共产党宣言》的"泥腿子"，高喊着"全世界无产者联合起来"的响亮口号，呼啸着冲过高山密林，冲过江河原野。他们把马克思主义与中国实践相结合、探索救国图强真理、开辟民族复兴道路，带领中国人民殊死战斗、破浪前行，实现了民族的独立和人民的解放，建立了社会主义制度，使我们的国家走向繁荣，使我们的人民走向幸福。

我虽然没有参加过民族独立和人民解放的战斗，但是我参加了另外一种战斗——在做好本职工作的同时，坚持用手中的笔采撷祖国前进中开放着的瑰丽花朵：我国铁路基建水平由人抬肩扛状况实现了机械化或半机械化；我国一代青年知识分子在建设工地苗壮成长；我国国有企业在阔步前进；我国爱国主义教育基地面貌不断改观；我国红色旅游蓬勃发展；我国企业职工道德素质逐步提升；我国体现时代精神的先进典型不断涌现（我采写的这些新闻都被《人民日报》和新华社采用）……这些，只是我所见所闻所写的一小部分，只是我国社会生活发生深刻变化的一束绚丽光彩，只是从一个很小的视角折射出我国社会主义建设取得的喜人成绩；这些，使我亲身感受到我们伟大时代发展的脉动，使我亲耳聆听到我们伟大祖国前进的心音，使我亲眼看到作为马克思继承者的中国共产党人运用马克思主义光辉学说根据中国实际创造出的举世公认的"中国篇"……

　　我望着曙色中缓缓流淌的莱茵河水，天边的朝霞染红了河面，发出万道金光。当地人说，科隆地区近来天天阴雨，没想到今晨的天气这么好，是欢迎远方游客的到来，还是庆祝东方古国的华诞？我想，祖国首都的时差比这里早 6 个小时，那里已近中午了，祖国人民正在以各种方式欢度国庆。

　　我走近霞光中闪闪流淌的莱茵河水，莱茵河水清流汩汩，如语如吟，像在诉说中华民族昔日的悲怆、耻辱与心酸，讴歌中华民族今日的欢欣、荣耀与甜蜜。此刻，我思潮起伏，千言万语涌上心头：伟大而光明的祖国啊，愿你如东方升起的朝阳，更加灿烂辉煌，更加繁荣富强！

作者 2012 年 10 月 1 日写于科隆

2015 年 9 月修改（改动个别字句）于北京